询唤：媒体融合背景下心理健康传播的主体性建构

Interpellation: Subjective Construction of Mental Health Communication in the Context of Media Convergence

林 正◎著

四川大学出版社
SICHUAN UNIVERSITY PRESS

图书在版编目（CIP）数据

询唤：媒体融合背景下心理健康传播的主体性建构 / 林正著．— 成都：四川大学出版社，2022.10
（泛媒介丛书）
ISBN 978-7-5690-5668-6

Ⅰ．①询… Ⅱ．①林… Ⅲ．①心理健康－传播媒介－研究－中国 Ⅳ．① G219.2

中国版本图书馆CIP数据核字（2022）第176727号

书　　名	询唤：媒体融合背景下心理健康传播的主体性建构
	Xunhuan: Meiti Ronghe Beijing xia Xinli Jiankang Chuanbo de Zhutixing Jiangou
著　　者	林　正
丛 书 名	泛媒介丛书
丛书主编	蒋晓丽

丛书策划	侯宏虹　徐　燕
选题策划	张伊伊
责任编辑	张伊伊
责任校对	罗永平
装帧设计	墨创文化
责任印制	王　炜

出版发行	四川大学出版社有限责任公司
地　　址	成都市一环路南一段24号（610065）
电　　话	（028）85408311（发行部）、85400276（总编室）
电子邮箱	scupress@vip.163.com
网　　址	https://press.scu.edu.cn
印前制作	四川胜翔数码印务设计有限公司
印刷装订	四川煤田地质制图印刷厂

成品尺寸	170mm×240mm
印　　张	17.25
字　　数	330千字

版　　次	2023年1月 第1版
印　　次	2023年1月 第1次印刷
定　　价	76.00元

本社图书如有印装质量问题，请联系发行部调换

版权所有 ◆ 侵权必究

扫码查看数字版

四川大学出版社
微信公众号

目　录

绪　论···（1）

第一章　作为经验对象的抑郁症报道与障碍者主体性·················（25）
　　第一节　抑郁症：现代性语境下的典型心理障碍·····················（25）
　　第二节　抑郁症报道：媒体实践下的心理障碍呈现··················（34）
　　第三节　抑郁症障碍者：主体感知下的心理障碍体认···············（41）
　　本章小结···（50）

第二章　作为理论视角的询唤理论···（51）
　　第一节　询唤理论概述：个体的主体性认同过程·····················（51）
　　第二节　询唤理论对健康传播研究的适用性···························（61）
　　第三节　询唤理论对抑郁症报道研究的适用性························（67）
　　本章小结···（74）

第三章　镜像复制：抑郁症报道对障碍者疑病及自诊倾向的建构········（75）
　　第一节　个体点化：抑郁症报道激发疑病意识························（75）
　　第二节　符号强化：抑郁症报道提供测量指标························（89）
　　第三节　现实变异：抑郁症报道诱导业余诊断······················（102）
　　本章小结··（115）

第四章　主动归顺：抑郁症报道对障碍者自我归类倾向的建构··········（118）
　　第一节　个体觉知：抑郁症报道促使身份指涉······················（118）
　　第二节　群体招募：抑郁症报道划分群体范畴······················（132）
　　第三节　去个体化：抑郁症报道引导个体融入群体················（143）
　　本章小结··（155）

第五章 关系再生产：抑郁症报道对障碍者互动寻求倾向的建构……(157)
  第一节 假想关系：抑郁症报道生成交流欲望……………………(158)
  第二节 整饬关系：抑郁症报道施加理解契约……………………(171)
  第三节 胶着关系：抑郁症报道维持情感依附……………………(182)
  本章小结……………………………………………………………(194)

第六章 建设性询唤：对抑郁症报道内容生产层面的讨论………(197)
  第一节 抑郁症报道的专业性内容生产：强化镜像复制的理性反映
    ……………………………………………………………………(198)
  第二节 抑郁症报道的示范性内容生产：优化主动归顺的能动指引
    ……………………………………………………………………(210)
  第三节 抑郁症报道的关怀性内容生产：深化关系再生产的共情意识
    ……………………………………………………………………(219)
  本章小结……………………………………………………………(230)

结 论………………………………………………………………………(233)

参考文献……………………………………………………………………(257)

附 录………………………………………………………………………(268)

绪 论

无论是放眼世界，还是关注个体，心理健康都是一个不容忽视的问题。抑郁症作为心理健康领域的典型病症，尤为值得聚焦。据世界卫生组织的统计，全球约有 2.8 亿人患有抑郁症。[①] 这些数字统计令人瞠目，数字背后的每一个微观个体所遭受的隐痛，则更是不言而喻的。抑郁症不同于通常的情绪波动和日常生活中对困难的短期情绪反应，特别是当抑郁反复发作并达到中度或重度时，就可能成为一种严重的健康障碍，患者可能会受到很大影响，在工作、生活中表现不佳。在最糟糕的情况下，抑郁会导致自杀。毋庸置疑的是，抑郁症给个人和社会带来了难以承受的沉重负担。有效的心理干预与良好的社会文化环境构建迫在眉睫。

无论放眼世界，还是聚焦中国，人们都已经认识到心理健康作为一个公共健康议题的重要性，并尝试着采取不同程度的应对策略。然而，以抑郁症为主的心理障碍早已不单单是医学领域所专攻的研究问题，对心理障碍的干预与治疗也不仅仅是纯粹的学术理论与实际技术操作的问题。随着心理障碍本身及其所处的社会环境的发展，它务必需要被嵌入某种由多学科知识、社会制度与相关个体及其主体意识互为因果的庞杂运作机制与系统之中加以考察。

随着西方医学研究与医药事业的发展对中国社会的影响，以及文化自身对于心理障碍归因认识的变迁，"抑郁症"这一说法逐渐被越来越多地接纳并使用。媒体对抑郁症——尤其是抑郁症障碍者——的报道与呈现，在这个过程当中发挥着一定程度上的文化效能。从社会建构的角度而言，由媒体所引导的对抑郁症及抑郁症障碍者的社会认定与感知过程，不仅仅意味着医学层面的单纯调整与变更，它更需要被当作一种文化现象来被理解。询唤理论主张，个体能通过话语被建构为主体，这无论对于抑郁症障碍者的识别与呈现，还是对于与

[①] 世界卫生组织. 抑郁症[EB/OL]. 2021－09－13. https://www.who.int/zh/news－room/fact-sheets/detail/depression.

之相关的引导及干预，都具有启示意义。

一、研究背景

媒体对以抑郁症为代表的心理障碍的描述和报道，在影响和教育公众方面具有不容小觑的力量。如果报道恰当，媒体可以成为提高认知水平、挑战负面态度和破除迷思的巨大工具；它能给有心理障碍经历的人提供一个平台，并能让公众洞察他们可能不太了解的健康真相。然而，耸人听闻的新闻报道和内容制作可能会错误预估心理障碍的实际风险，继而助长恐惧和不信任，并扩大人们对心理健康问题的理解差距。

聚焦到媒体对以抑郁症为代表的心理障碍议题建构以及对患者形象呈现和行为引导上，我们观察到，不论是正向的宣导抑或隐含的污名化现象都需要进一步探讨，因为这些不仅关系到媒体品质与职业操守及伦理，而且关系到那些报道所涉及的利益主体的传播权益，即其是否获得了公正的再现；或者换句话说，能指背后更深层次的所指在于，心理障碍本身及受其影响的个体所面对及遭受的社会观瞻与生存境遇。过往的许多研究都指出，媒体对疾病的建构影响着相关当事者生命经历的方方面面：从居住的物理环境，到接受教育与择业的情况；从外在的社会形象与各项公民权益，到冷暖自知的内观感受与认知……并且值得注意的是，这些影响与饱受疾病困扰的患者寻求帮助和参与治疗的意愿息息相关，也牵涉疾病本身与社会各方面的关系是否趋于良性发展。

对于心理障碍的认知与定义，医学领域自有一套职业化的逻辑与解释体系。然而，当医学词汇及其背后的患者被呈现在社会大众视野当中时，理解的机制就并非全然遵循医学领域专业的思路运转，它还受到历史、政治与文化的综合影响，因而疾病作为表征所附着的其他面向得以显现出来。不容忽视的前提是，在当今的社会场域之中，大众媒体已然鲜明地扮演着为社会大众提供有关心理健康的医疗信息的重要角色。作为获知的关键渠道，媒体报道再现议题以及呈现患者时所采取的叙事策略，甚至是更为具体的字词与音视频，或多或少地与社会大众的态度联系在一起，折射出对待他人与看待自我的方式，并进一步干预着个体的主体性行为。

就抑郁症报道而言，我们看到了诸如"标题党"这样的文本呈现方式，也看到了媒体行业的变化和编辑监督职能转变等问题，更看到社会化媒体能够而且经常领先于传统新闻媒体的响应，我们或许还可以看到一些艰难的伦理决策不容易当机立断地做出……现代新闻业的扭曲速度、随之而来的从业者时间成本压力、社会化媒体规模的扩大以及依照不同文化和价值观进行监管的编辑们反复无常的要求,这些都是现实存在的因素,影响着媒体如何对复杂且往往不为人知的情况进行报道。所谓健康传播以及在其理念指导下的医疗类新闻报道,同其他类型报道之差异在于,前者可能在某种程度上涉及相当专业而复杂的科学知识,而媒体工作者却经常被要求以通俗的笔触在有限的时间内将事实呈现,在具体的实践当中还难以避免地要考虑到"接近性""趣味性""不寻常性"等价值元素与篇幅版面、截稿期等客观条件规约。于是,生产出的文本也就不全然与严谨的论述相符,抑或变成另一种对社会真实进行形塑的制度化力量。

就询唤所牵涉的障碍者主体性来说,许多患有心理障碍的个体觉得他们生活在一个充斥着孤立、恐惧和羞耻的社会。我们的社会尽管多年来采取多种举措,试图改变公众对心理障碍的态度,但陈规定型观念仍然存在,这些态度会使一些个体的主观能动性遭受打击,更加难以康复。抑郁症作为一种典型的心理障碍,在信息不对称的现实社会里难免遭遇许多偏见与误解。人们对抑郁症的认识和判断,无论是关怀还是默认,甚至是歧视与病耻感,都在不小的程度上来源于媒体对抑郁症的报道及其话语所隐含的议题建构。从询唤的角度鼓励媒体重新思考和完善报道抑郁症议题的方式,或许有助于改善这一现实。

话语同时反映着社会现实和意识形态,话语的力量是实现人类发展的重要途径之一。自然状态下的个体通过话语的询唤成为社会层面、思想层面的主体。个体的能动性不仅体现在社会传播权力格局的平等性上,还体现在新兴媒体支持下的个体能否以更加立体和全面的方式参与传播活动。媒体作为个体化、个性化终端的意义在于,半个多世纪前传播学前辈的思想和理想已经得到了更有效的验证。麦克卢汉对于个体的延伸所发出的论点似乎具有某种预言性质,那时数字化的传播介质尚且没有得到广泛推广与应用。新兴媒体介质的终端趋势有望更好地服务于个体,传播的主体也从媒体行业转移到个人。在这种情况下,健康传播更具人格化的特征。

人格化的健康传播得以在某种程度上与"个体作为主体"融会贯通,使得人本身能够更容易调动主观能动的力量,对接触的信息进行编解码处理。健康传播的新形势广泛动员了各种形式的信息传播,激活了人们的感官,进而试图激发个体的主观能动性,使健康传播不再仅仅是一种灌输,而是尽可能使个体重新获得当前选择和判断的意义。将个体询唤成主体能否更好地提升健康信念并促进社会认知,还是需要研究与检验的,这当中包括指出健康行为的风险与收益、唤起健康动机、对采纳健康行为的积极后果的认可,以及相信个体能够实施健康行为的自我效能,等等。健康传播是否能达到全面而自由的状态,与人们对健康信息的获取和释放息息相关。人的全面发展，意味着个体层面的丰富多样化与主体层面实践能力的被激发，这两者在网络与新媒体所带来的内容与形式多元化的形势之下被期望实现。

"询唤"原本作为意识形态理论当中的一个概念，试图帮助人们理解政治话语当中个体与其主体身份间的互动机制；将其引入健康传播的范畴，能够在大众对于心理障碍的迷思依旧存留于整个社会氛围之际，让诸如抑郁症这样的心理障碍的话语及相对应的患者身份建构，从主体认知和权力影响的多重角度得以厘清，并获得有的放矢的理论回应。

二、研究综述

以"抑郁症报道"和"询唤"作为关键词，对中国知网、维普数据库、万方数据库、Web of Science、ScienceDirect 和 JSTOR 等数据库常用资源进行检索，发现目前直接将两者建立起关联的研究少之又少。但是对"抑郁症报道"和"询唤"分别进行检索，并结合本研究主题进行筛选，可以归纳得到两个主要的研究方向，即对抑郁症报道的研究和对询唤与障碍者主体性的研究。

（一）对抑郁症报道的研究综述

在中国知网上以"抑郁症报道"进行检索，可以检索到 77 篇文献，时间分布从 1986 年到 2020 年。然而需要特别说明的是，从这些文献当中可以发现，从 1986 年到 2009 年的报道都还停留在心理健康医学的领域，没有真正进入大众传媒研究的视野之中；与此同时，在医学领域的"报道"常常与"报告"一词混淆使用，很多论文主要探讨的其实是"病例报告"，而并非真正意义上的抑郁症在媒体报道当中的呈现。

从相关研究文献数量来看，2015 年到 2018 年对抑郁症报道的研究呈现出大幅度上升的趋势，这可能与世界卫生组织从 2015 年开始滚动性公布全球罹患抑郁症人数的实际情况有关：2015 年世界卫生组织开展了长达一年的"一起来聊抑郁症"活动，总体目标是让世界各地更多的抑郁症障碍者都能寻求和获得帮助。根据世界卫生组织 2015 年的估计，有 3 亿多人罹患抑郁症，从 2005 年至 2015 年的十年之间增加了 18% 以上。与此同时，2015 年国务院办公厅转发由卫生计生委牵头的十余个部门共同制定的《全国精神卫生工作规划（2015—2020 年）》，这一规划明确表示中国的心理健康工作的重点在于全面推进严重心理障碍救治救助、逐步开展常见心理障碍防治、积极开展心理健康促进工作、着力提高心理健康服务能力，以及逐步完善心理健康信息系统和大力开展心理健康宣传教育这五项内容。

从学科分布来看，相关（中文）文献对抑郁症报道的研究以精神病学为主，这其中包含前文所提到的"报道"与"报告"在具体适用性上的混淆状况。新闻与传媒相关的研究在总体的研究当中所占比例为29.17%，位居第二。

出于对"reports"一词可能引发的误会，在Web of Science上以"depression media reports"为关键词进行检索，发现传播学在所有的研究文献中占比约为12.9%，远低于心理学、行为科学和精神病学这三个学科类属。

从相关词来看，"抑郁症"作为抑郁症报道重中之重的主题，与"抑郁症报道"这一研究对象的关联度是最高的。其次是抑郁症报道所归属的范畴，即"健康传播"。值得注意的是，"内容分析"作为研究抑郁症报道的主流研究方法，也处于比较显性的相关词序位之中。

在对抑郁症报道与媒体建构的研究方面，通过整理后可以分别从以下三点进行文献综述。

宏观上看，抑郁症报道的建构隶属于"疾病与建构"的大范畴。就"疾病与建构"这一方面的研究综述来看，社会建构主义为理解科学知识提供了新的视角。

美国社会学家菲尔·布朗在《诊断与疾病的社会建构》这篇文章中揭示了医学中的疾病概念的社会建构特征：疾病概念的本质是在特定的社会观念中被生产出来的，而不是在事实中发现的；疾病的描述、解释、诊断和治疗也具有明显的非认知特征，价值观，尤其是利益的权衡，影响着每个环节的结论获得。他进一步认为，从社会建构主义提供的视角来看，人们确实发现疾病的概念在很大程度上是共意的结果，具有广泛而深刻的社会根源。[1] 然而，这并不意味着在科学知识的社会建构中，自然只起很小的作用或者根本不起作用。价值因素确实在疾病的概念中起着核心作用，但这并不否认对疾病具有重大意义的真正的经验因素，也不符合文化相对主义。相反，它只是说价值观念是谈论疾病的先决条件，疾病在很大程度上取决于人们对世界的价值判断。[2] 张晓虎和夏军认为，疾病的定义和解释是整个医学的核心和基础。尽管疾病的本体论概念在许多历史时期占主导地位，但人们对疾病的不同定义充分证明了整个医

---

[1] Brown P. Naming and Framing: The Social Construction of Diagnosis and Illness [J]. Journal of Health and Social Behavior, 1995, 18: 34—52.

[2] Conrad P, Barker K K. The Social Construction of Illness: Key Insights and Policy Implications [J]. Journal of Health and Social Behavior, 2010, 51: 67—79.

学史上对疾病概念的建构性观点。[①] 医学建构主义强调特定的社会环境、组织结构、权力关系和利益、信仰和价值观对疾病知识的影响。"疾病"从建构主义的角度来看是一种价值判断、一种功能定义和一种普遍认同，其概念只是医学专业在现有科学体系和社会体系中的创造。基于价值判断，人们按照传统的方式和方法产生疾病知识，并就个体差异达成共识。建构主义对疾病概念的分析从社会科学的角度揭示疾病概念的社会文化内涵，试图摆脱医学现实主义的束缚。通过这种分析，我们可以从另一个角度理解我们所处的社会。

从"疾病"一般性的宏观概念到具体的疾病本身，例如艾滋病，它不仅是一种疾病，也是一个公共健康问题和社会问题；社会科学研究应关注个体深层的内在动力和学科建设如何参与社会文化关系和社会子系统的建设，从而为疾病防治政策的制定和社会文化资源的利用提供支持。王昕认为，从国家艾滋病防治的角度来看，"私权利与公权力"和"个人和社会"的二分法集中体现出"主位"与"客位"的分离。[②] 公共卫生系统从"客位"的角度出发，以疾病的社会控制为目标，在艾滋病预防和干预方面实行基于实证主义的做法；然而，基于"主位"视角的个体对疾病的认知、想象和实践往往被隐藏和忽视。艾滋病预防干预中"主位"和"客位"视角的分离和对抗，以及从高危人群"主体"视角对干预方法和内容的反思，可以为艾滋病预防干预的优化提供新的路径和思维方向。艾滋病的预防和干预从"客位"到"主位"的思路变迁，不仅可以提供一个解决问题的新视角，而且可以带来方法论上的变革。更重要的是，它可以促进社会边缘群体积极自发地进行健康维护，进而从社会整体出发，有效控制疾病，推动整体健康水平。

与疾病共存的命运是难以改变的，这时哲学在人类的疾病叙事中扮演着重要的角色。奥地利精神病医师、心理学家、精神分析学派创始人西格蒙德·弗洛伊德发现歇斯底里（hysteria）是心理创伤的症状；挖掘和表达话语叙事和歇斯底里可以有效缓解创伤记忆。[③] 美国心理学家劳伦·斯莱特的自传《说谎：一部隐喻式回忆录》通过虚构的叙事揭示了内在的真相。这种反传统的写作技巧，既是作家探索艺术和创作的策略，也是作家通过叙事疗法建构自身身

[①] 张晓虎，夏军. 对疾病概念的建构论分析［J］. 医学与哲学（人文社会医学版），2010，31(10)：21-23.

[②] 王昕. 艾滋病预防干预的"主、客位"视角及其实践操演［J］. 云南师范大学学报（哲学社会科学版），2015，47(02)：77-82.

[③] "歇斯底里"通俗地说意味着无法控制的情绪过度。一般来说，现代医学专业人员已经放弃使用术语"歇斯底里"来表示诊断类别，代之以更精确定义的类型，例如躯体化障碍。见赵冬梅. 弗洛伊德和荣格对心理创伤的理解［J］. 南京师范大学学报（社会科学版），2009(06)：93-97.

份的手段。美国艺术评论家苏珊·桑塔格的《疾病的隐喻》包括她的两篇重要论文《作为隐喻的疾病》及《艾滋病及其隐喻》反思并批判了结核病、艾滋病、癌症等疾病在社会中是如何被隐喻性地一步步解释的,从"仅仅是身体的一种疾病"到道德批判,再到政治压迫的过程。汪雅君从疾病隐喻的角度,分析人们如何通过叙事来发泄抑郁,实现自我建构和自我救赎,从而引导读者关注描述背后的深层动机,体验自传体叙述者身份重建的生命过程。[①] 她进一步指出自传不仅仅是一个文本,也是作者建构自己身份的过程。叙事并不客观地描述历史真相,而是帮助患者治愈心理创伤,因此体验的过程应该忠于内在感受。肖巍从疾病的秩序、范畴、成因、话语、叙事,及其带来的混乱以及我们面对疾病的举措等七个方面对疾病进行了尝试性的哲学分析。[②] 他指出,作为一种精神建构,疾病叙事不仅可以让我们更加冷静、自然、平和地面对疾病,并根据具体情况对疾病进行缓解和治疗,还可以将疾病带来的身心伤害和社会风险降到最低,使人类生活在永恒的绵延中,永远充满活力。

从社会建构的角度来看,抑郁症的频繁发生要求学术界对其现状进行调查研究,而不仅限于医学。美国心理学家詹姆斯·科恩运用医学社会学知识,通过观察和访谈的定性方法收集资料得出的结果认为,就其社会性本质而言,抑郁症作为污名化的结果,是一种象征性暴力;就其表征而言,抑郁症障碍者的角色和身份非常复杂,这体现在病因多源性和治愈不易性上;就其网络反应而言,虚拟社区中的患者间关系对抑郁症的康复功能有利也有弊,需要辩证地认识。[③] 李洁指出,由于疾病的社会意义,抑郁患者或自称抑郁的人可能会以抑郁为策略,以自己的身体为媒介逃避某些社会事务,从而实现自我空间的建构和改动。然而,尽管这种策略使个体获得了一些暂时的利益,但由于个体使用策略能力的不平等、抑郁症社会机制背后的社会分层的不平等,以及个体可能会放弃自我改进和追求,这种以抑郁为策略的空间建构方法最终会维持甚至加剧社会空间的不平等。[④] 谢立中认为,实证主义社会学家认为"自杀"是一个独立于社会个体成员主观意识的纯粹给定的"客观现实",而诠释性社会学家

[①] 汪雅君. 疾病书写与自我建构:解读《说谎:一部隐喻式回忆录》[J]. 三峡大学学报(人文社会科学版),2018,40 (05):98−101.

[②] 肖巍. 作为一种价值建构的疾病——关于疾病的哲学叙事[J]. 中国人民大学学报,2008 (04):62−70.

[③] Kahn J, Coyne J C, Margolin G. Depression and Marital Disagreement: The Social Construction of Despair [J]. Journal of Social and Personal Relationships,1985,2 (4):447−461.

[④] 李洁. 弱者的武器:抑郁症作为一种空间构建策略之后的不平等 [J]. 医学与哲学(A),2017,38 (05):8−11.

认为"自杀"是由社会个体成员主观意识建构的"主观现实";与他们不同的是,多元文本分析学者认为"自杀"是社会成员在特定话语系统的限制和引导下,借助于特定的话语策略构建的"话语现实"。相应地,实证主义社会学家在研究"自杀"现象时,总是致力于探索支配"自杀"现象形成和变化的"客观规律",而解释性社会学家则总是致力于研究导致"自杀"现象形成和变化的主观意识,而多元文本分析家则主张探索人们将行为构建为"自杀"现象的话语策略及其背后的话语体系。[①]

中观上看,抑郁症报道的建构所折射的是抑郁症与社会文化之间的关系。就"抑郁症与社会文化"这一方面的研究综述来看,一般来说,抑郁症的研究有两种途径:一是探讨抑郁症障碍者大脑形态结构和生理功能的变化,这是生物学角度;二是研究环境和个体心理因素对抑郁症的影响,这是社会心理学角度。20世纪80年代,美国精神病学家亚伦·特姆金·贝克等人提出了抑郁症的社会－认知心理因素模型(social-cognitive psychological factor),社会－认知心理因素模型解释了个人的生物因素,如性别、种族、气质和遗传倾向以及它们对行为的影响。此外,社会－认知心理因素模型还认为环境和个人特征之间存在双向互动,并认为抑郁症是由素质性因素和应激的相互作用引起的。认知心理因素构成了素质性因素,各种社会刺激如日常生活事件和灾难性的生活事件构成了压力应激因素。自从其理论提出以来,人们开始研究抑郁症的许多社会认知因素。[②]

命名不仅是疾病分类的基础,也是医学经验交流的起点。抑郁症作为一种情感性心理障碍,自古以来就存在。高永平简要介绍了阿瑟·克雷曼的医学人类学研究和中国学研究的成果:阿瑟·克雷曼认为,尽管心理障碍,特别是抑郁症的外在表现受到文化因素的影响,但抑郁症的生理性质和社会根源对人类来说是普遍的。[③] 社会问题的医学化一方面为心理障碍的治疗提供了便利,另一方面也使心理障碍患者失去了有价值的意义系统的支持。克雷曼研究了中美两国"神经衰弱"这一概念的不同情况,认为躯体化(somatization)指的是一个人本来有情绪问题或者心理障碍,但没有以心理症状表现出来,而转换为

---

① 谢立中. 实证、诠释与话语:社会分析模式比较——以自杀现象为例(上) [J]. 江苏行政学院学报, 2007 (03): 65-73.
② Beck A T. The Evolution of the Cognitive Model of Depression and Its Neurobiological Correlates [J]. American Journal of Psychiatry, 2008, 165 (8): 969-977.
③ 高永平. 现代性的另一面:从躯体化到心理化——克雷曼的医学人类学研究 [J]. 国外社会科学, 2005 (03): 2-8.

各种躯体症状表现出来。心理化（mentalization）是指理解自己或他人心理状态的能力，这是显性行为的基础。比心理化更适合中国的文化特征和现代化水平的结论，即心理障碍的躯体化在中国社会生活中发挥着不可替代的作用。田旭升和程伟通过梳理西方抑郁症的医学史文献，从社会文化视角分析抑郁症病名变化的原因。在对抑郁症的病因没有科学和系统的理解的时期，医生用某种医学理论模型或社会文化类比来解释这种疾病。[1] 在从"忧郁症"到"抑郁症"的转变过程中，疾病名称的变化不仅反映了医学知识的逐渐丰富和对疾病认识的不断加深，也反映了当时的哲学指导和社会文化变迁。孟红从思维方式、认知心理学、社会功能、中医、心理疼痛躯体化、疾病概念等方面论述了其文化渊源。[2] 他认为，中国人接受"神经衰弱"而不是"抑郁症"的标签有其深刻的文化根源和文化认同。毫无疑问，社会环境和文化深刻地影响着人们对事物的态度和反应。从某种意义上说，神经衰弱是一种塑造生理体验、影响专业系统诊断的文化概念，它也有历史、社会、政治和经济背景。然而，随着与外国医学的交流，中国大多数精神病学家已经知道，根据目前国内外医学临床诊断标准，过去被临床医生广泛诊断为"神经衰弱"的患者包括很大比例的精神健康障碍，其中最常见的是抑郁症、广泛性焦虑症、惊恐障碍、强迫症、创伤后应激障碍和各种睡眠障碍。如果按照特定的治疗方法治疗这些疾病，疗效会大大提高。相反，如果临床医生不区分精神健康障碍的诊断和治疗，而是给病人诊断为"神经衰弱"，那么病人的康复进程就会被推迟。

总的来说，中国和其他西方国家在经济发展过程中面临着相似的时空变化、个体危机，甚至更大的压力。然而，在抑郁症的社会建构中，抑郁症形成的条件仍然是隐蔽的。一旦医疗供需层面的社会建构条件达到要求，大量抑郁症障碍者将不可避免地浮出水面。胡亚云认为，抑郁症是21世纪不可避免的社会问题。导致抑郁症的社会因素包括信息时代社会对人类健康的负面影响。[3] 随着社会的变化，人们的生活压力增大，人际关系疏远，价值观多元化，各种心理压力因素急剧增加，人们的误解等都构成了我国抑郁症的社会土壤。王丹芬、雷晓明和刘临兰分析了影响中国抑郁症情况的社会文化因素，包

---

[1] 田旭升，程伟. 从忧郁症到抑郁症：社会文化视角下的疾病映像 [J]. 医学与哲学（A），2014，35（02）：79—81.

[2] 孟红. 国人接纳神经衰弱标签而非抑郁症的文化根源 [J]. 国际精神病学杂志，2009，36（04）：250—253.

[3] 胡亚云. 关于抑郁症的社会学思考 [J]. 信阳师范学院学报（哲学社会科学版），2001（04）：44—47.

括竞争冲突和与传统文化的冲突，体现在躯体化症状代替心理症状、认识的误区及心理保健意识薄弱等方面。[①] 萧易忻试图从社会结构和社会建构两个方面解释中国抑郁症障碍者比例偏低的原因，认为这涉及独特的疾病概念、医学心理学和中国的医疗体制。[②] 从社会结构看，全球化背景下的经济体制和社会政治环境发生了重大变化。个体化和频繁的流动使家庭结构和情感压力发生变化，从而导致特定生活条件下的矛盾。然而，随着市场经济的深入和信息技术的进步，竞争压力对个体特征和时间管理提出了更为严格的要求，这将导致不适应这种效率取向的个体产生严重的心理冲突。因此，可以说，抑郁症的高发是市场经济和消费社会共同作用下的全球性现象。从社会建设的角度看，抑郁症在社区的广泛渗透是生产、政府、教育、媒体协调发展的结果。医药公司的巨大效益与西方精神病医疗体系在我国的主导地位密不可分，而相应的医务人员和转诊制度的缺乏阻碍了绝大多数患者就医，这是我国抑郁症发病率低的根本原因。同时，患者自身也是参与抑郁症社会建构的关键因素。由于中医疾病概念的深刻影响和心理健康障碍的污名化，抑郁症障碍者的医疗救治率进一步下降。有趣的是，这也反过来促进了患者通过各种方法治疗抑郁症，如中医、宗教、形而上学等，从而与主流的西方精神病学形成博弈，在寻求健康的过程中从被动接受者转变为主动生产者。

微观上看，抑郁症报道的建构具体体现在对报道文本的研究当中。就"对抑郁症报道文本的研究"这一方面的研究综述来看，大众媒体作为健康传播的一种渠道，在很大程度上决定着公众对疾病本身或患者的认知和态度。何伶俐和汪新建指出，情绪抑挫、身心疲劳和对缺乏社会活动兴趣在美国被定义为"抑郁症"，在中国曾被概括为"神经衰弱"。然而，随着西方精神病学和诊断标准在中国的传播和发展，大众媒体的关注和宣传，以及西方医药市场在中国的立足和扩张，抑郁症越来越被中国社会大众接受。这不仅是全球化背景和趋势下西方文化及其对中国心理障碍的诊断标准的影响，也是一些利益相关者推波助澜的结果。[③] 如果抑郁症在20世纪90年代对中国人来说还是一个奇怪的概念，那么在今天大众媒体的宣传下，人们越来越习惯于抑郁症的存在。医生不仅可以根据疾病诊断标准诊断疾病，普通人也敢于进行自我诊断，甚至敢于运用经验和常识来分析和判断他人和其他事物。

---

① 王丹芬，雷晓明，刘临兰，李丹琳. 中国人的抑郁症及其社会文化思考 [J]. 中国全科医学，2004（05）：315-317.
② 萧易忻. 从全球化视角看"抑郁症"如何产生 [J]. 文化纵横，2016（02）：17.
③ 何伶俐，汪新建. 抑郁症在中国的传播 [J]. 医学与哲学，2012，33（02）：29-31.

对于传统媒体，董伟分析了2000年到2008年之间中国的党报、卫生保健行业报纸和商业报纸三大类报纸的抑郁症相关内容，调查这三种报纸如何呈现和构建抑郁症相关问题，进一步探讨媒体如何塑造抑郁症障碍者的形象。[1] 研究发现，抑郁症尚未普遍进入大众和主流媒体的报道，报道仍处于提供健康信息的阶段。媒体在其报道中有时将抑郁症障碍者描绘成暴力的形象，媒体通过这种塑造构建了一个新的隐患。借由对媒体议程设置和抑郁症报道内容的分析，可以发现媒体对抑郁症的报道呈逐年上升趋势，向社会大众提供了更多的健康信息，有效地宣导了心理健康知识，但是对于抑郁症作为一种正常的疾病，却少有客观、公正、科学的报道、解释或提供医学指南。作为健康传播的重要力量，媒体尚未履行其帮助社会大众改变行为的职责。与此同时，媒体对抑郁症的报道仍然存在偏见和歧视，抑郁症障碍者处于失语状态。王翠分析了《人民日报》《新京报》和《健康报》对抑郁症障碍者的报道，调查了国内媒体近年来对抑郁症障碍者的形象呈现。[2] 她认为，报纸上的抑郁症障碍者形象主要是负面和痛苦的形象，而正面和受到关爱的形象严重缺乏。这种情况很容易导致读者对抑郁症障碍者形成刻板印象。同时，太多关于抑郁症障碍者自杀的报道不仅会影响到这个群体，而且对社会也有潜在的危害。报道的自杀案例越多，被模仿的概率就越大。一个众所周知的人的自杀，它对读者的影响是普通自杀案例的十倍。因此，在报道名人的时候，应该尽量避免对自杀进行感官化的报道，以防止名人的粉丝和与名人背景相似的人产生同样的负面情绪。更重要的是，媒体应该更多地报道抑郁症障碍者如何在自己的努力和社会关怀下走出阴影，恢复正常生活。张援与逯义峰通过对中国主要报纸527篇抑郁症报道的文本分析，以文化价值观和组织压力为出发点，探讨了中国报纸抑郁症报道框架和背后的责任归属，并考察了党报和都市报在过去12年间的责任归因差异及其历时变化。[3] 这项研究发现，当中国报纸报道抑郁症的解决方案时，责任更多地被归咎于社会，而不是个人。党报比城市报纸更重视社会责任。研究进一步探讨了转型期文化价值观和组织压力对中国党报和都市报健康报道责任归属的影响。研究结论表明，中国媒体已经将抑郁症作为一种公共健康威胁，以回应社会的深切关注。如今，作为社会大众获取健康信息的主要渠道，电视

---

[1] 董伟. 健康传播视角下抑郁症报道研究[J]. 新闻世界, 2010 (05): 91-93.
[2] 王翠. 国内报纸对抑郁症障碍者的形象呈现研究——以《人民日报》、《新京报》、《健康报》的报道为样本[J]. 新闻世界, 2010 (06): 88-89.
[3] 张援, 逯义峰. 中国大陆主要报纸抑郁症报道框架和责任归因研究[J]. 浙江媒体学院学报, 2018, 25 (04): 56-64.

媒体能否以正确的态度进行抑郁症相关报道，并消除其报道中的污名标签，已成为社会大众了解抑郁症等心理障碍的重要影响因素。任金州和康云凯指出，抑郁症作为一种心理障碍，仍然没有从健康的角度得到充分理解，其传播仍然处于边缘化的尴尬境地。① 大众媒体，尤其是作为"第一媒体"的电视，在抑郁症的健康传播中还有许多亟待解决的问题。可贵的是，社会大众对心理障碍认识不断提高和电视健康节目不断增加和标准化有利于这一问题的解决。

就网络和新媒体而言，网络作为一种重要的现代媒介，其能否客观呈现抑郁症障碍者的形象，影响着社会大众对抑郁症的认知。宁菁菁和黄佩利用福柯的权力理论分析新浪网和凤凰网在构建抑郁症相关话题时的价值倾向和偏差，进而揭示抑郁症障碍者他者形象的成因——回避报道抑郁症背后的社会因素，关注社会大众人物而忽视普通患者的真实情况，最终将其演变成一个具有娱乐性和新奇意义的符号。② 根据研究，我国新闻网站的报道中，抑郁症障碍者大多呈现负面形象。病人经常出现在社会新闻和娱乐新闻中，几乎没有对病人的采访和持续性报道，更多的是关于突发事件的报道，无法在日常生活中塑造普通病人的形象。由于抑郁症本身具有一种社会心理障碍的属性，其诱因包括复杂的社会因素，对此很少有人深入报道，甚至抑郁症障碍者也被报道为引发社会问题的因素。此外，社会精英和明星的抑郁更容易为人所知，不会涉及太多敏感的社会问题。媒体更多地关注这些社会大众人物，而忽略了对普通人的报道。此外，为了获得经济利益，网站利用自身的力量操纵媒体，使抑郁症障碍者的形象成为娱乐和新奇寻求意义的象征。抑郁症障碍者的"他者"形象最终将成为福柯所说的由权力创造的"真理"，并成为一种真实的存在。福柯认为压制是权力、知识和特定话语之间最基本的联系。网站受到权力的干扰，避免报道病人的真实情况，这给病人一个固定的社会群像。在这些报道中，病人的话语权日益被媒体剥夺，他们的真实情况越来越不为社会大众所知。由于权力也是生产性的，关于抑郁症的新闻实际上在经过运作后被选择性地报道，成为帮助这些权力机构实现他们想要和需要的现实，从而使他们自己正当化的途径。因此，我们现在看到的病人形象是一种对社会结构正当化的体现。樊阔以《人民日报》法人微博的相关内容为研究对象，探讨媒体如何在微博平台上构建抑郁症话题，其报道的现状以及话题构建的偏差，从而找到一条更符合公共

---

① 任金州，康云凯. 我国电视媒体健康传播视角下的抑郁症 [J]. 今媒体，2015，23（03）：4-6.

② 宁菁菁，黄佩. 福柯权力理论下的抑郁症他者形象——以网站对抑郁症的报道为例 [J]. 北京邮电大学学报（社会科学版），2013，15（02）：25-30.

利益的话题构建路径。① 林晔考察了抑郁症障碍者在微博上的形象,通过与抑郁症障碍者真实形象的对比,揭示了二者的一致性和差异性以及因果关系,并认为微博对抑郁症障碍者形象的构建与现实既有一致性,也有偏差,这与媒体自身的特点、抑郁症成因的复杂性、社会利益的交织等因素有关。② 因此,人们对抑郁症病因和治疗的认知偏见需要纠正。

(二) 对询唤的研究综述

在中国知网上对"询唤"进行检索,可以找到 160 条结果。从相关文献量来看,时间跨度上以李迅在 1987 年第 4 期《当代电影》上引译路易·阿尔都塞的《意识形态和意识形态国家机器》为开端,可见询唤理论最早的应用起始于研究电影的话语对于意识形态的传输。随后询唤理论并没有获得特别多的关注度,直到 2005 年开始才呈现出周期式上涨的研究趋势,几乎每隔三年到达一次高位。

从学科分布来看,对询唤的研究主要集中在戏剧电影与电视艺术领域,其次分别是哲学和中国文学领域,新闻与传播领域紧随其后,占比约为 7.9%。

在 Web of Science 当中,对询唤的研究也主要集中在社会科学领域,尤以文学和社会学居多。

从相关词来看,对询唤的研究与"意识形态"和"主体"的联系最为紧密,值得注意的是排名第五位的关键词是"认同",这也说明了研究者对于询唤理论建构起某种认同性的应用导向颇为感兴趣。

在对询唤与障碍者主体性的研究方面,通过整理后可以分别从理论层面的研究与实践层面的研究来进行文献综述。

一方面是询唤的理论层面的研究。从询唤理论的起源入手,张一兵指出,阿尔都塞哲学对后现代文化最有影响的是他的意识形态理论,他的意识形态理论之所以有如此光明的前景,主要原因是他对拉康相关理论的挪用。③ 拉康对个体主体的证伪成为阿尔都塞思想逻辑的基石,拉康的异化主体理论扩展了普通人在意识形态文化建构中的镜像再现和对规则本身的自动服从,社会关系和统治都被再生产。

---

① 樊阔. 健康传播视域下我国抑郁症报道的议题建构——以《人民日报》法人微博为研究对象 [J]. 新闻知识, 2018 (10): 18—24.

② 林晔. 浅析网络背景下媒体对抑郁症障碍者的形象建构——基于新浪微博文本的考察 [J]. 新西部, 2018 (17): 88—89.

③ 张一兵. 阿尔都塞: 意识形态理论与拉康 [J]. 学习与探索, 2002 (04): 1—5.

从询唤理论中的意识形态与主体的关系结构入手，徐彦伟认为，在《意识形态和意识形态国家机器》中，阿尔都塞利用先前已有的研究成果深化和拓展了其对意识形态的自我理解。意识形态作为一种结构性存在，在他看来是没有历史的；它是永恒的、富有想象力的、物质的和唤起记忆的。阿尔都塞的论述具有一定的合法性，他第一次表征了意识形态对人类的重要意义：意识形态通过询唤将个体建构为主体，从而完成主体的再现。这种再现保证了既定社会关系即制度的再生产。[1] 郑海侠将"人"作为主体分为两个层次：个体主体和社会主体，并分别考察了它们与意识形态的关系。一方面，"人"作为个体主体，正是通过意识形态的建构才成为社会主体；同时，意识形态本身是由作为社会主体的"人"建构和不断重构的。它是以社会实践为纽带，由一定的社会主体创造的一种标准的意识形态价值体系，根据现实世界，他们所面对的是自己的价值观和理想。意识形态在各个层面的不断运动不是各种概念和思维基础理论本身的运动，而是在现实生活实践中整合社会主体建构意识形态的变化。[2] 由于社会主体面临的社会存在处在永无止境的流动之中，关于实然与应然的社会存在的意识形态建构和重构过程也是无穷无尽的。徐彦伟和王朔指出，文化是一个外延广泛、内涵丰富的概念。一般来说，文化是指人类的各种精神现象和产品的总和。人们创造文化，同时人们寄居在文化中，被文化塑造和召唤，从而成为所谓"文化人"。具体来说，这种文化的询唤功能主要体现在组织管理理念、管理模式、价值取向、社会凝聚力和调动工作热情上。文化询唤的功能不仅是文化对管理主体和被管理的客体的单向探究过程，也是文化询唤主客体以及主客体对文化认同的双向互认的过程。在这种相互认同的过程中，不仅包括对管理主体和管理客体的文化塑造和灌输，还包括对一定的社会文化、价值观和社会精神作为社会管理的主体和客体的体认。通过这种互认，我们可以培养和塑造文化想要看到的主体。同时，主体可以根据文化和社会价值观的要求自觉激励自己，不断进行自我激励，自觉地将自己的思想和行为规范浓缩为社会文化倡导的价值观，实现社会目标。[3]

美国文化研究学者约翰·菲斯克在《解读大众文化》一书中，叙述了文化

---

[1] 徐彦伟. 结构与询唤——阿尔都塞后期意识形态思想的文本学研究[J]. 社会科学战线，2009（11）：35—38.

[2] 郑海侠. 论意识形态与主体的双重关系——意识形态对主体的建构及主体对意识形态的重建[J]. 理论界，2009（11）：89—90.

[3] 徐彦伟，王朔. 文化询唤管理中的主体和客体——以文化人为基点[J]. 内蒙古民族大学学报（社会科学版），2014，40（02）：75—77.

不是人类精神的审美产物,而是一种生活在工业社会中的方式,工业社会包含了这种社会经验的所有含义。他解释说,文化研究涉及工业社会中意义的产生和循环。他认为社会不是一个有机的整体,而是一个复杂的群体网络,每一个群体都有不同的利益,在与统治阶级的权力关系方面相互关联;这是一种思维方式,阻止一个人感知其社会或经济状况的真实性质。他还提出,意识形态国家机构(即家庭、教育制度、语言、媒体、政治制度等)使人们在缺乏胁迫的情况下,倾向于以社会接受的方式行事和思考。[1] 陈杰和瞿薇指出了"主体屈从于什么"的问题,给出的答案是屈从于意识形态的物质实践。创造主体是通过询唤的行为来完成的,这些行为吸引个体的注意力(召唤),迫使个体探索意义(解释),并迫使他们以主体的身份参与实践。这些理论已被广泛应用于分析广告和电影行业,消费意识形态通过广告将个人转变为主体,即消费者;它利用广告询唤个人,广告吸引人们的注意力,迫使人们给广告引入意义,并最终消费它们。[2] 阿尔都塞从不同的角度描述和定义了意识形态,其中一个最重要的角度是把意识形态视为一个新的实体,然后把西方社会中的一些实体,如教堂、学校和政治制度,称为意识形态的国家机器。阿尔都塞对这些意识形态的详细列举隐藏了控制人们思想和行为的微观权力。因此,理解阿尔都塞的意识形态理论,并对其进行合理定位,进而揭示微观权力控制的途径,具有重要意义。张国启认为,意识形态以个人为主体的询唤过程,本质上是隐藏在各种意识形态的国家机器中的微权力发挥作用的过程。[3] 在现代社会,不同的微观权力对主体的压制和控制并不完全是外在的和强制性的。它的实现是个体在成为主体的过程中向一般主体投降的过程,是主体根据外部形象控制自身的操作。

从询唤理论对传播学的启示入手,积极受众论(Active Audience)是英国文化研究中最重要的成果之一,已经成为当代传播学的基本定理。积极受众论认为,媒体受众不仅被动地接收信息,而且还主动地(通常是无意识地)在个人和社会背景下理解信息。然而,对这一理论的代表戴维·莫利来说,它经历了一个极其困难和曲折的过程。金惠敏认为,从建构过程的角度来看,积极受众论的出发点是阿尔都塞等人的意识形态话语理论。莫利的积极受众论并没有放弃典型的英国文化研究的话语路径,而是寻找话语与各种话语之间可能突破

---

[1] 约翰·菲斯克. 解读大众文化 [M]. 杨全强,译. 南京:南京大学出版社,2006:45-46.
[2] 陈杰,瞿薇. 阿尔都塞和他的理论创新 [J]. 国外理论动态,2008(02):76-79.
[3] 张国启. 阿尔都塞意识形态理论中的微观权力解读 [J]. 马克思主义与现实,2013(02):138-143.

的缝隙：首先，他将意识形态话语置于与社会存在的动态关系之中；其次，他将阿尔都塞的"询唤"加入法国语言学家和哲学家米歇尔·佩舍的"交互话语"中，使"询唤"成为"交互询唤"，从而决定论意识形态的"询唤"被撼动从而更贴合传播学研究的现实境况。① 然而需要注意的是，对于本研究而言，如果基本假设是积极受众，预示着抑郁症障碍者都会积极参与媒体报道信息的分析和理解中，这在现实中基本是不太可能的。

另外，还有对询唤的实践与应用层面的研究。阿尔都塞认为，意识形态把个体询唤为主体。阿尔都塞在这里将哲学范畴中的"主体"概念描述为以国家、民族等为代表的社会组织，以及它的价值观和行为准则。他认为，当作为社会存在的"个体"接受并认同意识形态结构的编码信息时，它就成为"主体"不可分割的一部分，这一过程被称为询唤，其本质是思想的生产和传播机制。在现代社会，它是通过以大众媒体为代表的"意识形态国家机器"来实现的。吴学琴指出，视觉文化是一种新的文化形态和思维范式，是一种以"意象"和"景观"为核心的高度可感知文化，是意识形态的新载体。它通过创造一种伪真实的幻觉，诱使观众对作品中的人物产生另一种替代性拟像，从而成为控制日常生活的一种新方式。实现这种控制的内在机制是以视觉文化询唤个人为主体，也就是说，当个人消费图像和景观时，他们沉迷于其中，从外部客体转变为主体，自觉认同视觉文化所传达的概念。②

具体到对有组织的媒体行为的研究，叶凯从意识形态运行机制的理论出发，关注中国电视屏幕上流行的综艺节目《非诚勿扰》如何以其特有的代码不断呼唤其受众个体作为主体，在欲望场所、群体想象和公共话语的空间领域中进行主流意识形态的隐性表达，这些主体构成的秩序是稳定社会价值体系不可或缺的重要力量。③ 桑蕴涵指出，中华人民共和国成立后，面对民族工业化的需要，工人阶级的叙事是新中国无产阶级话语建构的"一体两面"：一方面，工人阶级的主体应该嵌入"民族－人民"的宏大叙事中；另一方面，工人阶级在日常生活和文化实践中不断获得主观经验，因而被询唤为主体。报纸阅读小组在阅读和文化消费中建立了一种隐藏的等级机制，不断鼓励工人阶级通过符号复制促进生产力，并参与国家的政治生活，报纸阅读群体的独特意义生产场

---

① 金惠敏. 从话语的铁屋子里突围——试论戴维·莫利的积极受众论 [J]. 甘肃社会科学，2011（02）：48−54.
② 吴学琴. 日常生活的意识形态与视觉文化 [J]. 教学与研究，2012（07）：28−35.
③ 叶凯. 欲望归置、群体想象与公共话语的空间询唤——论电视节目《非诚勿扰》的意识形态隐性表达 [J]. 东南传播，2013（01）：81−82.

域使工人阶级成为"想象的共同体"的主体。[①] 乔同舟和汪蓓借助"个体化"理论和文本分析方法,着重探讨商业广告话语与中国社会个体化进程的关系。[②] "自我型广告"以"我"为中心、"能"为强化物、"他者"为对比,通过明示和暗示成功呈现和塑造了青少年"个性化"的"自我"形象。通过广告话语的不断询唤,"我"可以脱嵌国家和集体主义话语从而实现"个体化"。然而,广告倡导的"个性化"的"我"却被困在消费主义文化中,在促进自我意识觉醒的同时,也导致个人欲望的膨胀;消费者的自由和独立是虚幻的,可能导致个性化发展误入歧途。在询唤理论的指导下,皮海兵深入分析了网络主播对粉丝询唤的非隐性机制和形式。在移动互联网空间的平等和开放的语境内,粉丝在询唤的引导下充分表达,在双方互动中共同完成内容的生产与加工。[③] 在理解粉丝自身需求和满足公平意识的根柢上,对话效果和沟通效果才可以达到最佳状态。网络主播与粉丝之间的开放式互动颠覆了信息发送者与接收者之间以往的垂直关系,将传统的单向封闭关系转变为双向开放的感召关系,从而构建了主体与主体之间的沟通。

三、研究问题的提出

本书致力于探讨询唤视角下抑郁症报道中的障碍者主体性建构,即我们如何借由媒体的抑郁症报道,来表征和影响那些处于心理健康危机中的个体,调动起他们的主观能动健康意识,尤其是在新媒体日益蓬勃的时代语境之下。

对于本研究主题当中的几个关键元素,需要在这里做出一定程度上的解释与说明。"询唤"指的是意识形态在社会互动中召唤起个体的主体身份的本质过程,而"障碍者主体性"指个体以主体自身的需求为基础的眼光去看待事物的倾向,它是个体可以拥有的观点、经验、意识、精神、感受、欲望或信念的属性。"抑郁症"指的是一种心理障碍,通常伴随着低自尊、对以往令人愉快的事物失去兴趣、乏力和没有明确原因的疼痛等特征,更严重者会产生错误信念或幻听、幻视等症状。"抑郁症报道"分析的重点是媒体对以抑郁症为代表的心理障碍的框架性描述。有关抑郁以及相伴随的各种失调症状、成因、诊治或预后的信息,常常被用来体现个体的症状和治疗经历,也被用来为政策或行

[①] 桑蕴涵."工人阶级"的主体询唤——基于建国初期《解放日报》读报组记录[J].新闻传播,2018(22):53—54.

[②] 乔同舟,汪蓓.中国商业广告中的"自我"呈现——以"个体化"理论为视角[J].新闻界,2016(14):14—20.

[③] 皮海兵.网络主播的受众询唤解析[J].媒体,2018(09):89—91.

动做宣传意义上的支撑素材，框架存在的背后折射的是逐渐多元化的社会利益。"媒体建构"指的是一个社会对一个对象或事件所赋予的概念、意义或内涵，以及该社会的成员对该对象或事件的看法和处理方式；建构也包含着一定程度的干预，即为了改变人们的行为而采取的行动，一般来说，它包括任何用来改变行为、情绪状态或感觉的活动。

本书希望通过深入探讨，回答以下几个问题。

首先，询唤的意义在于把个体建构成为主体，它使得对抑郁症及抑郁症障碍者的报道不再停留于叙述"他者"的故事，而是让新闻本身与看新闻的个体建立起一种内在关联，这种关联如何产生？如何体现出个体被询唤起的主体性及主观能动性？

其次，处于社会环境中的媒体受各种社会因素的制约，同时媒体自身在新闻生产实践中受到一定框架的影响。在抑郁症议题上，媒体的内容生产会受哪些因素影响？询唤策略的运用遇到了哪些困难？

最后，从现状分析，媒体建构对抑郁症问题的社会解决还能够起到怎样的建设性价值？如何更好地运用询唤来进行媒体干预，进而强化媒体的社会责任，达到健康传播的目的？

本书所秉持的宗旨在于，只有促进社会大众对以抑郁症为主的心理障碍的理解，改善媒体对以抑郁症为代表的心理障碍偏颇或扭曲的报道，并借此培养人们对于心理健康的意识及素养，才可以有效地遏制情况的进一步恶化。面对这一全球性的、公共性的关键媒体议题，立足于本土的传播学界没有理由不加快步伐跟进与积累相关研究，并且对此进行系统性的考察分析，继而从理论与实务方面整理出更为积极的应对策略。

四、研究目的和意义

本书的研究具有理论与实践的两方面意义。理论意义一方面在于延展对心理障碍的健康传播之研究广度，另一方面在于丰富移动互联网时代下健康传播理论的内涵；现实意义一方面在于希望促进媒体从业者探寻并改良有关抑郁症报道当中存在的问题，另一方面在于督促大众媒体通过积极干预为抑郁症提供更为完善的社会支持体系。

从理论层面而言，一方面，期望可以延展对心理障碍的健康传播之研究广度。由于当代人对健康问题尤其是心理健康问题的重视程度加深，健康传播近些年来成为传播学研究领域的重要开拓方向。健康传播致力于将医学范畴的专业成果转化为更加适合社会大众接受的健康信息，借由改变人们对生理及心理健康的态度与行为来有效提升社会大众的健康水准及生活质量。过去的健康传播研究涵盖了从烟酒、毒品防控到器官移植、艾滋病等诸多领域，更多地着眼于器质层面，本研究强调的是询唤视角下抑郁症议题的媒体建构与干预，试图拓宽对心理疾病的健康传播研究的广度。

另一方面，希望能丰富移动互联网时代下健康传播理论的内涵。在广泛阅读文献后不难看出，过去国内学界对于抑郁症的媒体呈现之研究多聚焦于传统媒体领域，然而移动互联网时代下的大众传播与人际传播格局均有所改变，新媒体在转变社会大众对健康的取态与行为方面的作用与既往不一而足。除此之外，侧重于抑郁症议题的媒体建构与干预并从询唤视角切入，运用框架理论来结构化处理所占有的文本与资料，借此分析抑郁症议题体现出的新现象与新问题，以期补充和完善健康传播的理论内涵。

从现实层面而言，一方面，致力于促进媒体工作者探寻并改良有关抑郁症报道当中存在的问题。当下不可否认的是，媒体在健康传播中扮演的角色与发挥的功能愈发举足轻重，对相关抑郁症议题的具体呈现之特征的分析，使媒体机构、记者自身甚至是外部权力等因素对新闻报道与话语建构的影响得以浮出水面，继而从某种程度上发掘移动互联网语境下内容生产过程当中互相制衡的因素所在，然后促使媒体从业者改进其相关报道。

另一方面，希望能够推动大众媒体积极干预，为抑郁症相关人群提供更为完善的社会支持体系。对于公共卫生问题的舆论引导与监督来说，大众媒体发挥着越发突出的议程设置作用。移动互联网语境下的新媒体对询唤策略的运用，能够加深新闻报道当中的互动性特征，拓展了人们寻求与获得社会支持的时空限度，亦使得传与受、求与助的社会网络逐渐扩散，使人们可以从更多的社会成员那里取得社会支持，也为大众了解抑郁症带来了便利，展现其对有效的健康传播职能的承担。然而在议题建构与干预方面，无论是报道还是研究的视野都不应单单受限于对抑郁症的知识宣传、科学进展跟踪、心理健康预防与诊治上，还要更进一步涉及经济、政治和文化等多个社会层面，例如污名化的消除、公益组织的设立、患者权益保障等深层次问题。期望能让人们意识到，在为心理障碍本身及其患者提供社会支持、敦促相关社会参与和政策改革等方面，大众媒体还可以掌握更多的主动权。

五、研究思路与方法

本书的研究内容是询唤视角下抑郁症报道的障碍者主体性建构研究。统摄本研究的学理性视角是阿尔都塞提出的询唤理论，即通过一定的话语组织强化个体的主体性。研究对象是抑郁症报道，以由传统媒体过渡到新媒体的媒体机构所生产的非虚构文本信息报道作为主要研究对象。侧重点在于个体的主体性建构，即媒体如何运用框架和议程设置为抑郁症报道赋予一定的文化价值和社会意义，并以此调动起与之相关的个体的主体性意识和主观能动性。

在结合大量文献与理论思辨及探讨的基础之上，以质性研究方法为主，具体而言是针对传播载体与文本信息的文本分析，以及针对抑郁症障碍者以及抑郁症报道相关的媒体工作者进行半结构式访谈。与此同时，根据具体写作过程的需要，加入量化为辅的研究方法。

（一）研究思路

本书所遵循的研究思路，是阿尔都塞所提出的询唤理论的作用机理——镜像复制、主动归顺和关系再生产。阿尔都塞认为，个体被意识形态询唤成为主体，经过镜像复制、主动归顺和关系再生产这三个阶段，从而被建构起障碍者主体性。

第一章和第二章作为研究铺垫，分别交代了本研究的经验对象和理论工具。

第三章、第四章和第五章根据询唤理论的作用机理，分别对应抑郁症报道所能够折射出的障碍者与个体角度的疾病知识获取、障碍者与类属角度的信念价值判断，以及障碍者与社会互动角度的求治行为的"知、信、行"三个层面，根据这三个层面分析抑郁症报道是如何建构起障碍者主体性的。

第六章同样遵循询唤理论的作用机理，将镜像复制与内容生产的专业性对应起来，将主动归顺与内容生产的示范性对应起来，将关系再生产与内容生产的关怀性对应起来，试图指出抑郁症报道背后的媒体内容生产的实然处境与应然期待。

（二）研究方法

本书在结合大量文献与理论思辨及探讨的基础之上，以质性研究方法为主，具体而言是针对内容生产的供给侧的文本分析与框架分析，并运用访谈法。与此同时，根据具体写作过程的需要，加入量化为辅的研究方法。

大众媒体文本分析有着语言和文化符号学的双重理论维度。前者关系到媒体话语的言语行为、表层结构、会话含义以及修辞策略的研究，后者涉及媒体话语的意识形态和文本的深层结构的讨论。梵·迪克曾鲜明地指出："文本分析涉及语言、认知、互动、社会和文化分析的各个层面和方法。没有必要对此感到惊讶,因为话语本身就是社会所有这些方面的表现。这意味着文本分析必须是一项跨学科的任务,它的复杂性迫使我们根据研究目标和功能,在现有的许多方法中作出适当的选择。"[1] 本书将结合理论向度对话语进行综合性的分析。

文本分析的部分,分析的重点是媒体对以抑郁症为代表的心理障碍的框架性描述。有关抑郁以及相伴随的各种失调症状、成因、诊治或预后的信息,常常被用来体现个体的症状和治疗经历,也被用来为政策或行动做宣传意义上的支撑素材。框架存在的背后折射的是逐渐多元化的社会利益。媒体对心理健康问题描述的程度和性质,可以被视为媒体信息影响社会知识和态度的复杂机制的重要组成部分。然而国内学术界关于媒体对心理健康问题描述的研究少之又少,也罕有关于中国媒体报道以抑郁症为代表的特定心理障碍的性质和水平的探讨;此外,既往也很少有研究考虑过一种类型以上的媒介形式。本书所关注的是非虚构媒体文本中以抑郁症为主的特定心理障碍的呈现程度和性质,以认知主义的媒体研究方法如文本分析作为基础,试图探讨媒体发布的关于抑郁症的信息的特点,考虑了它们的内容和所传达信息的性质。广义上说,一切以现实元素为背景的写作行为,均可被称为非虚构创作。一切以"事实""亲历"为写作背景,并秉承"诚实原则"为基础的写作行为(包括调查类新闻、解析性报道、特稿、回忆录等)均可被视为非虚构创作。

关于媒体样本的收集和信息提取,分析的重点是媒体对以抑郁症为代表的心理障碍的描述。从2013年5月至2019年5月收集的关于抑郁症的非虚构媒体文本中,抽取776个样本进行分析。抑郁症比其他的心理障碍被描述得更为频繁,有关抑郁以及相伴随的各种失调症状、成因、诊治或预后的信息,常常被用来体现个体的症状和治疗经历,也被用来为政策或行动做宣传意义上的支撑素材。尽管这些信息通常是准确的,但也有一部分传达了误导性的信息。因此,媒体提供的有关抑郁症信息及报道的水平还有提高的余地。

在时间段的选取方面,本书以2013年5月作为起讫点,是因为《中华人民共和国精神卫生法》从2013年5月1日起正式实施。[2] 该法针对我国心理健康工作中的突出问题,对促进公众心理健康和预防心理障碍提出了具体要求,并严格规定了心理障碍的诊断、治疗和康复程序。心理健康工作机制和保障措施的进一步完善,体现了保护患者权益、维护社会公共利益的精神。这对维护

---

[1] 丁和根. 梵·迪克新闻话语结构理论述评[J]. 江苏社会科学,2003(06):199-203.
[2] 新华社. 中华人民共和国主席令(第六十二号)[EB/OL]. 2012-10-26.

心理障碍患者的合法权益、提高公众的精神健康水平、促进心理健康事业的发展具有重要意义。

在研究内容的选取方面，以新榜发布的"媒体矩阵势力榜"作为媒体选择的参考标准，研究对象为中国代表性媒体机构关于抑郁症的非虚构媒体文本。值得特别说明的是，本书虽然以新浪微博作为切入的平台，但所选取的研究对象为中国代表性媒体机构关于抑郁症的非虚构媒体文本，是因为新浪微博官方发布的"媒体矩阵势力榜"可以最为权威地反映传统媒体在新媒体平台上的影响力排序，且现如今各大媒体的官方微博账号已然基于平台属性可以超链接到不同类型不同形式的媒体文本，微博本身不仅仅是内容的载体，也是媒体所发布的不同类型文本如文字稿件和音视频甚至是H5的入口。因此，通过对新浪微博官方发布的"媒体矩阵势力榜"上榜上有名的媒体官方微博进行关键词的检索，可以获取到不仅限于微博介质的媒体文本。

为评估不同矩阵团体之间的媒体微博账号的综合效能即"矩阵效能"，新浪微博官方发布的"媒体矩阵势力榜"主要从两大维度衡量，一是团体综合效能（由内容影响力、传播影响力和粉丝影响力构成），二是精英组合效能（对每个矩阵组进行聚类分析，找到"优势组"，并根据确定的官微比例，在优势组群中选择每个矩阵精英组合的官微账号）。[①]根据新浪微博官方发布的"媒体矩阵势力榜"，截至本研究开展的2019年5月，榜单上"报纸"板块的前三名分别是《人民日报》《环球时报》《成都商报》，"杂志"板块的前三名分别是《Vista看天下》《中国新闻周刊》《南都周刊》，"广播电视"板块的前三名分别是中国之声、环球资讯广播和央视新闻，"媒体网站"的前三名分别是人民网、凤凰网和环球网。需要补充的是，"报纸"板块还会参考"中国重要报纸全文数据库"进行关键词检索，以作更为完善的文本补充。笔者认为，单单考察新媒体对抑郁症的报道，可能对应的受众难以覆盖到更为广泛的社会分层，而纯粹考察传统媒体，则显得与媒体发展的潮流脱节。因此以新浪微博官方发布的"媒体矩阵势力榜"为依据，考察传统媒体机构在新媒体平台上的报道与文本呈现，能够更为恰切地反映针对广泛受众或者说是用户的媒体在面对抑郁症这个话题时的表现情况。

通过新浪微博官方发布的"媒体矩阵势力榜"筛选出以上12个通过机构认证的媒体微博账号，并在这些账号的搜索功能对话框中以"抑郁症"作为关键词进行搜索，时间跨度为《中华人民共和国精神卫生法》正式施行的2013

---

① 新浪微博. 媒体矩阵势力榜[EB/OL]. 2019-05-01.

年 5 月到 2019 年 5 月的 6 年间。需要说明的是，关键词的选取有且只有"抑郁症"，这是因为如果不单单使用最为客观直接的病症名称而加入许多对症状的描述（如"抑郁""自杀"等），会得到许多并不一定与抑郁症准确相关的信息，尤其是当这些描述作为形容词来描绘与实际的抑郁症毫无关联的信息的时候。

半结构性访谈是社会科学中最常用的一种研究方法。虽然结构性访谈有一系列严格的问题，不允许分散注意力，但半结构性访谈是开放的，允许在访谈过程中根据被试者的话提出新的想法。半结构性访谈中的采访者通常有一个要探索的主题框架。然而，采访者想在访谈中探讨的一个或多个具体话题通常应该提前考虑。采访者准备一份提纲通常是有益的，这是一个非正式的话题和问题的组合，采访者可以针对不同的参与者以不同的方式提问。采访提纲帮助研究人员将访谈集中在手头的问题上，而不是将它们限制在特定的形式上。这种自由可以帮助采访者根据访谈环境或情况以及他们访谈的人来定制他们的问题。

半结构性访谈主要体现在两个方面。一方面是对抑郁症障碍者的访谈。询唤是一个动态的、有阶段性的过程，因此除了聚焦于作为静态性文本的抑郁症报道，还需要留意的是抑郁症报道所可能影响到的抑郁症障碍者个体。从不同病况阶段的抑郁症障碍者的角度，可以窥见抑郁症报道在特定的个体患病阶段所产生的社会建构功用与效能，以及障碍者主体性所体现出的感知、体验及影响，由此使得抑郁症报道静态文本的效果获得一定程度上的动态验证。笔者与 S 省精神医学中心重型精神疾病科取得联系。在充分尊重被访谈者意愿的前提下，由科室医生联络并推荐，确定六名接受访谈的抑郁症障碍者。根据询唤作用机理所对应的"镜像复制""主动归顺"和"关系再生产"这三个历时性阶段，笔者选取被访谈者的依据便是个体的病况阶段，被访谈者两人为一组，每组分别由一男一女构成，共分为三组，分别对应的病况阶段是疑似病例、确诊病例和康复病例，所体现的是障碍者个体经历的病程初发之前、患病之中和复健之后。

另一方面是对媒体工作者的访谈。对抑郁症报道媒体建构背后的传播责任进行价值反思，其重中之重在于为了确保对于抑郁症的更加负责任的报道不会因为不可行而被拒绝操作。因此，了解媒体工作者在面对抑郁症报道的时候所遵循或采取的叙述规范和惯例，及其他们的所思所想，是至关重要的。就询唤视角下的媒体建构来说，我们希望了解的还在于这个由个体所组成的、反映到主体层面的世界，是如何被融入某种毋庸置疑的，甚至是不容易被察觉的报道惯习之中的。访谈对象的选择上采用的是非概率抽样的方式，具体而言是目标式抽样与滚雪球抽样相结合。目标式抽样在于依据对研究目的的判断来选择适当的抽样方法，为了与第三章的研究内容保持一定程度上的一致性，同时限于研究者的社交范围，笔者根据新浪微博官方发布的"媒体矩阵势力榜"，分别于环球网、《Vista看天下》和《成都商报》三家媒体当中寻找适合接受访谈的媒体工作者，再依靠滚雪球抽样的方式，即先收集目标群体少数成员的信息，然后再向这些成员询问有关信息找出他们认识的其他总体成员，这是一个根据既有研究对象的建议找出其他研究对象的积累过程。这里的"合适"在于具备以下三点可以谈论抑郁症报道媒体建构这一话题的资格：首先，以工龄来说，受访者需要具备至少三年的工作经历；其次，以从事的媒体类型而言，受访者需要既接触过传统媒体的新闻生产，也从事过新媒体内容制作；最后，以话题针对性来说，受访者需要具有参与抑郁症报道的实际经验。根据这三点，最终研究确定了六位受访者。本书探讨了内容生产的供给侧在表现抑郁症及相关精神健康问题时所面临的制度、文化和实践的挑战。采访通过录音转录成文字，相关人物全部匿名。

与此同时，以前述的访谈记录为基础，笔者还与S省精神医学中心的一位主治医师和一位副主任护师进行了沟通，试图在部分素材的分析中提供一些专业医护人员的看法。

第一章 作为经验对象的抑郁症报道与障碍者主体性

人类是天生的社会动物。这意味着我们的个体生活和潜力需要在一个群体中得到最好的发展，而不是孤立地存在，我们渴望在一些支持性的关系中与他人建立桥梁。这种内在的主观需求促使我们建构一种鼓励接触的社会结构，而媒体与新闻报道正是这样的形式之一。尽管大量研究表明抑郁症是一种常见的心理疾病，但抑郁症障碍者仍不可避免地会遭受误解和偏见。媒体在影响公众对抑郁症的认知方面起着至关重要的作用。

从文化批评的角度来看，抑郁症本质上不仅是精神卫生层面的事件，更是一种无法与文化主流叙事达成和解的主体性形式。抑郁症障碍者感知着社会的主流叙事框架；尽管如此，他们还是被无法融入主流符号系统表征的现实所纠缠，他们的情感体验不具有社会认可的意向性。无论哪个时代，对一些人来说，维系社会承认的主体性形态都是一项极其困难的任务。

第一节 抑郁症：现代性语境下的典型心理障碍

抑郁症是一种全球常见的心理障碍，它不同于日常生活中常见的情绪波动和对挑战的短期情绪反应。长程性的中度或重度抑郁症可能会发展成为一种对个体和社会极具威胁性的疾病。患者的生活可能会受到严重影响，在工作和生活环境中表现不佳。最糟糕的是，抑郁症会导致自杀。

以抑郁症为代表的心理障碍在生物医学模型中的诊断和治疗主要依赖于引导患者了解疾病的关键现实，如内心冲突，或患者被帮助纠正或改变其对生活事件的错误看法，达到医生眼中的正确认知水平并变得"正常"。心理障碍的文化建构则强调心理障碍本质上是社会文化建构的产物，是人类通过文化建构的客观现实，而客观现实的本来面目并不为人们所真正熟知。

作为一种无法言说和难以理解的心理健康状况，抑郁症总是与现代性交织在一起，在哲学中不乏证明其存在合理性的论点。被某种神话覆盖的抑郁症，在现代社会中经历了一番美学化、哲学化和病理化，甚至是污名化的过程，并且被纳入了更宽阔的跨界视野之中。

一、抑郁症的心理障碍属性

美国作家马克·吐温曾说："在我失去的所有东西中，我最想念我的心灵。"[1] 心理健康（mental health）是一个个体的整体健康和幸福的重要组成部分，它不可或缺，影响着个体的感觉、思考和行动。世界卫生组织称："心理健康是一种幸福状态，在这种状态下，一个人能够认识到自己的能力，能够应对生活中的正常压力，能够富有成效地工作，并且能够为自己所处的社会作出贡献。"[2]

从童年、青春期到成年，心理健康在人生的每个阶段都是至关重要的。在个体的一生中，如果经历了心理健康问题，其思维、情绪和行为都会受到影响。良好的心理健康状况，有助于决定个体如何处理压力、与他人相处以及做出各种选择。个体的心理健康状况会随着时间的推移而改变，这取决于许多因素。当对一个个体的要求超过了他所拥有的资源和应对能力时，他的心理健康状况就会受到影响。例如，如果有人长时间工作、照顾生病的亲属或经历经济困难，可能会导致不良的心理健康状况。

心理障碍（mental illness）是影响一个个体的思维、感觉、情绪或行为的心理健康异常状况，如抑郁症、焦虑症、躁郁症或精神分裂症等。这种情况的产生可能是偶然的，也可能是长期的、慢性的，会影响个体与他人相处的能力以及日常的工作质量。许多因素都会导致心理障碍的出现，包括生物学因素（如基因或大脑化学）、生活经历（如创伤或虐待），还有心理障碍的家族史。[3] 虽然心理障碍在当下并不罕见，但是可以得到帮助。有心理障碍的个体可以通过主动的努力使自己变得更好，许多人甚至可以完全康复。这里需要说明的是，"心理健康状况不良"与"心理障碍"并不完全等同，尽管二者经常被混

---

[1] 马克·吐温. 马克·吐温自传（第1卷）[M]. 孟洁冰，申生，译. 北京：法律出版社，2012：43—44.

[2] World Health Organization. Mental Health: Strengthening Our Response[EB/OL]. 2018-03-30.

[3] 中国精神障碍分类与诊断标准第三版（精神障碍分类）[J]. 中华精神科杂志，2001（03）：59—63.

淆。一个个体可能会经历糟糕的心理健康状况，但并不一定会被临床诊断为心理障碍；同样，被诊断患有心理障碍的个体也可能经历无论是身体层面、精神层面，还是社会交往层面都健康的时期。因此，是否获得专业诊断，是区分二者的显著要素。并且，个体的心理健康不仅仅意味着其没有心理障碍，还包括是否有能力维护与保持健康、快乐的状态。

那么，为什么心理健康对个体的整体健康而言是至关重要的？心理健康和身体健康是整体健康同等重要的组成部分。心理障碍，尤其是抑郁症，增加了许多类型的身体健康问题的风险，特别是诸如中风、Ⅱ型糖尿病和心脏病这样的长期疾病；与此同时，慢性疾病的存在也会增加罹患心理障碍的风险。心理健康可以保持个体享受生活的能力，需要在日常生活、责任履行和努力实现心理弹性之间达到平衡。

抑郁症（depression），也称重度抑郁障碍，是一种常见且严重的心理健康疾病，会对个体的感觉、思维和行为产生负面影响。[①] 抑郁症会导致悲伤和对曾经享受过的活动失去兴趣，它也会导致各种情绪和身体问题，降低一个人在日常工作和家庭生活中的能力。幸运的是，抑郁症是可以治疗的。

抑郁症的症状从轻微到严重不等，包括感到悲伤或情绪低落、对曾经享受过的活动失去兴趣或乐趣、食欲的变化（与节食无关的体重减轻或增加）、失眠或嗜睡、能量损失或疲劳增加、无目的的体力活动增加（例如绞手或踱步）、他人可观察到的运动和言语减慢、感觉自己没有价值或者有罪恶感、难以集中注意力或作出决定，以及产生死亡或自杀的想法。诊断为抑郁症的症状必须持续至少两周。此外，医学器质性病变的状况（如甲状腺问题、脑瘤或维生素缺乏）可能类似于抑郁症的症状，因此排除一般医学原因是必要的。[②] 根据世界卫生组织的统计，全球每 15 个成年人中就有一个人患有抑郁症（6.7%），有六分之一的人（16.6%）会在一生中的某个时间阶段受到抑郁症的困扰。抑郁症可以随时发作，但平均来说，首次发作一般在 18 岁到 26 岁之间。女性比男性更容易经历抑郁症。一些研究表明，三分之一的女性一生中会经历一次严重的抑郁症发作。[③]

有几个因素会导致抑郁症，例如生物化学（大脑中某些化学物质的差异可能导致抑郁症的症状）、遗传学（抑郁症可以在家庭中传播，如果一个同卵双

---

① World Health Organization. Depression[EB/OL]. 2020-01-30.
② 美国精神医学学会. 心理障碍诊断与统计手册（第五版）[M]. 北京：北京大学出版社，2014：77-78.
③ World Health Organization. Depression[EB/OL]. 2020-01-30.

胞胎患有抑郁症，另一个在一生中有70%的机会会患病）、个性（自尊低的人或者悲观的人更容易经历抑郁症）以及环境因素（持续暴露于暴力、忽视、虐待或贫困可能会使一些人更容易患上抑郁症）。然而，抑郁症可以影响任何人——甚至是一个看起来生活在相对理想环境中的人。

同样需要说明的是，抑郁症不同于寻常的悲伤。亲人的死亡、失业或关系的结束是个体需要承受的痛苦经历。在这种情况下，悲伤的情绪会随之发展，这是很正常的。经历过这些的人经常会形容自己"得了抑郁症"，但是悲伤并不等同于抑郁症。悲伤的过程是自然的，对每个人来说都是独特的。尽管悲伤和抑郁症都有可能包括强烈情绪和从日常活动中退缩等特征，它们在重要方面也有所不同：在悲痛中，痛苦的感觉呈波浪状出现，通常与对死者的积极记忆混杂在一起，而在重度抑郁症中，情绪和兴趣在两周的大部分时间里都会下降；悲伤时，自尊通常会被保持，而在严重的抑郁症中，无价值感和自我厌恶是常见的。正确地区分它们，可以帮助人们更有针对性地获得所需要的帮助、支持或治疗。

抑郁症是最容易治疗的心理障碍之一，80%到90%的抑郁症障碍者通过积极干预后对治疗反应效果良好，症状有所缓解。[①] 在诊断或治疗之前，精神科医生应对个体进行彻底的诊断评估，包括面谈和可能的体检。在某些情况下，可能会进行血液测试，以确保抑郁症不是由像甲状腺问题这样的原因所引发。评估的目的是确定具体的症状、病史和家族史、文化因素和环境因素，以便做出诊断并制定行动方案。人们可以通过做几件事来帮助预防或减轻抑郁症症状。对许多人来说，经常锻炼有助于创造积极的感觉和改善情绪。每天获得足够高质量的睡眠，吃健康的饮食和避免饮酒也有助于预防或减少抑郁症症状。

健康不仅仅是没有疾病，它是一种资源，使个体能够实现他们的愿望，满足他们的需求，并应对环境，以便过上富有成效的生活。从这个意义上说，健康能够促进社会、经济和个体发展，而这些发展是幸福的基础。健康促进是让人们加强控制和改善健康的过程。个体的健康资源包括身体活动、健康饮食、社会关系、弹性、积极情绪和自主性。

个体作为主体所感知到的幸福是一个积极的结果，对个体自身和社会的许

[①] Cuijpers P, van Straten A, Smit F, et al. Preventing the Onset of Depressive Disorders: A Meta-analytic Review of Psychological Interventions [J]. American Journal of Psychiatry, 2008, 165 (10): 1272-1280.

多方面都有意义。良好的生活条件（如住房、就业）是幸福的基础，跟踪这些情况对于公共政策至关重要。然而，许多衡量生活条件的指标未能衡量人们对自己生活的想法和感受，如人际关系的质量、积极情绪和适应力、潜能的实现或对生活的总体满意度，这些反映了人们如何从他们的角度看待他们的生活。积极情绪——幸福的核心要素——不仅仅是消极情绪的对立面，而是可以而且应该培养的心理健康的独立维度。尽管幸福感的差异很大一部分可以归因于遗传因素，但环境因素起着同样重要的作用，个体所接触到的媒体表现是环境因素中不可回避的关键部分。

因此，虽然说抑郁症是一种真正的疾病，但人们可以为其提供帮助。有了正确的诊断和治疗，绝大多数抑郁症障碍者都会克服它。大多数有心理健康问题的人可以变得更好。治疗和康复是随着时间推移而发生的持续过程，应积极寻求帮助。如果个体发现抑郁症的症状，第一步应该是去寻求专业的帮助，倾诉自己的担忧，并要求进行彻底的评估。这是解决心理健康需求的开始。从心理障碍中恢复是一个变化的过程，通过这个过程，个体能改善他们的健康状况，过上以自我为导向的生活，努力实现自己的生命价值。

二、抑郁症的社会建构属性

社会建构（social construct）是社会学中的一种知识理论，它考察了人们共同构建的对世界的理解的发展，这些理解构成了对现实的共同假设的基础。意义是与他人协调发展的，而不是在每个个体内部独立发展的。社会建构关注的是一个社会赋予一个物体或事件的意义、概念或内涵，以及该社会的群体和个体如何看待或处理该物体或事件。社会建构的一个主要焦点是揭示个体和群体如何参与他们感知的社会现实的建构，包括观察社会现象是如何发展、制度化、为人所知并被人类变成传统的。

社会建构有强有弱，脆弱的社会建构依赖于难以解释或理解的基本事实（如夸克）和由社会习俗形成的制度事实；稳定的社会建构依赖于人类的观点和知识，这些观点和知识不仅存在，而且能够经得起历史的检验。社会建构的一个例子是"货币"这一概念，因为社会中的人们已经同意赋予它重要性与价值；另一个例子是"自我/自我认同"的概念，查尔斯·库利根据他的"镜中我"理论说："我不是你想的那样；我不是我认为的我；我就是我认为你认为的我。"这展示了社会中的人们是如何构建理念或概念的，如果没有人或语言的存在，这些理念或概念就不可能存在。

社会建构根植于符号互动主义和现象学。随着1966年彼得·L.伯格的

《现实的社会建构》的出版，这个概念找到了自己的立足点。伯格认为，所有的知识，包括对日常现实最基本、理所当然的常识知识，都来自社会互动，并由社会互动维持。当人们互动时，他们理解各自对现实的感知是相关的。当他们根据这种理解行动时，他们对现实的集体认识变得更加坚定。由于人们协商这种实践知识，人类的典型、意义和制度开始作为客观现实的一部分出现，特别是对于没有参与最初协商过程的后代。例如，当父母协商让他们的孩子遵守规则时，这些规则就像是他们无法改变的外部产生的"给予"。五十多年后，许多理论和研究都致力于一个基本原则，即"人们在创造他们的社会和文化世界的同时，社会和文化世界也在创造他们"①。这种观点认为，现实被我们的活动揭示和隐藏，创造和摧毁。用社会建构的术语来说，"理所当然的现实"（taken-for-granted realities）是从"社会主体之间的互动"（interactions between and among social agents）中培养出来的。此外，现实并不是一些等待通过实证科学探究，继而被发现的客观真理；相反，可能会有"争夺真相和合法性的多重现实"。社会建构主义理解语言和传播的基本作用，这种理解促成了其语言学转向，即大多数社会建构学者坚信"语言不能反映现实；相反，它构成了现实"（Language does not mirror reality; rather, it constitutes it.）。

在后现代主义的社会建构主义流派中，社会建构现实的概念强调个体在与社会的辩证互动中不断地建构世界观。根据这一观点，如此形成的众多现实包括人类社会存在和活动的想象世界，通过习惯逐渐具体化为由语言习俗支撑的制度，通过神话、宗教和哲学不断赋予合法性，通过社会化维持，并通过教育主观地内化为社会公民身份的一部分。自20世纪50年代出现以来，个人建构心理学（Personal construct psychology）主要发展为一种人格建构理论和一种主要在治疗环境中改变个体意义形成过程的系统。

那么，心理障碍是如何被建构的呢？从历史上看，心理障碍有三种主要的解释，即超自然（supernatural）、生物（biological）和心理（psychological）模型。② 在许多历史文献中，心理障碍被视为一个宗教问题，越轨行为被认为是超自然的，反映了善恶之争。当面对无法解释的、非理性的行为以及痛苦和动荡时，人们觉察到了邪恶。在公元前900年到600年的波斯帝国，所有的身

---

① 彼得·L. 伯格，托马斯·卢克曼. 现实的社会建构 [M]. 吴肃然，译. 北京：北京大学出版社，2019：12—15.

② Kyei J J, Dueck A, Indart M J, et al. Supernatural Belief Systems, Mental Health and Perceptions of Mental Disorders in Ghana [J]. International Journal of Culture and Mental Health, 2014, 7 (2): 137—151.

心失调都被认为是"魔鬼的杰作"。历史上，人们一直在寻找心理障碍的生理原因，希波克拉底是"心理障碍是由生物因素引起的"这一观点的早期支持者，他也是第一个通过药物治疗或调整患者环境来解决心理障碍的学者。这是现代心理社会治疗方法的先驱，以心理、社会和文化因素为重点，探讨心理病理学的病因。著名的哲学家如柏拉图、亚里士多德等，写下了幻想、做梦的重要性，从而在某种程度上预见了后来发展起来的精神分析和认知科学领域。他们也是最早提倡对有心理障碍的个体给予人道和负责任的照顾的人之一。19世纪中叶，精神科医生威廉·斯威瑟率先提出了"心理健康"一词。美国精神医学协会第四任主席、创始人之一艾萨克·雷进一步将心理健康定义为"保持头脑不受任何事件和影响的艺术，这些事件和影响会使头脑的品质恶化、能量减弱或运动紊乱"[①]。

中国古代关于心理障碍的最早记录可以追溯到公元前1100年。心理障碍主要通过中药、针灸来治疗。《黄帝内经》描述了心理障碍的症状、机制和治疗方法，强调身体器官和情感之间的联系。古代中国人认为，心理障碍是阴阳失衡导致的，因为最佳的健康状态源于与自然的平衡。在中国传统医学中，对情绪方面的疾病的记载由来已久，明代的张景岳，在其《郁证》中提出："凡五气之郁则诸病皆生，此因病而郁也。至若情志之郁，则总由乎心，此因郁而病也。"将"郁"和"病"进行了区分，并指出二者的辩证转换关系，更接近西方医学界对抑郁症的临床观察。

受生物医学的影响，中国精神病学家主要用医学方法研究抑郁症，并强调抑郁症是一种大脑功能障碍，而不是一种心理障碍。对抑郁症的解释仍然是以器官为导向的身心模型。20世纪80年代，来自美国的人类学及心理健康学者凯博文（Arthur Kleinman）在湖南某医院精神科进行研究时发现，在门诊患者中，中国精神科医生给出的最常见的诊断是"神经衰弱"。凯博文认为，根据《心理障碍诊断与统计手册》第三版的诊断标准，这些神经衰弱患者中有70%以上可以被诊断为"抑郁症"。凯博文对诊断结果的差异给出了自己的解释：由于中国文化对心理障碍的污名使心理障碍患者容易受到周围人和社会的歧视，医生和患者自己都尽力避免使用带有心理障碍含义的"抑郁症"名称。相反，他们关注这种疾病的身体后果——失眠、头痛、健忘、虚弱和其他症

---

① 格雷汉姆·克罗福特. 追求优质的精神卫生服务［M］. 李洁，译. 北京：人民卫生出版社，2014：35—36.

状,并将其诊断为"神经衰弱",这是中国文化、医学和普通人更容易接受的。[①] 即使是相同的症状和相似的病理,由于诊断标准和习惯的不同,某种身体疼痛在不同的社会情况下也会产生不同的诊断:在西方被诊断为"心理障碍",但在中国文化中被认为是"神经衰弱"。

在大多数社会中,仍然存在将心理病理学症状视为威胁的态度,并且这些态度经常助长对有心理健康问题的人的羞辱和歧视。当人们勇敢地承认自己有心理健康问题时,这种反应是很常见的,而且它们经常会导致各种形式的排斥或歧视——无论是在社交圈还是在工作场所。患有心理障碍的个体可能会面临污名——他们可能会受到差别化的对待,就好像他们在某种程度上不如其他人一样。污名会导致精神抑郁症障碍者受到歧视,失去工作或住房,被欺负或成为暴力的受害者。这也意味着他们可能不会主动寻求治疗。

从心理障碍具体到抑郁症,我们看到污名化在社会建构的过程中发挥了一定的影响力。抑郁症在世界各地的社会中长期被污名化,从被认为是"魔鬼的印记",到被认为是道德惩罚,围绕抑郁症病因的意识形态建构范围甚广。结果,针对其的治疗方法在历史上并不总是具有科学意义,并且往往是残酷和不人道的。尽管精神病学和心理学取得了进步,但仍然存在大量的污名,病耻感仍然是一个现实。与心理障碍相关的污名可分为两种类型:社会性污名(包括他人对心理障碍的偏见)和自我感知的污名(包括心理障碍者遭受的内在污名),两者都是很真实的。

纵观历史,有精神健康问题的人受到不同的对待,被排除在集体之外,甚至被残酷对待。这种状况可能源于一种错误的观点,即有心理健康问题的人可能比没有这种问题的人更暴力或更不可预测,或者只是某种程度上"不同"。然而,这些信念没有任何根据。类似地,早期关于心理健康问题原因的假设,如恶魔或精神占有,常常会引起谨慎、恐惧和歧视的反应。即使是心理健康问题的医学模式本身也是污名化信念的不知情来源。首先,医学模式意味着心理健康问题与身体疾病是同等的,并且可能在某种程度上是由于身体机能障碍造成的,而许多问题可能不仅仅是生物或医学原因造成的,这意味着有心理健康问题的人在某种程度上"不同于"正常运转的个体。其次,医学模式意味着诊断,而诊断意味着一个应用于"病人"的标签,这个标签很可能与不受欢迎的属性(例如,"疯子"在社会中不能正常工作,或者有时可能是暴力的)相关

[①] 凯博文. 苦痛和疾病的社会根源:现代中国的抑郁、神经衰弱和病痛[M]. 郭金华,译. 上海:上海三联书店,2008:56-58.

第一章　作为经验对象的抑郁症报道与障碍者主体性

联，这将延续"心理健康问题患者与众不同"的观点，应该谨慎对待。

污名产生于恐惧和缺乏理解。污名的存在主要是因为一些人不理解心理障碍，也因为一些人对它有消极的态度或信念。即使对不同条件下的生物化学和遗传性质有了更好的了解，它仍然存在。一般来说，有很多人试图解释心理障碍的病耻感。心理障碍被认为是不同的，因为它们通过那些使我们成为人类的特征来表达自己——认知、情感和行为——不同于身体疾病。因此，心理障碍被视为体现人的核心，而不仅仅影响心脏或肺等器官。但是不同的心理障碍有各自的特点。例如，患有精神分裂症或物质滥用的人被认为是危险的。而围绕抑郁症的污名不同于其他心理障碍，抑郁症障碍者往往被视为不可预测的人，主要是由于疾病的负面性质，抑郁症障碍者看起来不具备社交魅力以及不可靠。对于那些没有抑郁症困扰的人来说，抑郁症是很难理解的，甚至被看成是虚弱的表现。

被感知的污名导致了一种内在的对心理障碍的病耻感，而这种内化的病耻感会导致较差的治疗效果。[1] 伴随着病耻感而来的是对"重要他人"的缺乏理解，这会导致孤立和痛苦。病耻感也会导致骚扰、欺凌甚至暴力，抑郁症障碍者在寻求就业甚至住房方面都面临歧视。病耻感还阻止人们寻求帮助或得到治疗，结果，他们的症状变得更糟，治疗也更具挑战性。

大众媒体对抑郁症的不当报道可能会增加污名，通过多种方式在强化病耻感方面发挥作用，例如描绘关于抑郁症障碍者的不准确的刻板印象，或是通过夸张的渲染来制造轰动效应，或是使用贬低与敌意的语言，等等。还有一部分媒体将抑郁症与暴力联系在一起，这就加深了"所有抑郁症障碍者都很危险"的社会负面认知。责任也可以归咎于娱乐媒体。例如，电影中对精神分裂症的描述通常是刻板的，有学者对1990年至2010年间发行的英语电影进行了分析，发现影片中的大多数精神分裂症角色都表现出暴力行为，其中三分之一的暴力角色从事破坏性行为，四分之一自杀。[2] 这表明在当代电影中对精神分裂症的负面描绘是常见的，并且会强化对有精神健康问题的人的偏见和轻蔑态度。

那么我们如何消除污名？污名包括对有心理健康问题的个体的偏见态度和歧视行为，其社会影响包括排斥、不良的社会支持、自我满意度低的主观生活

---

[1] 欧文·戈夫曼. 污名——受损身份管理札记 [M]. 宋立宏，译. 北京：商务印书馆，2009：163-164.

[2] Owen P R. Portrayals of Schizophrenia by Entertainment Media：A Content Analysis of Contemporary Movies [J]. Psychiatric Services，2012，63（7）：655-659.

质量和低自尊。除了影响日常生活质量，污名还会对治疗结果产生不利影响，从而阻碍个体的康复。

努力消除精神健康污名并确保促进社会包容和有效实现康复是重要的。人们倾向于持有这些关于精神健康问题的消极信念，不管他们的年龄，不管他们对精神健康问题了解多少，也不管他们是否认识有心理健康问题的人。这种消极态度似乎根深蒂固，这一事实表明，改变这些观念的运动必须是多方面的，不仅要传授关于心理健康问题的知识，还需要挑战现有的消极陈规定型观念，特别是在大众媒体中的描述。

第二节 抑郁症报道：媒体实践下的心理障碍呈现

抑郁症报道是媒体对以抑郁症为代表的心理障碍的框架性新闻报道。本书的研究对象是新媒体的抑郁症报道，特别是由传统媒体过渡到新媒体的媒体组织所生产的非虚构性文本信息报道，包括有关抑郁症及其伴随的各种失调症状、成因、诊治或预后的知识性信息，反映个体治疗经历和相关事件的叙事性信息，以及被用来为政策或行动背书的宣导性信息。

传播是我们作为人类的核心，这是我们交换信息的方式，它也意味着我们的表征能力。这两种功能分别反映了詹姆斯·凯瑞所描述的传播仪式观。凯瑞认识到传播起着重要的作用：例如，传播帮助一个人获得知识；尽管如此，传播也完成了一个仪式功能，一个反映人类作为社会成员的功能。因此，传播可以被定义为共享意义的象征性交换。改变行为的干预努力是传播行为。我们有理由仔细考虑传播干预信息的渠道、受众的反应以及话语影响的特征。然而从仪式的角度来看，目标受众被概念化为社会关系中的成员，他们相互交流，参与社交仪式，并从习惯行为的实施中获得意义。

媒体在影响社会对心理障碍的态度和看法方面发挥着重要作用。研究表明，媒体是许多人了解心理障碍和自杀事件的重要信息来源。媒体对心理障碍的优质报道应该是负责任的、准确的、平衡的，有助于公众更好地理解心理障碍者的经历。他们应该鼓励寻求帮助的行为，包括诸如求助热线号码和支持服务网站等附加信息，并经常以心理障碍患者、护理人员、心理健康工作者和心理健康部门组织的观点为信息输出视角。

健康传播有很多值得称许的地方，这个领域正在获得认可，部分是因为它强调在理解传播过程和改变人类行为中理论和实践的结合。在许多疾病和环境灾难对全球公共健康的威胁都源于人类行为的时候，健康传播有独特的机会为改善和拯救生命提供有意义的投入，这个研究领域应该获得更多的注目。

一、抑郁症报道的新闻价值：负面信息刺激产生关注偏向

新闻价值的存在是将新闻视为社会建构的原因之一。换句话说，新闻不仅仅是客观上重要的社会事件的客观反映；相反，新闻是选择性过程的最终结果，通过这种过程，媒体的所有者、编辑和记者等把关人可以选择哪些事件足够重要、应该被报道，以及应该如何被报道。

新闻价值（news values）决定了一个媒体渠道对一个新闻故事的重视程度，以及观众对它的关注程度。[①] 在新闻界的实践中，编辑根据自己的经验和直觉来决定新闻的选择和优先次序。新闻价值是决定媒体对新闻报道的重视程度的一般准则或标准，它解释了为什么一个故事会引起读者的兴趣；以及编辑和其他记者如何决定一条信息是新闻而另一条不是新闻。

记者们正在寻找吸引大量观众或读者的新闻报道。他们必须发现哪些信息有新闻价值，并过滤掉不感兴趣的信息。通过应用一套指导方针或标准，他们可以确定什么样的材料会成为最好的故事。新闻价值是这一过程的核心，因为它们确定了吸引注意力的故事的成分。但是，新闻传播过程是双向的，新闻生产者和新闻接受者都参与其中。随着公民新闻和互动媒体的发展，传受两者之间的界限正在迅速模糊。

有学者建议受众将新闻解读为一个"风险信号"（risk signal）。心理学家和灵长类动物学家已经证明，猿类和人类不断监测环境中的信息，这些信息可能预示着个体的身体危险或社会地位受到威胁的可能性。这种接受风险信号的能力是一种强大的、实际上是普遍存在的生存机制。[②] "风险信号"的特征由两个因素构成，一个是偶然因素或不确定因素，另一个是这种变化与个体安全的相关性。这两个因素同样构成了新闻的特征。一个故事的新闻价值，如果根据它对受众的兴趣来定义的话，是由它所包含的变化程度和变化对个体或群体的相关性决定的。记者和公关人员操纵着变化和联系的因素，来最大化或在某些情况下淡化一个故事的力量。记者可能会操纵这一界限，权力精英和传播者试图鼓励受众排斥或接纳某些群体。

[①] 杨保军. 准确认识"新闻的价值"——方法论视野中的几点新思考 [J]. 国际新闻界，2014，36（09）：108-121.

[②] 马艺，张培. 多重价值的融合与冲突——新闻伦理道德失范原因的深层阐释 [J]. 新闻与传播研究，2009，16（02）：94-102.

那么，对疾病的关注，尤其是对心理障碍的报道，其新闻价值体现在哪里呢？过去的研究表明，媒体对心理障碍的描述往往是耸人听闻的、不准确的，并且依赖于负面的刻板印象。媒体通过扭曲、不准确和滑稽的形象助长了心理障碍的恶名。两种大众传播理论——培养理论和社会学习理论或许可以解释心理障碍污名的构建和延续。培养理论认为，那些花更多时间生活在虚拟世界中的人可以根据小屏幕上所描绘的图像和信念来感知真实世界。社会学习理论认为，学习不仅是通过直接经验，也是通过观察来实现的。人们从媒体上获得关于行为和社会习俗的知识，如行为规则。所有的文化都有健康信念体系来解释什么导致疾病、如何治愈或治疗疾病，以及谁应该参与这个过程。西方工业化社会将疾病视为自然科学现象的结果，他们提倡与微生物做斗争的医疗方法，或使用尖端技术来诊断和治疗疾病。还有一些社会文化认为疾病是超自然事件的结果，主张通过祈祷或其他精神干预，以对抗强大力量的不利影响。

我们每天消费的媒体对我们的思维、行为和情感都有影响。由于缺乏与心理障碍者相处的经验，多数民众对心理障碍者的看法依赖于媒体。不幸的是，媒体常常将心理障碍者描绘成暴力、凶残、不可预测的人，并把他们的状况归咎于其自身，这是对现实的夸大和歪曲。这导致人们相信，患有心理障碍的人是无法控制的、危险的。社会学家欧文·戈夫曼描述了社会污名如何阻碍个人完全融入社会。戈夫曼认为，我们可能会把疾病视为一种耻辱，这种耻辱会促使他人以一种不受欢迎的方式看待疾病。对疾病的污名化通常对患者和其接受的护理类型有最显著的影响。许多人认为，我们的社会甚至我们的医疗机构歧视特定的疾病——如心理障碍、艾滋病、性病和皮肤病。治疗这些疾病的设施可能不足；相关的人可能与其他医疗保健领域隔离开来，或者被置于一个较弱的环境中。这种污名可能会阻止人们为自己的疾病寻求帮助，使病情变得更糟。

具体到抑郁症报道而言，新闻价值从何而来呢？即报道抑郁症被认为是普遍的，那么抑郁症为什么具有新闻价值呢？最主要的原因有三点。一是抑郁症与公共卫生相关，可以被放在公共领域进行讨论。二是因为与抑郁症相关联的事件常常属于奇怪或不寻常的事情，容易引起对社会问题或原因的关注。三是因为其对可能存在抑郁倾向的个体能够继续施加影响，尤其是在社会化媒体日趋蓬勃的今天，信息本身成为一种无形的压力。前两个原因遵循了传统的新闻价值观。从本质上讲，记者们将他们遇到的抑郁症事件"常规化"，以使它们能够被公开。尤其是对于与自杀相关的抑郁症报道而言，自杀在记者心目中可能是一种特殊的死亡，但他们倾向于用与评估不太特殊的死亡相同的标准来评估其新闻价值。

抑郁症报道通常作为负性的报道内容而存在,而负面新闻往往比正面新闻具有更高的新闻价值。有证据表明,大众媒体报道和描绘自杀的特定模式可能会导致弱势人群自杀率上升。通过改善对自杀的报道和描述,媒体可以为预防自杀做出贡献,产生类似于保护性介质的效应,维也纳实验(Viennese experiment)证明了这一点。[1] 1978年维也纳地铁系统建成后,卧轨自杀率急剧上升。这一点以及大众媒体以戏剧性的方式报道这些事件的事实,导致奥地利预防自杀协会成立了一个研究小组,该小组制定了媒体准则,发起了一场媒体运动。随后,媒体报道发生了显著变化,从1987年上半年到下半年,地铁自杀和未遂事件的数量下降了80%以上,此后一直保持在相当低的水平。关于通过影响大众媒体报道来减少模仿自杀行为的可能性的结论被得出。目前的共识是,在媒体报道范围内,媒体关于自杀报道的显著呈现导致自杀企图的显著增加,特别是在青少年和年轻人中。[2] 根据研究经验,已经制定了若干媒体报道准则。例如在报道自杀事件时,媒体要避免基于少量证据的概括,避免耸人听闻但不准确的表述,如"自杀胜地"这样的表述等;在发布新闻之前,记者应该考虑它对家庭和其他幸存者的影响,包括耻辱和心理痛苦。

例如美联社在其报道指南当中指出,不要随意把一个人描述为心理障碍者,除非他与一个故事明显相关,并且诊断来源正确。在个案当中使用时,需要确定其诊断来源,寻求第一手知识,不要依靠道听途说或推测诊断。避免匿名消息来源,记录在案的来源可以是家庭成员、心理健康专家、医疗当局、执法官员和法庭记录。确保他们有准确的信息来做出诊断,并提供症状示例。在平面媒体上,自杀新闻不应该出现在头版,不应该使用横幅或大字体标题。提及死者或企图者的全名或其他个人信息,或公开其照片或位置,可能会向易受伤害的人传递一个错误的信号,即自杀可能使他们出名。不要在图示中说明自杀方法或自杀地点。报道应特别注意的是,自杀的原因不能过于简单化。自杀从来不是由于单一因素或事件而发生的,而是多个因素综合作用的结果,而且往往有心理问题的社会背景。应该强调的是,表面原因是诱因,而不是自杀的唯一原因。虽然公布可能起到因果作用的背景因素既不必要也不可取,但应当承认这些因素的存在。任何心理障碍史,包括药物滥用,都应该被提及。而在

---

[1] Etzersdorfer E, Sonneck G. Preventing Suicide by Influencing Mass-media Reporting. The Viennese Experience 1980—1996 [J]. Archives of Suicide Research,1998,4(1):67-74.

[2] Sisask M, Värnik A. Media Roles in Suicide Prevention: A Systematic Review [J]. International Journal of Environmental Research and Public Health,2012,9(1):123-138.

视觉媒体中，除非报道涉及公众利益，否则避免将自杀案件作为电视新闻的头条；避免重复、持续和过度报道事件。哀悼死者是适当的，但将自杀受害者美化为烈士，可能会鼓励弱势群体模仿这种行为来赢得公众的赞美。强调蓄意自我伤害的不良后果可能会阻止未来的负面行为尝试。①

新闻为人们创造了一张导览社会的地图，与任何地图一样，它的价值取决于完整性和相称性。为了感觉而夸大事件，忽视他人，刻板印象，或者不成比例的消极倾向都可能会使这张地图不那么可靠。新闻需要可信的支持证据，任何习惯性地提出无根据主张的新闻渠道都应该避免，负责任的新闻消费需要批判性思维。这一点在抑郁症报道的问题上显现得更为突出。

二、抑郁症报道的类目描述：短期化、表面化和事件化操作妨碍积极干预

2012年10月26日，第十一届全国人民代表大会常务委员会第二十九次会议通过了《中华人民共和国精神卫生法》。该法第二十二条指出，国家鼓励和支持新闻媒体和社会组织开展心理健康公益宣传，普及心理健康知识，引导公众关注心理健康，预防精神疾病的发生。② 2013年5月，《中华人民共和国精神卫生法》正式实施，把"预防"确立为心理健康工作的主要方针。其中规定，政府、单位、家庭等都有开展维护和增进公民心理健康、预防和治疗心理障碍、促进心理障碍患者康复活动的义务和责任。③ 2016年出台的《国民经济和社会发展第十三个五年规划纲要》与《健康中国2030规划纲要》中提出，要在2030年，常见心理障碍防治和心理行为问题识别干预水平显著提高。④

同期，国际上已经把"人人享有精神健康"纳入2030年联合国可持续发展目标。世界卫生组织在2012年发布的题为"抑郁症：全球性危机"的报告中指出，抑郁症已成为中国第二大疾病负担，预计2030年将升至世界疾病负担之首。目前，世界抑郁症障碍者约3.8亿，我国抑郁症患病率呈现上升趋势，抑郁症终身患病率达3.4%。⑤ 且在新型冠状病毒肺炎大流行的第一年，抑郁和焦虑症确诊人数就增加了25%以上。抑郁症在世界范围内蔓延，媒体

---

① Associated Press. Entry on Mental Illness is Added to AP Stylebook[EB/OL]. 2013-03-07.
② 中国政府网. 中华人民共和国精神卫生法[EB/OL]. 2012-10-26.
③ 中国政府网. 中华人民共和国国民经济和社会发展第十三个五年规划纲要[EB/OL]. 2016-03-17.
④ 中国政府网. 中共中央 国务院印发《"健康中国2030"规划纲要》[EB/OL]. 2016-10-25.
⑤ 新华网. 抑郁症患者真的增多了[EB/OL]. 2021-12-28.

作为人们获取新闻资讯和健康信息参考的渠道，对抑郁症话语的构建至关重要。

媒体不仅承担着为公众提供信息来源的责任，而且在引导公众舆论和态度方面发挥着至关重要的作用。大众传媒已成为公众获取健康知识和信息的重要途径。本书借由对部分媒体关于心理健康的报道进行回顾，帮助媒体把握和改进其心理健康问题的建构和传播，为媒体报道与心理健康相关的立法、预防和宣传提供参考，提高读者通过大众媒体获取更高质量心理健康知识的能力，为中国的心理健康工作提供积极的支持。

笔者通过新浪微博官方发布的"媒体矩阵势力榜"筛选出12个通过机构认证的媒体微博账号，并在这些账号的搜索功能对话框中以"抑郁症"作为关键词进行搜索，时间跨度为《中华人民共和国精神卫生法》正式施行的2013年5月到2019年5月的6年间。通过上述方法的检索，得到的基本样本量数据总共为776条，其中报纸部分，《人民日报》法人微博共有130条，《环球时报》共有165条，《成都商报》共有101条；杂志部分，《Vista看天下》共有48条，《中国新闻周刊》共有42条，《南都周刊》共有15条；广播电视部分，中国之声共发布有关抑郁症的微博32条，环球资讯广播2条，央视新闻40条；媒体网站部分，人民网共有154条，凤凰网共有8条，环球网共有39条。在与抑郁症相关的健康内容中，不难发现健康信息中的抑郁症话语以医学话语为主导来源，以失眠等主诉为核心疾病症状，以药物为治疗重点。就权力分配而言，媒体话语在新闻和事件报道中拥有更高的权力。无论是对人物类别的选择、事件属性的凸显，还是对预防和治疗措施的忽视，媒体话语无疑都有筛选、分类、呈现和建构判断的权利。医学讨论和官方话语在疾病来源的确认中也占有一定的比例。在健康信息的生产中，医疗咨询在与抑郁症相关的健康信息中起着主导作用。然而，在与抑郁症相关的健康信息和新闻报道中，患者的话语被遮蔽和隐藏，患者未能成为抑郁症话语建构的主体。从抑郁症报道中存在的普遍问题来看，短期化、表面化和事件化的问题较为突出。与此同时，患者的权益和诉求被漠视。

短期化方面，从媒体对抑郁症话题的报道每月分布来看，有一个突出的高峰，即10月是一年中报道的高峰，10月10日是世界心理健康联合会发起的"世界心理健康日"。这反映了媒体对心理健康主题的"一阵风"现象。10月份宣传高峰过后，心理健康问题又被搁置了。抑郁症报道应该朝着常态化的方向发展，而不是侧重于重要的周年纪念。我国政府倡导的心理健康主题宣传不仅应该是年度宣传，而且应该是连贯性的宣传。

表面化方面，绝大部分的抑郁症报道是消息形式的。消息通常只关注新闻事件的基本事实，缺乏新闻背景的发展和新闻深度的挖掘。尽管传播的消息数量的增加与受众收到的信息的增加成正比，但由于缺乏语境和上下文之间的背景，很难聚集成既有广阔视野又有深刻见解的认知系统和知识结构。后续报道需要以系列的方式、一步一步地向公众推出，对关键点进行专题解释，并进行案例分析。

事件化方面，事件化是抑郁症报道数量在时间和主题方面的分布特征。报道最集中的时期是10月10日世界心理健康日宣传前后，占总样本的近20%，这与关于艾滋病主题的报道相似。较为集中的报道也出现在《中华人民共和国精神卫生法》及其草案颁布之时，以及自然灾害等社会热点事件之后。这表明媒体对心理健康话题的关注不是连续的，而是主要受一些新闻事件或热点的刺激。围绕热点事件的报道越来越多没有错，但是事件性报道应尽量少就事论事，而应详细描写事件细节，尤其是抑郁症发生、诊治、康复过程中的细节，并围绕新闻事件扩大相关精神健康主题报道的范围和深度。

与此同时，患者的权益和诉求被漠视。媒体通常倾向于采访医学专家和政府官员。然而，他们对患有抑郁症的患者以及遭受痛苦并迫切需要护理的家庭关注较少，这强化了抑郁症障碍者及其家庭作为沉默主体的存在。没有作为直接利益相关者的病人，媒体就失去了它的主要信源和受众。因此，尽管抑郁症障碍者可能因疾病而存在自我认知或社会认知问题，但仍需要用人文情怀来理解他们及其家人的需求，为他们表达和呼吁，还需要全面、真实地反映各种心理障碍及其原因和特点，帮助其尽快得到准确、规范的诊断、治疗和康复机会。

新闻传播研究的符号学转向首先是把新闻报道看作一种文本。新闻作为新发生事实的信息，总是以文本的形式存在。新闻文本是阐释的产物。新闻生产是权力、话语和意识形态的产物。其本质是一种话语实践。在日常交流中，人们习惯于用各种标签来理解和评价一个特定的对象或特定的事物状态。新闻标签通过符号化机制，根据特定群体的长期刻板印象和特定特征来判断特定的人和事物。在符号化过程中，标签被用作个体身份的能指，以指代特定新闻事件中的对象。然后物体本身成为这种身份符号的能指。"标签"的概念起源于社会学研究，是有影响力的群体基于自身利益对弱者进行污名化的最常用策略。在新闻传播领域，媒体对社会群体形象的建构主要是从社会发展的角度来研究的。新闻标签可以被认为是一种报道策略，媒体使用一种高度简化和一般化的方式来选择、接受或拒绝新闻事件，并使用群体属性而不是个体特征，从而帮助受众理解和接受新闻内容。

我国大众传媒对抑郁症的话题关注不够，影响了受众对抑郁症的全面、科学的认知。同时，媒体对抑郁症障碍者的形象建构是单一的、消极的，其污名特征也是显而易见的。这种媒体偏见来自媒体的权力运作，抑郁症障碍者处于集体失语的状态。随着新媒体技术的出现，抑郁症障碍者自发聚集在民间话语平台上，积极呈现自己的经历和生活，进行相互交流和话语抵抗，表现出乐观、坚定、奉献等积极特征。他们在许多层面实现了赋权，获得了身份认同并产生了归属感，从而增加了社会和心理支持，并在一定程度上掌握了发言权。然而，总的来说，媒体对抑郁症障碍者形象的污名是不可否认的，这个群体仍然带有难以消除的负面标签。他们不仅要忍受疾病本身带来的痛苦，还要忍受强加在疾病上的隐喻的重量。

新闻真实性原则在新闻工作中占据着主导地位，它在努力寻求客观真实性的同时，也面临着许多不可逾越的困难。首先，客观世界的复杂性表现为新闻事件发展的原因、过程的复杂性、各种利益集团的掺杂。其次，记者的认知是有限的，总是受到复杂的现实及其时空状态、意识形态和人性的固有偏见的限制。记者选择新闻事实材料，并从特定叙述者的角度讲述。因此，追求新闻真实性的对象真实性逐渐被一种符号真实性取代。

第三节 抑郁症障碍者：主体感知下的心理障碍体认

任何疾病障碍者都面临着两个现实。一个是发生在人体上的医学观察事件，另一个是影响我们如何理解该事件的大量文化相关假设。例如对于抑郁症障碍者来说，一方面是精神认知机能和各种用于阻止病情加深的治疗，另一方面是所谓勇敢的抗病故事和"幸存者"的角色定位，我们的文化很容易把这些与从疾病中恢复过来的个体联系在一起。这些是文化和历史建构的，尽管我们经常把它们误认为是自然的或"事物本来的样子"。

事实上，任何人都很难避免根据他们的文化规范来解释疾病。没有超越主导结构的视野会阻止我们开发足够可信、显著以及独特的信息。例如把病情严重的个体描绘成面对强大敌人的英雄，严重的疾病往往被认为是一场灾难，我们可以看到大量利用表征所呈现的信息。它也给人以具有个体能动性和独立性的条件，所有这些都被我们的文化高度重视。这可能会对人与社会产生影响，结果可能是戏剧性的，甚至是令人兴奋的，但也与患者、护理人员和医疗专业人员所经历的疾病现实脱节。患者在医疗保健服务上花费的时间比监管者或质量控制者多，并且能够认识到诸如服务延迟、卫生条件差和行为不良等问题。患者尤其擅长识别软问题，如态度、沟通和"忽视关爱"，这些问题很难在机构实际操作中捕捉到。因此，重视心理障碍者的主体性是相当重要的。

一、抑郁症障碍者的主体性构成：认知、信念与行为

抑郁症是一种超越日常悲伤的疾病。它能引起严重的、持久的症状，并经常干扰个体的日常活动。这种疾病通常与许多因素有关，包括大脑功能、遗传、生活压力和环境的变化。抑郁症障碍者最初的主诉通常是身体不适（例如，疲劳、头痛、腹部不适或体重变化）。比起悲伤或情绪低落，患者更可能表现为易抱怨、易怒或难以集中注意力。2019年，北京大学第六医院黄悦勤教授等在《柳叶刀·精神病学》发表研究文章，对中国心理健康调查的患病率数据做了报告。在中国，抑郁症的终身患病率为6.9%，12个月患病率为3.6%。根据这个数据估算，到目前为止，中国有超过9500万的抑郁症障碍者。此外，报告中还从多个维度对患者群体进行了调查分析。例如，女性患者占据了总患者数的六成以上，除此之外，女性患者在通过身边亲友、病友社群、各种社交渠道上分享和主动寻求治疗的意愿也比男性患者高。35岁以上患者占据了总患者比例的67%，但低龄患者通过搜索引擎等渠道对抑郁症的了解意愿正在高速增加，存在患者低龄化的趋势和隐患。从患者人群的地域分布看，不同地区的患者人数存在明显差异。除内蒙古、新疆等地无数据外，陕西、甘肃、福建等地区的重度抑郁障碍者占比最高，江苏、上海等地重度抑郁障碍者占比相对较少。此外，该研究数据还显示，四川地区患有抑郁症的人群占比较高，而山东、江苏和黑龙江等地患有抑郁症状的人群占比相对较低。[①]

抑郁症有多种形式，严重程度各不相同。这种障碍的部分可变性之所以发生，是因为它可以与许多其他心理障碍共同发生，如焦虑症或物质使用障碍，它们共同构成了抑郁症的症状。抑郁症障碍者可能不愿意讨论他们的症状，原因有很多。他们经常担心心理障碍的耻辱；有时他们担心初级心理健康保健提供者不是合适的健康专家；一些人认为他们的状况是个体自身的弱点，而不是"真正的"疾病；一些人担心精神病会被记录在他们的永久档案中。但是有效的治疗确实存在，不治疗抑郁症会导致严重的问题。患有抑郁症而未治疗的人

---

① Huang Y, Wang Y, Wang H, et al. Prevalence of Mental Disorders in China: A Cross-sectional Epidemiological Study [J]. The Lancet Psychiatry, 2019, 6 (3): 211-224.

生活质量较低,自杀风险较高,如果他们除了抑郁症之外还有其他疾病,身体状况会更差。更重要的是,抑郁症不仅会影响患者,还会影响其周围的人。

本书的一个核心概念是所谓的"主体性"。主体性(subjectivity)与客体性相对,是人区别于动物的固有的本质属性。主体性指的是以主体自身的需求为基础的眼光去看待事物的倾向,它是个体可以拥有的观点、经验、意识、精神、感受、欲望或信念的属性。[①] 主体性始终在持续变化,因为构成人们精神体验的有认知、感觉、情感、想法以及信仰等因素。在唯物辩证法中,主体性体现在人的积极的、有选择的能动性,其特点是通过思维与实践的结合,主动地、自觉地、有目的地、有计划地反作用于外部世界。主体性因此有两方面的含义:一是能动地认识客观世界;二是在认识的指导下能动地改造客观世界。在实践的基础上使二者统一起来,即表现出人区别于物的主观能动性。社会认知的观点认为,人是自组织的、主动的、自动的,并进行自我反思,而不仅仅是由外部事件塑造和引导的反应性有机体。人有能力影响其行为以产生特定的结果。

主体性是一个个体化的过程,也是一个社会化的过程,因为个体无尽地陷入与周围世界的相互作用之中。主体性是通过社会内部众多相互作用而发生的一种内在的社会模式,文化是不断经历变革的社会主体性的总和。主体性由文化塑造的同时又转而影响文化的形成,它的形成还受到经济、政治制度、社会与自然世界的影响。尽管社会与文化的界限是难以确定的和任意的,但是蕴藏在其中的主体性是显而易见的,并且这会使不同的文化和社会相互区别。在某种程度上,主体性是现实的一种特别的经验或组成,它包含了一个人如何看待人性、客体、意识与自然,并与它们相互作用,因此不同文化的差异导致了一种交替的存在感,从而形成不同的生活方式。本书拟用"主体性"一词来概括抑郁症障碍者在从疑病到愈后过程中的主体性因素,包括障碍者自我的一系列心理活动和外在表现,如对疾病状态的自我感知和表达、主观感知、主动参与治疗和对治疗效果的评价等。

那么,抑郁症障碍者具有哪些特征呢?

从认知和思维方式的角度看,情绪方面,患有抑郁症的个体往往会感到悲伤、绝望、沮丧或情绪低落。有时他们没有意识到自己情绪低落,只是感到焦虑。此外,一些抑郁症障碍者会感到烦恼、沮丧、易怒或愤怒。有些抑郁症障碍者难以清晰思考、集中注意力或做出决定。他们也很容易分心或抱怨记忆问

---

① 衣俊卿. 现代性的维度及其当代命运[J]. 中国社会科学, 2004 (04): 13-24.

题。趣味方面，他们对大部分甚至所有活动失去兴趣或乐趣。抑郁症障碍者不再对他们过去喜欢的事情感兴趣或感到同样的快乐。爱好和活动对他们失去了吸引力，他们可能会退出或对朋友失去兴趣，甚至可能对性失去兴趣。价值观方面，他们经常产生没有价值或过度内疚的感觉。患有抑郁症的人会觉得自己低人一等、毫无价值或像个失败者。他们经常对自己做过或没做过的事情感到非常内疚。这通常会导致他们将中立事件或小挫折误解为个人失败的证据。

从信念模式和态度的角度看，经历症状或面临新诊断的个体会对他们的健康威胁形成一种有组织的信念模式，患者的疾病信念（illness beliefs）已被确定为有效抑郁症治疗的可能拮抗因素，包括对各种经验表征的体认。[1] 为了建立这些所谓的疾病信念，个体利用他们的知识以及具有相似症状或诊断的其他人的经验。心理学家霍华德·莱温塔尔的疾病表征常识（The Common Sense Representation of Illness）模型指出，疾病信念影响患者的应对行为和他们对努力结果的评估。根据该模型，患者的疾病信念分为五个维度，即身份、时间线、原因、后果和治愈/控制：第一个维度包括关于标签以及与疾病相关的症状的假设；第二个包含关于疾病信念持续的时间，范围从急性到慢性；因果信念是关于疾病起因的内化概念；关于后果的信念包括疾病对日常生活的影响；而治愈/控制信念包含通过治疗或个体行为治愈或控制疾病的感知可能性。疾病表征常识模型在躯体疾病患者和抑郁症障碍者中得到广泛应用和经验证实。在心脏病的患者中，已经证明关于心力衰竭的疾病信念与心理健康相关。在严重抑郁症的患者中，疾病信念会影响与疾病相关的行为和治疗结果，如精神健康和生活质量。

从行为风格和生活质量的角度看，饮食方面，作为抑郁症的一部分，食欲和体重可能减少或增加。一些人不得不强迫自己吃东西，而另一些人吃得更多，有时渴望特定的食物，如垃圾食品和碳水化合物。一些患有严重抑郁症的人体重会增加或减少，以至于他们会因为体重变化而出现健康问题。睡眠方面，抑郁症障碍者通常面临失眠或嗜睡，即睡眠过少或过多。抑郁症经常扰乱睡眠模式，导致人们要么睡得太多，要么无法入睡或保持睡眠。即使在睡觉的时候，抑郁症障碍者也经常说他们感觉不到休息，早上很难起床。运动方面，患有抑郁症的人可能会感到激动和不安，或者产生相反的效果并感觉迟钝。焦虑可以表现为绞手、踱步和坐立不安，而迟钝可以表现为身体运动、思维或语

---

[1] Wilson L C, Ballman A D, Buczek T J. News Content About Mass Shootings and Attitudes Toward Mental Illness [J]. Journalism & Mass Communication Quarterly, 2016, 93 (3): 644-658.

言的减慢。患有抑郁症的人经常感到疲惫和无精打采。他们有时需要在白天休息，甚至感觉他们的胳膊和腿好像很沉重。另外，他们很难开始或完成任务。在寻求帮助的行为方面，不相信治疗效果、相信短期抑郁症不会影响日常生活的患者不会寻求抑郁症治疗。例如压力或人际关系问题导致患有抑郁症的人更容易发泄或责怪自己，表现出较差的心理社会功能。

这里特别需要提到自杀的问题。一些患有抑郁症的人会伤害自己，例如割伤或烧伤他们的皮肤。更严重的是，抑郁症障碍者会反复想到死亡或自杀，并可能试图自杀。死亡或自杀的想法，被称为"自杀意念"（suicidal ideation），可以是被动的，指的是个体简单地认为不值得活下去，但自杀意念也可以是主动的，指的是个体有主动想死或自杀的意愿。[①] 有些人有具体的自杀计划或者已经开始做准备。准备工作可能是选择自杀的时间和地点，或者购买大量致命药物或其他工具。当人们感到绝望，认为自杀是他们摆脱强烈而无尽的情感痛苦的唯一方法时，自杀倾向会更加强烈。有些人甚至试图自杀，但没有实现，而有些人则切实酿成了悲剧。

除了上面讨论的判断标准，还有其他抑郁症的亚型。首先是具有混合特征的抑郁症，这是伴有一些躁狂症状的抑郁症的术语，但不足以诊断出患有躁郁症的人。患有这种类型抑郁症的人可能会做一些事情，比如比平时多说话，精力充沛，失眠，或者有一些看起来异常开心或兴奋的情况。其次是焦虑抑郁症，焦虑抑郁症最突出的症状包括焦虑、踱步和其他焦虑表现。再次是特定情况下的抑郁症，例如，妇女有时在分娩前或分娩后出现抑郁症，称为"围生期发作"，或周期性地在月经前出现抑郁症，称为"经前焦虑障碍"。此外还有季节性情感障碍，这是一种在一年中的特定时间出现和消失的抑郁症，最常见的季节性情感障碍类型始于晚秋，在春季和夏季消失。根据患者的症状和情况，对抑郁症亚型的治疗可能有所不同。[②]

毫无疑问的是，从社会建构的角度而言，抑郁症障碍者面临着污名化带来的耻感。耻感是我们经历过的最痛苦和最让人虚弱的感觉之一，因为它结合了其他负面情绪。在强化负面情绪的过程中，我们经常为自己的负面情绪感到羞愧，比如愤怒、恐惧、悲伤和仇恨。大多数心理学家认为耻感是一种"次阶化"（secondary）情绪，是对另一种情绪的反应。[③] 耻感有时会与内疚混淆。

[①] 张浚哲, 陈冲, 刘铁桥. 自杀意念危险因素研究进展[J]. 国际精神病学杂志, 2011, 38 (03): 160−164.

[②] 彭晓哲, 周晓林. 情绪信息与注意偏向[J]. 心理科学进展, 2005 (04): 488−496.

[③] 高兆明. 耻感与存在[J]. 伦理学研究, 2006 (03): 1−5.

但是有一个显著的区别。内疚源于对自己行为的负面评价，而耻感源于对自己的负面评价。因此，内疚可以成为一个强有力的动力，让一个人的行为变得更好，而耻感会产生相反的效果，让人觉得改变是没有希望的，因为问题是指向自身的。与抑郁症做斗争的个体可能也必须与耻感做斗争。耻感会让一个沮丧的个体觉得自己毫无价值，早上起不了床，或者让一个焦虑的个体因为害怕引起对自己的缺点的过度关注而避免社交。这并不是否认环境和我们的内观在这些心理障碍中的作用，认识到耻感在抑郁症和其他疾病中的作用，可能是恢复希望的重要一步。

需要留意的是抑郁症报道所可能影响到的抑郁症障碍者个体。从不同病况阶段的抑郁症障碍者的角度，可以窥见抑郁症报道在特定的个体患病阶段所产生的社会建构功用与效能，以及障碍者主体性所体现出的感知、体验及影响，由此使得抑郁症报道静态文本的效果获得一定程度上的动态验证。

二、关注抑郁症障碍者主体性的意义：主观能动提振健康素养

疾病体验的社会建构理念是以现实为基础的。疾病体验的社会发展涉及一些问题，例如一些患者如何揭示自己的疾病，以及患者为应对疾病而发展的生活适应方式。在疾病体验的建构上，文化和个体人格都起着重要的作用。长期的疾病会使人们的世界变得愈发狭隘；然而，疾病也可能是一个发现的机会，一个重新塑造自我的机会。文化在个体如何经历疾病方面起着巨大的作用。像艾滋病或乳腺癌这样广泛传播的疾病有着特殊的文化标志，这些标志在过去几年里已经发生了变化，并支配着个人和社会如何看待它们。

20世纪50年代初，功能主义社会学家塔尔科特·帕森斯引入了"病态角色"（sick role）的概念。[1] 帕森斯认为病态角色是一种偏离或违背社会期望的形式，因为一个病态的人有着不同于正常人的行为模式。例如，如果一个人不去学校，老师和管理人员会认为这是不正常的，但是如果他是因为生病卧床，缺席则会被允许。为了限制这种越轨行为，医生必须证明一个人生病了，这一过程使他们的疾病合法化。合法化证明某个个体真的生病了，需要更宽容的期望。帕森斯描述了病人拥有的两项权利和两项责任：一是病人有理由不为自己的疾病而受到责备，二是有理由让其他人在正常义务方面有一定的回旋余地。然而，患者有责任将康复作为优先事项，并有责任为其病情寻求适当的治疗。

---

[1] Parsons T. The Sick Role and the Role of the Physician Reconsidered [J]. Health and Society, 1975: 257—278.

这些权利和责任只能在一个人生病的特定时期内有效，因此可能是暂时的。根据疾病的严重程度以及疾病对日常生活的干扰程度，这些期望的具体内容会有所不同。

此后，社会科学、心理学和批判医学人文学科领域的学术工作不断扩大，旨在提炼、复杂化、拓宽和解决帕森斯关于疾病生活经验的概念和观点，并使其问题化。然而，帕森斯因忽视或掩饰疾病经历的几个方面而受到批评，例如，医患关系和权力差异、患者对医疗专业知识和机构的挑战、护理者的角色以及性别、阶级和种族等方面。为了解决这些复杂的问题，医学人文学科的学者们越来越多地将叙事作为一种研究疾病存在并产生意义的有效形式。医学人文学科不仅涉及健康和疾病的社会、历史和文化背景，而且重要的是研究这些背景在不稳定环境中的生产、聚合和扩散，这些背景"跨越我们生活的不稳定、不平等和环境退化的社会"。个体通过将活动和经验纳入自我的叙述中来掌握主体性，主体性叙事通过体验他者，并与他者的生活深深地交织在一起，不断地被修正。

那么在健康传播中，对主体性的强调体现出什么意义呢？现如今，随着越来越多的慢性病出现在大众的视野当中，生病不再只是一个暂时的阶段，也不是免除人们一般义务的阶段。人们愈发不太清楚谁应该为扮演生病的角色负责，因为不健康的行为牵涉许多长期的情况。病人也将对他们的大部分疾病进行自我管理，他们必须寻求并接受医疗保健的要求看起来也不合理。随着人们继续履行其社会义务，专业人员必须为人们提供更多关于如何治疗和在何处治疗的选择，这样人们就不会以治疗和获得医疗咨询的困难取代疾病的负担。例如，技术和数字健康的发展将有助于减少面对面接触的需求。因此，社会各界不得不适应传统疾病角色的消亡。传统的恢复健康越来越不是一种选择，而尽可能恢复健康的生活是医疗保健的新标准。

在当前主流医学的诊疗环境下，许多患者在会诊过程中往往发现自己的意见得不到应有的重视。尽管医学界和社会经常呼吁加强临床、人文关怀，但仍缺乏有益的改进。这种情况的发生不能简单地归咎于医患沟通不畅或医务人员缺乏医德。强调主客体分离的生物医学思维模式固化导致的对临床实践的过度控制应承担主要责任。长期以来，临床关注的焦点一直是生理上的"疾病"，而忽略了"病人"的价值。

除了经历医学的专业障碍，许多病人还经历了随之而来的对自身的忽视。换句话说，在治疗"疾病"的过程中，病人往往感觉不到他们作为"人"应该得到的尊重，也不能充分表达他们对疾病的看法。与医生相比，病人通常在医学专业知识方面处于弱势，缺乏证明自己的手段和能力。这种由专业医疗障碍对患者形成的权威在特定时刻抑制了患者的表达可能性，导致患者话语权的丧失和自我认同的难题。其主要表现是判断疾病的真实性和治疗效果的质量。

呼吁尊重患者自主权和产生以患者为中心的结果，将患者主体层面的感受带回了临床医学的中心。生物伦理学认为，在医疗保健决策中必须尊重病人的价值观。对于生物伦理学来说，健康仍然是一个客观的生物学事实。然而，提高医疗成本效益的压力增加了人们对患者主观健康和生活质量的兴趣。感知健康、与健康相关的生活质量和健康状态效用使健康评估越来越接近患者的个体主体性视角。现在，即使是死亡对患者的伤害，也是由患者对自己健康状况的重视程度来衡量的。医学的流行病学从关注急性疾病到愈发关注慢性疾病的转变，促使了从客观临床证据到主体主观层面的卫生保健有效性的认识论转变。医疗效果的最终评估将在患者的生活中进行，而不是仅仅在医院中进行。

通过强调患者的目标，医患关系一步一步地被扭转了：患者成为专家，因为只有他们才能告诉我们如何将疾病对他们生活的影响降到最低。确定和实现患者而非医疗专业人员所需的目标需要一种护理规划方法，通过这种方法，患者和专业人员共同确定目标，并选择最有可能实现这些目标的治疗和服务组合。共识的吸引力来自这样一个事实，即人类并不完全理解或认同知识或本体论的本质，鉴于个体主体性之间巨大的不一致性，这常常使人们不确定究竟什么是真实的。然而，我们可以寻求与他人就什么是真实达成某种形式的共识。我们可以将这一共识作为一个务实的指南，要么假设它似乎接近某种终极现实，要么仅仅是因为它比想象中的替代方案更加实际。

将疾病及其护理的叙事作为一个主体性生产的过程进行解读，突出了疾病的交织特征、叙事形式和功能，它们与主体性的形成及其流动的关系。加拿大医学伦理学家妮可·伍德通过对权威和专业知识结构的质疑，对主体性因素的产生及其在社会政治和文化变化中的流动位置的质疑，以批判性医学人文学科为基础或定位的研究，不断发现理解和解决健康和疾病问题的新方法。[①] 她考察了这些新兴的、流动的主观因素是如何重塑病人、受伤者和关心他们的人的世界的，强调经验对于疾病的生物医学理解的重要性，同时通过询问一个人对疾病的主观经验能在多大程度上来提出表征的问题。

医学社会学者唐·纳特比姆将健康素养（health literacy）定义为通过获

---

① Woods N N. Science is Fundamental: The Role of Biomedical Knowledge in Clinical Reasoning [J]. Medical Education, 2007, 41 (12): 1173-1177.

取、理解和使用信息来改善和保持健康的能力。[①] 在生理健康领域，健康素养的例子包括了解和实践健康的饮食习惯，采取措施避免某些疾病的高风险因素，了解常见疾病的自我检查程序和急救技能，以及知道如何找到与健康相关的知识。尽管公众已经广泛认识到生理健康知识的重要性，但心理健康知识的重要性却相对被忽视了。澳大利亚公共卫生学家安东尼·卓姆等人首先提出了心理健康素养（mental health literacy）的概念，即帮助人们识别、处理或预防心理障碍的知识和想法。[②] 心理健康素养包括以下几个方面：识别特定心理健康异常或不同类型心理痛苦的能力；对心理障碍危险因素和病因的认识和想法；自我帮助的知识和概念；专业援助的认识和概念；提倡认同和寻求合理帮助的态度；发现心理健康知识的能力。如果个体患有心理障碍或与心理障碍患者相处密切，他们会尝试各种方法来处理精神症状，他们在处理心理健康病症时的行为会受到其健康知识水平的影响。如果他们成功地控制了症状，他们控制症状的实践将有助于减少症状带来的危害，改变他们对心理健康的认知水平。在这一理念下，心理障碍患者可以被视为第一个应对症状的主体，而专业帮助只是他们尝试的一系列应对措施之一。这一理念表明，提高公众的基本心理健康知识和应对技能，使他们能够更好地应对自己的精神症状至关重要。心理障碍者是一个庞大的群体，有限的心理健康资源往往难以满足他们的需求。因此，提高公众的心理健康知识水平，增强其自救能力是十分必要的。

抑郁症会耗尽个体的精力、希望和动力，让个体很难采取措施让自己感觉更好。有时候，仅仅想着自己应该做些什么来让自己感觉更好，比如锻炼或者和朋友一起度过时光，也看起来会让人筋疲力尽或者无法付诸行动。这就好像是抑郁症康复的"第22条军规"：对个体帮助最大的事情往往也是最难做的事情。然而，"困难"和"不可能"之间有很大的区别，关键是从小处着手，从微观之处开始建设。虽然从抑郁症中恢复并不容易，即使个体的抑郁症情况很严重并且顽固不化，但人们确实比自己所意识到的要有更多的控制力，这也是调动主体性的价值所在。

---

① Nutbeam D. The Evolving Concept of Health Literacy [J]. Social Science & Medicine, 2008, 67 (12): 2072-2078.

② Jorm A F. Why We Need the Concept of "Mental Health Literacy" [J]. Health Communication, 2015, 30 (12): 1166-1168.

本章小结

抑郁症是一种切实存在的心理障碍，但人们可以对其进行干预。有了正确的诊断和治疗，绝大多数抑郁症障碍者都会克服它。治疗和康复是一个持续过程，从寻求帮助开始。如果一个人发现了抑郁症的症状，第一步应该向专业人士寻求帮助，表达自己的担忧，并要求彻底的评估。这是解决心理健康需求的开始。从心理障碍中恢复是一个不断变化的过程，通过这个过程，主体层面的个人可以改善他们的健康，过上自我导向的生活，并努力实现他们的全部价值。

媒体是许多人了解心理障碍和自杀事件的重要信息来源。高质量的媒体对心理障碍的报道是负责任的、准确的和平衡的，有助于社会更好地理解心理障碍者的经历。然而，新闻标签通过一种象征性的机制，根据长期的刻板印象和特定群体的特定特征来判断特定的人和事物。

我们应该利用媒体提高公众的心理健康素养和应对技能，使他们能够更好地处理他们的心理症状。抑郁症障碍者是一个庞大的群体，有限的心理健康资源往往难以满足他们的需求。因此，有必要普及公众心理健康知识和加强主体性能力建设。在这方面，新闻媒体可以比现在做得更多。

第二章 作为理论视角的询唤理论

阿尔都塞曾说："仅就某个个人而言，他所信仰的观念具有一种物质的实在性，因为他的观念也是他行为的一部分，这些行为嵌入物质实践，这些实践受到仪式的支配，而这些仪式本身又是由物质的意识形态机器来规定的——这个主体的观念就是从这些机器里产生出来的。"[1]"主体"是这样一个概念，即个体的人被认为是他自己思想、行为以及情感的根源。我们拥有一种特性、一种个性，甚至拥有一种灵魂或一种精神，而这构成了我们最根本的现实。

阿尔都塞的询唤理论之所以产生，部分原因在于他对政治层面的意识形态以及日常生活层面的一系列微观现实的高度敏感。他所提出的观点在学术领域不仅仅局限在政治学的范畴当中，它还进一步拓展，以一种社会学的气质对文化研究产生了深远影响，并进一步被符号学、叙事学，甚至是传播学借鉴，成为一种可供参考的研究范式。

第一节 询唤理论概述：个体的主体性认同过程

询唤，在阿尔都塞看来，即意识形态把个人呼唤或传唤为主体。其法语原词的含义，可以被翻译为"呼唤"或"传唤"。意识形态最根本的范畴——其他所有意识形态范畴及概念都建立于该范畴的基础之上——就是"主体"。用阿尔都塞的话说便是："一种自由的主体性，主动性的中心，自身行为的主人和责任人。"[2] 在意识形态中，主体被预设为一种模型或典范（module），意识形态国家机器中的个人在此基础上理解自己并行动。根据先于他们的想象性主

---

[1] 路易·阿尔都塞. 哲学与政治：阿尔都塞读本 [M]. 陈越，编. 长春：吉林人民出版社，2003：356.

[2] 路易·阿尔都塞. 意识形态与意识形态国家机器（一项研究的笔记）[M]//斯拉沃热·齐泽克，等. 图绘意识形态 [M]. 方杰，译. 南京：南京大学出版社，2002：168.

体建构他们的自我理解，个人开始像这个主体一样思考自己并且做出行动。

一、询唤理论的发展史与作用机理：镜像复制、主动归顺、关系再生产

在西方马克思主义理论当中，询唤（interpellation）是关于意识形态的一个重要概念，它尤其与法国哲学家路易·皮埃尔·阿尔都塞的论述有关。阿尔都塞认为，每个社会都是由意识形态国家机器和强制性国家机器组成的，它们有助于不断地再现特定社会的生产关系。① 强制性国家机器是由权力机构所控制的，如警察和军队，而意识形态国家机器常常指向私人生活领域，包括家庭、教会，也包括媒体和文化部门。因此，询唤描述的是在主要的社会和政治制度中所体现的意识形态作用机理，即意识形态唤起了社会交往中个体的主体认同之基本过程。阿尔都塞在《意识形态与意识形态国家机器（一项研究的笔记）》中点明，"意识形态是个体与其真实存在条件的想象性关系的一种'表征'"，并且"意识形态将个体当作主体进行询唤"。② 这种对主体性的强调成为他作品的内核。

阿尔都塞以雅克·拉康的工作为基础来理解意识形态在社会中的作用。因此，他背离了早期马克思主义对意识形态的理解。在这之前，意识形态被认为创造了所谓的"错误意识"（mistaken consciousness），即对世界运行方式的错误理解。例如，我们在开放市场上购买的产品事实上是剥削劳动者的结果。阿尔都塞解释：对于马克思来说，"意识形态被认为是一种想象的结构，它的地位与弗洛伊德之前的作家关于梦的理论地位完全一样"。对那些作家来说，梦纯粹是虚构的，也就是说，是日积月累的结果。相比之下，阿尔都塞将意识形态近似为拉康对"现实"的理解，即我们进入象征秩序后在自身周围构建的世界。对于阿尔都塞和拉康来说，由于我们对语言的依赖，不可能获得所谓"真实的存在"（real existence）；然而，通过对社会、经济和历史的掌握，我们可以经由复杂的认知过程来接近感知那些"真实的存在"，至少是我们被铭刻在意识形态中的方式。

"主体性"是指个体以主体自身的需求为基础去看待事物的倾向，它是个体可以拥有的观点、经验、意识、精神、感受、欲望或信念的属性。"个体"

---

① Althusser L. Ideology and Ideological State Apparatuses (Notes towards an Investigation) [M]. Verso, 1970: 11.

② 路易·阿尔都塞. 意识形态与意识形态国家机器（一项研究的笔记）[M] // 斯拉沃热·齐泽克, 等. 图绘意识形态 [M]. 方杰, 译. 南京：南京大学出版社, 2002: 168.

第二章 作为理论视角的询唤理论

与"主体"是指社会的基本单位——人。根据阿尔都塞的意识形态询唤理论，二者的区别在于意识形态使用询唤来根据不同的角色和行动对人进行分类，将特定的个体构建成特定的主体，然后使他们在意识形态框架内服从权力模式并自愿承担自治的责任。由此可见，"个体"的概念更强调人的自主性和自然性，"主体"则指的是在主控阶层（master control stratum）的意识形态询唤下，具有自我管制意味的、更合乎社会规约的人。例如社会分层指的是一个社会根据财富、收入、种族、教育和权力等因素将其人分类为社会经济等级和地位体系。社会结构是由人组成的，社会资源在各个层面上分布不均。拥有更多资源的人代表着社会分层结构的顶层，资源越来越少的其他群体代表着我们社会的下层。

为了说明这个概念，阿尔都塞举了一个朋友敲门的例子。里面的人问："谁在那里？"只有当外面传来熟悉的"是我"时，里面的人才把门打开。这样，里面的人就参与了所谓"日常生活中意识形态认同的物质仪式实践"（a material ritual practice of ideological recognition in everyday life）。[①] 阿尔都塞进一步指出，所有意识形态都把个体作为主体来进行询唤，即意识形态的行为或功能使得它将个体转化为主体，这是一个非特定和无意识的过程。例如，当一名警察喊道"嗨，你站住！"的时候，一个人转过身来，也就是"回答"（respond）了这个命令，他就变成了这个话语中的主体。阿尔都塞认为，这是因为个体已经意识到询唤是针对他的，这使得他对规则与秩序的意识形态具有了主体性意识。

阿尔都塞提出了一系列探索的假设，以澄清他对意识形态的理解：

一方面，意识形态代表了个人与其真实生存条件之间的想象关系。意识形态的传统思维方式导致马克思主义者指出意识形态所隐藏的现实世界，从而表明意识形态是多么虚假。相反，阿尔都塞认为，意识形态并不"反映"（reflect）现实世界，而是"代表"（represent）个人与现实世界的"想象关系"；意识形态所歪曲的东西本身已经与现实相去甚远。在这一点上，阿尔都塞遵循了拉康对想象秩序的理解。换句话说，我们总是在意识形态中，因为我们依靠语言来建立我们的"现实"；不同的意识形态只是我们的社会和想象的"现实"的不同表现，而不是真实本身的表现。

另一方面，意识形态具有物质存在性。阿尔都塞认为意识形态具有物质存

[①] Althusser L. Ideology and Ideological State Apparatuses (Notes towards an Investigation) [M]. Verso, 1970: 11.

在性，因为"一种意识形态总是存在于一种机器及其实践中"。意识形态总是通过行动表现出来，这些行动被"嵌入实践中"，例如仪式、常规行为等。帕斯卡曾说道："跪下，动动嘴唇祈祷，你就会相信。"这是我们与他人和社会机构的关系的表现，它不断地把我们询唤为主体。朱迪斯·巴特勒对表演性的理解可以说受到了这种意识形态思维方式的强烈影响。

主体性是一种内在的社会模式，是通过社会内部的频繁互动而产生的。因此，询唤是一个社会化的过程，个体从不孤立于一个独立的环境中，而是不断地与周围世界互动。文化是任何一个特定社会主体性的活的整体，处于持续变化中。主体性既受它的影响，又反过来影响它，也受其他事物的影响，如经济、政治制度，社会背景，甚至是自然世界。因此，个体的主体身份主要是由社会力量生产与建构出来的。阿尔都塞认为，意识形态将个体询唤为主体。他进一步指出，意识形态所具有的作用是，把具体的个体建构成主体，然后主体再进一步去完善意识形态；这样的作用是双重且相互的，意识形态的功能性体现在它产生作用的物质存在方式之中。阿尔都塞在这里的论点借鉴了法国精神分析学家雅克·拉康的镜像理论，只不过与区分"我"（I）和"主体"（subject）的拉康不同，阿尔都塞将两个概念合二为一。而拉康关于主体异化的观点延伸到阿尔都塞思想文化建构理论之中，即个体的镜像复制，以及对规则的自动服从，还有社会关系的再生产，这使得规则本身也得以被再生产。

首先是镜像复制。镜像复制指的是，个体在镜像的反射之中看到自己的主体形象。它起源于拉康所提出的镜像理论，对阿尔都塞提出询唤理论起到了前置性启发的意义。拉康的镜像理论为阿尔都塞提出自己的询唤理论奠定了基础，使得对个体和主体的探讨从精神分析的领域拓展到对意识形态的研究中。

20世纪60年代以后，欧洲学术界经历了主体哲学被现代思潮所消解的冲击，这样的趋势深受拉康的结构主义精神分析学的影响。作为一种对主体进行批判的理论，拉康哲学把精神分析与解构主义语言学统摄在一起。[1] 在阿尔都塞看来，个体"我"的形成是一种异化的、强迫性的自我认同，这当中有三个阶段，分别是自我生成、符号强化和现实异化。阿尔都塞所提出的询唤并不单单指的是政治话语，它的观照面还牵涉日常生活中的一系列微观现实。

其次是主动归顺。在话语交际当中，无论是口头的还是书面的，个体都会通过某些自称的形式来定位自我身份。同时，个体的身份将极大地影响其对自称形式的选择。每个人在社会中拥有多重身份，可以用来定位身份的自我认同

---

① 雅克·拉康. 拉康选集 [M]. 褚孝泉，译. 上海：上海三联书店，2001：40.

形式也是众多而复杂的。作为个体的自我参照,第一人称代词指涉的主体性充分反映了个体的自我归类,字面上的确定性和模糊性使得凸显或模糊其主体身份成为可能。阿尔都塞提出的询唤理论,用最为通俗易懂的话来说即意识形态询唤作为主体的个人,也可以表述为意识形态将个人询唤为主体。这是阿尔都塞对意识形态更新式确证的过程当中的关键要素,在他看来,意识形态所具有的作用是,把具体的个体构成(constitute)主体,然后主体进一步去完善意识形态;这样的作用是双重且相互的,意识形态的功能性体现在它产生作用的物质存在方式之中。[1]

在阿尔都塞看来,"主体"这个概念具有一定的歧义,它在表面上是自由的、自觉的,但它所经历的询唤命运又使其成为从属的、附庸的,并非全然彻底的独立自主,而是必然要受到社会文化与意识形态的建构。文化研究的思潮接纳了这样的观点,认为人类生来便处在受到语言、文化、阶级、种族和性别政治裹挟的环境之中,而人也在这当中被表征与形塑。社会文化与意识形态毫无疑问蕴含着权力关系,借由它们所生发出来的诸多文化、阶级、种族与性别的原理便也渗透着权力的话语,而这样的权力话语也常常或隐晦或明显地对置身其中的主体构成了一种压抑与规训,并且进一步内化到主体的意志层面,将虚构视作真实,把镜像看成本质。

最后是关系再生产。探讨了镜像复制和主动归顺以后,阿尔都塞仍然在问,在个体被召唤进入主体的过程中,最关键的意识形态机制是什么?如果主体自愿接受服从戒律,那么个体被称为主体的镜像认知的结构关系和运行模式,以及主体之间的相互认知机制又是什么呢?

阿尔都塞认为,这个认识形式当中存在的真相恰恰是生产关系及其他各种社会关系的再生产。在物质资料的生产过程当中,人们形成一定的社会生产关系,它们持续不断地再现并随之发展。让一定的社会生产关系能够长期处于再生产的状态,以适应实际情况的需要,这是意识形态及其询唤的本质。这样的再生产并非过去那种强迫性的、教条式的,它正好是自觉的、自发的、自动化的,是被人们所追求并愿意投入其中的。事实上,询唤理论本身也遭受质疑,如齐泽克认为阿尔都塞的询唤理论是粗糙的,一是因为他没有说明这种询唤与意识形态国家机器的关系;二是由于阿尔都塞无法正确理解拉康伪主体理论的真谛,即主体幻象正是"现实"的支撑物。

---

[1] 路易·阿尔都塞. 列宁与哲学[M]. 杜章智,译. 台北:远流出版事业股份有限公司,1990:189.

询唤视角下的个体化处境研究在中国社会已经逐渐发展成为一种趋势。就某种意义来说，市场经济与全球化确实使得个体作为主体从既往的传统束缚当中解放出来，例如有研究者以诸如鄂南崖村这样的农村为例展开了调查，认为一些年轻的女性开始对于地方性的习俗、信仰以及家庭生活被赋予的意义产生质疑，而且愈发个人主义化，敢于去对个人幸福抱有追求的态度，不单单是婚姻的幸福，也包括性方面的幸福。① 除此之外，还有研究者认为，在改革开放之后的中国社会，普通个体的日常私生活所遭遇的控制得以逐渐松绑，并且市场经济以及全球化的消费主义所蕴含的价值观念也成为某种支配力量，其影响范围小到日常的家庭生活，大到整个社会的变迁，这也使得在中国农村也出现了与西方社会相类似的情况，例如消费主义在日常生活当中的崛起使得一些村庄里的年轻人会为了彩礼的铺张程度而进行攀比。② 但是，过分功利化的个体询唤也使得许多年轻人漠视对他者的同等权利给予尊重的义务，而私人生活的高度自由加上公共生活带来的严格规训，最后所导致的是所谓"无公德个体"的出现。

二、询唤理论的研究领域拓张：从意识形态文化研究到传播学研究

阿尔都塞在名为《意识形态和意识形态国家机器（一项研究的笔记）》的文章中主张其对意识形态的唯物主义理解。对他来说，意识形态存在于制度和特定的实践中。阿尔都塞描绘了许多这样的机构，最突出的是教会、学校、工会和家庭。这些社会机构不仅灌输一种有利于资产阶级统治的世界观，而且还通过一系列或多或少强制性的仪式、习惯和习俗来强化这些信仰。由于对统治意识形态的默许是与实际的服从联系在一起的，阿尔都塞坚持认为意识形态是具有物质存在性的。

阿尔都塞的理论似乎更适用于拥有强大官僚主义色彩的国家，如果我们把它用于一些国家权力受到限制的情况的话，它的解释力会受到很大限制。然而，阿尔都塞认为，私立学校系统、独立的教会机构、私有媒体，甚至家庭，都含有国家的职能，不管它们在私营部门的地位如何。在他看来，即使在家上学也是意识形态的延伸。这怎么可能呢？根据他的论点，国家不是一个官僚实

---

① 郭俊霞. 农村社会转型中的婚姻关系与妇女自杀——鄂南崖村调查［J］. 开放时代，2013(06)：82-97.
② 阎云翔. 中国社会的个体化［M］. 上海：上海译文出版社，2012：326.

体的分立机构，而是保持生产关系再生产潜力的所有实践的集合体。对许多人来说，这是一个非常违反直觉的论点，但它可能是正确的。例如，福克斯新闻频道（Fox News）毫无疑问是私人媒体，完全不像公共电视，它对民主党保持着强烈的对立状态，但它仍然是一个明显的国家宣传机构，甚至比一些国有媒体影响力更大。

阿尔都塞的询唤理论之所以产生，部分原因在于他对政治层面的意识形态以及日常生活层面的一系列微观现实的高度敏感。他所提出的观点在学术领域不仅仅局限在政治学的范畴当中，它还进一步拓展，以一种社会学的气质对文化研究产生了深远影响，并进一步被符号学、叙事学，甚至是传播学借鉴，成为一种可供参考的研究范式。

直接运用阿尔都塞的询唤理论去分析文学文本及背后的关系再生产现象，这使得文化研究在 20 世纪 70 年代处于巅峰状态，并且在理论界占据一席地位。法国文艺理论家皮埃尔·马舍雷把其恩师阿尔都塞的询唤学说直接用在了对文本的分析之上，认为一切的故事都包含一个有关于意识形态的母题与主旨，即承诺要通过叙述来使人们获知关涉某件事情的所谓"真相"，然而用他的话说是"我们在最后总是会发现，意识形态的话语时时刻刻掩藏在作品的边缘"，透过更为深度的检视就会发现，"作品之中没有明说出来的东西，才是至关重要的"。[①] 由此，马舍雷主张，文本实际上是"去中心化的"（decentered），因为文本不仅仅停留在语言的表征上，还由好几层言语所构成，无论是明确的、显见的，还是含蓄的、隐匿的，这些话语之间还存在着互相冲突的关系。而学者实践评论的目的，就是揭示出文本中所掩藏的差别性话语："对某一作品进行解释，就是要对那些与表面迹象正好相反的一面做出提示，而文本的涵义自身所隐含的矛盾性是将整个作品与现实世界连接到一起的最为强有力的纽带。"[②]

在媒体实践的层面，德国社会学家西奥多·阿多诺和马克斯·霍克海默在《启蒙辩证法：哲学断片》一书当中采用了一种类似于阿尔都塞的分析方法。阿多诺和霍克海默认为，大众媒体，即法兰克福学派所谓的"文化产业"，在被动主体的构建中也扮演着重要角色，只不过他们并不把分析的重点放在国家

[①] 皮埃尔·马舍雷. 从康吉莱姆到福柯：规范的力量 [M]. 刘冰菁，译. 重庆：重庆大学出版社，2016：45.

[②] 皮埃尔·马舍雷. 从康吉莱姆到福柯：规范的力量 [M]. 刘冰菁，译. 重庆：重庆大学出版社，2016：47.

机器上。① 与阿尔都塞例子中警察询唤强化了民主和法律的意识形态不同，阿多诺和霍克海默认为，大众媒体在创造被动的消费者方面发挥着强大的作用。阿尔都塞试图将主体性仅仅作为制度中介的一种表象，阿多诺和霍克海默坚持认为主体性的概念并不局限于政治层面。媒体理论家戴维·戈特雷特进一步认为，当一个个体与一个媒体文本联系在一起的时候，询唤就发生了。例如，当人们喜欢一本杂志或一个电视节目时，这种不加批判的消费意味着文本已经将我们询唤到一组特定的假设之中，并使我们默许地接受一种特定的世界观。②阿多诺、霍克海默和戈特雷特等人将阿尔都塞有关询唤的理论向更具体的媒体应用层面拓展，为本书的研究提供了理论参考的可能性凭借。

英国传播学者戴维·莫利所提出的"积极受众"的观点，是伯明翰学派对电视研究的贡献之一，也对法兰克福学派所反复重申的"文化工业"产生了重大的突破。在他看来，受众绝非一成不变，更不单单是由话语所交织而被动形成的客体，他们是活生生的、切实存在于社会语境中的主体。他进一步指出，受众的积极属性来自其社会属性，这里的社会属性不仅指的是受众生活在社会之中，还表现在受众本体内部的无意识。受众拥有自己的日常生活与话语，这些早在他们同大众媒体所传递的话语进行接触以前就已然具备，并且对受众与媒体间的话语交换产生着影响。

从积极受众观的构建层面来看，它的出发点是阿尔都塞提出的询唤理论，不过如果只停留在话语的这一点上，受众的积极属性依然是无从谈起的。戴维·莫利提出的积极受众的观点并没有放弃"话语"这条经典的英国文化研究的路数，他还试图在对话语的研究之中寻找可以突破的地方：一方面，他将意识形态话语放在社会既存的动态关系里进行考察；另一方面，他把阿尔都塞提出的询唤进一步演绎为交互话语当中的询唤，即淡化原先决定论的色彩，使得交互询唤成为可能。从理论上看，完全借助阿尔都塞的分析路径，最大的问题是存在将复杂的问题简单化或概念化的趋势。意识形态作为一个概念或者结构，仅仅从以上三个层次进行分析，一定程度上会抽离个体与社会之间的复杂关系，也会忽视普通受众对于相关报道的态度，以及这些态度对于抑郁症障碍者的影响。

斯图亚特·霍尔注意到了受众"话语"的存在，这无疑是一个关键点，因

---

① The Chicago School of Media Theory. Interpellation[EB/OL]. 2019-04-01.
② Gauntlett D. Media, Gender and Identity: An Introduction [M]. London: Routledge, 2002: 27.

为一旦证实受众的话语具有独立的属性，解码只能是文本与手中的剑相互协调或两阶段对抗的过程，甚至是一种主体控制的解读。戴维·莫利继承了霍尔的电视文本话语理论。他把文本作为一种特殊的话语放在观众的其他话语中，允许这些不同的话语同时出现在特定的解释情境中，允许他们协调、冲突或者其中一个占据主导地位。受众话语一直存在，虽然它有时隐匿有时明显，有时强大有时微弱，但它并没有消失。戴维·莫利对此借鉴了阿尔都塞的询唤理论来对这点进行阐述："人们需要打造出一种模式，在这种模式当中，社会主体往往被看成是由一系列的话语所询唤而成的，一部分话语是相互平行的、相互增益的，而另一部分话语则是相互矛盾的，妨碍或者扭曲其他话语对个体的询唤。不管是肯定的或是否定的，这些话语一直在介入主体和文本之间的关系。"①

作为要被建构的社会主体，受众需要通过文本话语的一番询唤；或者，作为已经成形的社会主体，他们也经历了来自各种其他话语的询唤。在这里，阿尔都塞的理论为戴维·莫利提供了阐明话语的无所不在和彻底建构主体的依据，因此，作为一种意识形态，作为一种话语机制，大众传媒信息传播对于将受众重塑为一个社会主体至关重要。然而假若仅仅把受众理解为被话语所询唤而建构起来的主体，即把受众只当作话语效果的外在产物，当作完全缺乏自身能动性的存在，便也没有体现出阿尔都塞在询唤理论当中所指出的"自动归顺"，即受众由被动地建构向自觉自发地生成主体转变。

阿尔都塞认为，意识形态的基本功能是把具体的个体通过询唤建构为主体，他所提到的意识形态机器可以被理解为法兰克福学派所针对的文化工业，"主体"便是后者的语境中的"大众"。戴维·莫利"积极受众"的观点尝试着从一种新的立场出发，认为"在这当中我们能够看见，个体在积极地凭借其结构性的处境，使其自身从接触到的文化资源里生产出意义"②。

从作为话语结构的受众这点来说，意识形态的主体或话语的主体未必是真正意义上的主体，"个体"概念更多强调人的自然性，而"主体"则是在主控阶层的意识形态询唤下具有自我统治意味的、更符合社会规约的人。话语所建构出的是虚幻的，或者说是拟真的主体，建构出的更是一种成为主体的感觉。因此问题不仅仅停留在受众是否可以作为话语的一部分，作为编码者产生特殊

---

① 戴维·莫利. 电视、受众与文化研究 [M]. 史安斌, 主译. 北京: 新华出版社, 2005: 98.

② 戴维·莫利, 凯文·罗宾斯. 认同的空间——全球媒介、电子世界景观和文化边界 [M]. 司艳, 译. 南京: 南京大学出版社, 2001: 276.

话语的时候对应的那个对象，还在于受众在被意识形态话语建构了以后，是否依然能够保有其自身的个体性和独特性。"文化"虽然不失其作为知识层面和精神层面的维度，但它并不仅限于诸如此类的抽象事物，它也归属于最为具体的生活方式，即便一部分是抽象的，也需要经由生活实践的方式呈现出来。

由编码者产生的话语或由其媒介呈现的文本本身就是多种话语交织的产物。斯图亚特·霍尔写道："尽管电视的生产结构使电视话语得以创造，但它们并不构成一个完全封闭的系统。它们可以从许多来源和话语结构中提取主题、议程、人物、事件、定义、情景等，从而形成更广泛的政治和社会文化结构。"[①] 霍尔把话语的生产和接收、编码和解码连接起来，指出它们虽有不同，但共处于作为一个整体的传播过程与总体性的社会关系之中。大众媒体作为意识形态，在一个复合的社会空间中发挥着统一不同利益集团、不同概念、信仰和其他争端的作用。这样的统合并非凌驾于各种社会关系之上；相反，它受到某种"静态结构"（determinate structure）的制约。例如媒体依照新闻专业主义的共识所制定的准则包括不偏不倚与平衡报道，尽管有时过于刻意的公正显得很机械。被结构化的不一致依赖于共意作为前提，它可以使多方齐聚一堂展开争论。

媒体文本作为承载意识形态与话语的介质，已然从浅层次的差异呈现、平衡报道，升华为对社会深层存在的缝隙进行黏合，试图让那些真正被压抑、被排挤和被忽略的异质能够融入整体的社会结构，从而不再是边缘化的、地下化的和无意识化的。很难说存在什么样的话语是全然封闭的，因为所有的话语其实都能被找出缺口，然而也恰恰是有缺口才能够在共意的层面上相通，让人们体会到世界的本真与丰富。正是由于异质与缝隙的存在，话语才能具备难以估量的暗示力和超乎想象的联结力，将个体询唤成为主体，并在这样的过程之中让人感受到一种同一性。就像海德格尔所说的那样，在事实上千疮百孔的艺术之中，我们能看到一个没有遮蔽的世界。[②]

---

① Hall S. Signification, Representation, Ideology: Althusser and the Post-structuralist Debates [J]. Critical Studies in Media Communication, 1985, 2（2）: 91-114. 笔者译。

② 马丁·海德格尔. 论真理的本质——柏拉图的洞喻和《泰阿泰德》讲疏 [M]. 赵卫国，译. 北京：华夏出版社，2008: 10.

第二节 询唤理论对健康传播研究的适用性

对于传播活动而言，人的一种主观能力，一方面体现在解读符码，另一方面体现在把各种符码创造性地结合起来。斯图亚特·霍尔担心所谓的"主观能力"会诱使人们认为"电视话语中所指的东西是客观事实，而解释性层面上的思维和行为是个体化和个人化的东西"，因此他进一步提醒："情况似乎恰恰相反。电视使各种'客观'的事物被视为'关系'在每一次话语实践中，不同的代码使这些关系相互联系。因此，电视不断地重新安排、定义和调节物质事物，使它们成为对个人整体环境的理解。"[①]

"健康传播"是20世纪70年代美国传播学界和公共卫生界提出的一个学术概念，但作为一种社会实践，它有着悠久的历史。早期的健康传播实践大多遵循所谓的"知信行"模式，即受众通过信息和知识形成健康的态度和信念，进而改变健康的行为。但是，随着大众传播媒介和传播形式的变化，特别是移动互联网和社交媒体的爆炸式出现，公共传播新环境出现了"信息泡沫""传播者去中心化"和"社会化媒体日常生活化"等趋势，过去的"知信行"模式，以及对应的知识转移、态度改变和行为成就也受到冲击和挑战。健康传播也因此由过去以精英为主导的单向线性模式转换为多向且交互的平等对话模式；询唤通过文本将个体转变为主体，这也在互动性更强的健康传播当中显现出来。

一、基于"健康"概念的健康传播

根据世界卫生组织的定义，"健康"指的是"一种完全的身体、精神和社会福祉的状态，而不仅仅是没有疾病或虚弱"[②]。这一定义一直存在争议，因为它的实施价值有限。有学者认为，"健康"可以被定义为在一生中适应和管理身体、精神和社会挑战的能力。[③]

---

① Hall S. Signification, Representation, Ideology: Althusser and the Post-structuralist Debates [J]. Critical Studies in Media Communication, 1985, 2 (2): 91–114. 笔者译。

② 笔者译。原文为 a state of complete physical, mental and social well-being and not merely the absence of disease or infirmity. 见 World Health Organization. Constitution of the World Health Organization—Basic Documents, Forty-fifth edition, Supplement[EB/OL]. 2006-10.

③ 张自力. 健康传播研究什么——论健康传播研究的9个方向 [J]. 新闻与传播研究，2005 (03): 42–48.

"健康"的含义随着时间的推移而演变。根据生物医学的观点，健康的早期定义侧重于对身体功能的强调；"健康"被认为是一种正常的功能状态，这种状态有时会被疾病破坏。这种健康定义的一个例子是："以解剖学、生理学和心理完整性为特征的状态；能够履行个人重视的家庭、工作和社区角色；应对身体、生理、心理和社会压力的能力。"[1] 世界卫生组织在1948年提出了更高的目标定义，将健康和社会福利联系起来。这一定义被批评为含糊不清、过于宽泛且难以衡量；在很长一段时间里，它被认作一个不切实际的理想而被搁置，大多数关于健康的讨论又回到了生物医学模型的实用性上。正如人们过去把"疾病"看作一种静态，现在把它看作一个动态的过程一样，"健康"的定义也不是静态的。世界卫生组织在20世纪80年代积极开展的健康促进运动，再次在"如何定义健康"的议题上发挥了主导作用，认为"健康"不仅仅是一种事物纯粹表现出来的形态，更是需要从运动变化的弹性中去考察的生存条件；换句话说，"健康"是一种"生活资源"(a resource for living)。1984年，世界卫生组织修订了对"健康"的定义，将其概括为"个人或群体能够实现愿望、满足需要、改变或应对环境的程度"，更进一步指出"健康是日常生活的资源，而不是生活的目标；这是一个积极的概念，强调社会和个人资源以及身体能力"。[2] 因此，"健康"指的是保持体内稳态（homeostasis）以及从伤害中恢复身心功能的能力，所有这些都构成了弹性与独立生活的重要资源。"体内稳态"是指在一定外部环境范围内，生物体或生态系统内环境有赖整体的器官的协调联系，得以维持体系内环境相对不变的状态，保持动态平衡的这种特性。例如器官与器官之间必须经由调整保持平衡，才能使整个机体正常运作。这个定义为往后的健康教育、健康传播以及其他有关健康的研究提供了更多的可能性。

　　"健康"概念的变迁为每个个体创造了一种被询唤的机会，使他们"感到"(to feel)健康，即使是在患有多种慢性疾病或终末期疾病的情况之下，也依然可以重新审视那些对健康产生影响的因素，而不是单单着眼于对身体功能和疾病流行率的狭隘强调。[3] 提供卫生和保健服务的机构与个人开展了许多预防

---

[1] Huber M, Knottnerus J A, Green L, et al. How Should We Define Health? [J]. BMJ, 2011, 343: 4163.

[2] World Health Organization. Health Promotion: A Discussion Document on the Concept and Principles: Summary Report of the Working Group on Concept and Principles of Health Promotion, Copenhagen, 9–13 July 1984 [R]. Copenhagen: WHO Regional Office for Europe, 1984.

[3] 韩纲. 传播学者的缺席：中国大陆健康传播研究十二年——一种历史视角 [J]. 新闻与传播研究, 2004 (01): 64-70.

或治疗健康问题和促进整个生态环境与社会健康的系统性工作。除了医疗干预的措施和人们所处的客观环境，还有许多其他因素也会影响到个人的健康状况，包括他们的身世背景、生活方式、经济水平、社会阶层和文化信仰等等，这些都被认为是影响健康的因素。将"健康"概念化为一种能力，为所谓"自我评估"（self-assessments）打开了大门，成为衡量与改善人类健康的主要绩效指标。

健康传播（health communication）是在公共卫生运动、健康教育以及医生和病人之间传播促进健康信息的研究和实践。[①] 传播健康信息的目的是通过提高个体的健康素养来影响个体的健康选择。由于有效的健康传播必须针对受众的情况进行量身定制，因此健康传播研究旨在完善传播策略，以告知人们如何增强健康或避免特定的健康风险。[②]

在学术领域，健康传播是传播学研究中的一门学科。其实早在"健康传播"一词出现之前，健康和传播之间的跨学科互涉就已经存在一种不成文的关系。健康传播研究主要围绕关乎健康的价值信息如何通过印刷、广播电视和电子媒体进行传播与进一步发展，以及人际关系如何在社会中发挥健康促进的作用。对健康理念的强调是健康传播的核心，而其目的也在于确定与提供更优质且更高效的传播策略，以改善社会的整体健康状况。[③] 具体而言，健康传播的目的在于：促进人们对健康问题的了解和认识；影响人们对健康问题的行为和态度；展示有关健康的实践；体现行为改变对公共卫生所产生的益处；倡导在健康议题或政策上的积极立场；增加对卫生服务的需求或支持力度；消除对健康问题的误解。

二、以人为本：作为个体的人是健康传播的研究起点

传播是我们作为人类的核心行为，这是我们交换信息的方式，它也象征着我们的符指能力。这两个功能分别反映了传播学者詹姆斯·凯瑞所描述的传播和传播仪式观。凯瑞认识到传播具有一种工具性的作用（例如，它有助于人们获得知识），但它也实现了一种仪式性的功能、一种反映人类作为社会群体成员的功能。[④] 因此，传播可以定义为共享意义的符号交换，所有的传播行为都

---

① National Communication Association. What is Communication? [EB/OL]. 2013-05-30.
② 王迪. 健康传播研究回顾与前瞻 [J]. 国外社会科学，2006（05）：49-52.
③ 胡百精. 健康传播观念创新与范式转换——兼论新媒体时代公共传播的困境与解决方案 [J]. 国际新闻界，2012，34（06）：6-10.
④ 詹姆斯·W. 凯瑞. 作为文化的传播 [M]. 丁未，译. 北京：华夏出版社，2005：36.

具有传递性和仪式性的成分。在传播仪式观中,作为目标受众的个体被概念化为社会网络的成员,他们彼此互动,参与社交仪式,并从习惯行为的制定中获得意义。

将询唤理论注入健康传播的研究当中,从个体层面而言起码有三层意味。首先,健康传播的议题建构与干预不会陷入社会真空之中。相反,信息是通过个体和社会框架接收和处理的,这些框架不仅决定人们遇到了什么,而且决定了他们从传播活动中获得的意义,即选择性感知,这取决于个体的因素,包括先前的经验、效能感与信念、知识等,以及宏观社会层面的因素,包括人际关系、文化模式、社会规范等。其次,预期传播和接收的信息之间存在差异是合理的。它们的产生不仅是由于对干预不同的选择性接触,还因为解码信息的方式不同。因此,仔细研究健康信息在发送和接收时的对应关系对于避免适得其反的意外影响至关重要。最后,传播是一个动态的过程,在这个过程中,健康信息的来源和接受者不断地转换他们自身的主体角色。

选择性感知(selective exposure)是心理学实践中的一个概念,通常用于媒体和传播研究,指的是个体倾向于偏爱强化其原有观点同时避免与之矛盾的信息。选择性感知是一种不注意和更快忘记刺激的认知策略,这些刺激会导致情绪不适和与我们先前的信念相矛盾。当谈到用选择性感知来解释编码和解码之间的不一致性时,个性化的差异阅读总是存在的。[①]

受到阿尔都塞意识形态理论的影响,霍尔把主控式的阅读放置在传播活动的中心,而把个体层面的差异化阅读置于边缘。这是把传播活动视为符号或话语交际的必然归宿,因为只要是在符号或话语的阈值之内,传播就不会在原则上面临许多失败。这是因为他认为符号或话语意味着理性、清晰和普遍性,而相对的个体性和感性则是难以言喻和模糊的。换句话来说,只要凭借话语进行表达,则必然能够被理性认识与解读,可被记录的话语成为德里达所提及的"踪迹",留下的踪迹则是理性认识的体现,一如几千年前的甲骨文仍然能够被理性的认识破解。然而人们无法一直游走在理性的或话语的层次之上,不管是理性还是话语都必然是关乎事物本身的,因而事物本身才是人们持续试图穿透的内在核心。特定话语将个体询唤成为主体,个体性与私人性归属于事物本身,由此传播并不是一眼就能穿透的,传播不免面临着或多或少的误解与歧义。

---

① 斯图尔特·霍尔. 表征:文化表征与意指实践[M]. 徐亮,陆兴华,译. 北京:商务印书馆,2013:78—79.

在向个体传达有关健康的信息方面存在许多挑战。最重要的两个挑战包括个体的健康素养与医疗工作者和机构之间的认知差距,以及通过大众媒体传播健康信息存在本质化的缺陷。健康传播寻求解决的一个问题是个体的健康素养和使用健康传播之间形成的差距。[1] 虽然目标是健康传播将有效地促进健康素养,但诸如使用无法解释的医学术语、不准确的信息以及一般性的教育差距等问题造成了传播效果的差异。例如,与其他年龄阶段相比,老年人较为普遍地患有慢性疾病,然而研究表明,之前的健康传播通常没有顾及老年人难以理解书面健康材料、领会医疗保健政策,并且通常无法辨识医学术语。[2] 这种健康沟通的缺陷可能导致住院人数增加、更多人无法应对和管理疾病,以及健康状况普遍下降。针对这样的认知差距,越来越多的与健康相关的网站和在线支持团体随之出现,增加了普通人获取健康信息的机会。

三、以言成事：人的主体行为是健康传播的目标指向

健康传播被视为几乎与身心健康和社会福祉的各个方面都有关联,包括疾病预防、健康促进和生活质量提升。鉴于重大威胁带来的全球性挑战,健康传播的研究者和相关从业人员意识到预防的重要性,并认识到有必要通过深化健康传播的理论来了解人类的主体行为。

健康传播有很多值得称赞的地方,这一领域之所以得到认可,部分原因是它强调在理解传播过程和改变人类行为时将理论和实践相结合。当许多对全球公共卫生产生的威胁(如疾病和环境灾难)植根于人类行为时,这种方法是有针对性的。通过将来自不同学科的研究人员和实践者聚集在一起,采用多层次的理论方法,健康传播有独特的机会为改善和拯救生命提供更有意义的投入。

不过尽管大众传播被用来广泛地促进群体成员健康行为的积极改变,但对于将大众媒体作为健康传播方式的一个主要批评是,在不准确甚至错误的信息有机会被专业人士质疑与纠正之前,它们不幸地能够通过大众媒体迅速传播,这种误导可能使得那些收到信息的社会大众当中产生不必要的恐慌。[3] 例如,大众媒体发表了一些将麻疹、腮腺炎、风疹疫苗接种与儿童自闭症发病联系起

---

[1] Viswanath K, Breen N, Meissner H, et al. Cancer Knowledge and Disparities in the Information Age [J]. Journal of Health Communication, 2006, 11 (S1): 1—17.

[2] Hester E J. An Investigation of the Relationship Between Health Literacy and Social Communication Skills in Older Adults [J]. Communication Disorders Quarterly, 2009, 30 (2): 112—119.

[3] Abroms L C, Maibach E W. The Effectiveness of Mass Communication to Change Public Behavior [J]. Annual Reviews of Public Health, 2008, 29: 219—234.

来的错误信息，导致人们对疫苗接种的不信任，一些家长开始放弃孩子的疫苗接种。尽管有大量的辟谣试图消除这种恐慌，但一些人仍然对接种疫苗持怀疑态度，这也引起了社会大众对健康议题的强烈关注。

我国健康传播的发展大致经历了四个阶段，激活与促进广大人民寻求健康的主体行为是始终坚持的目标指向。

第一阶段主要是基于政治动员模式的健康教育。新中国成立初期，健康传播主要体现在1952年发起的"爱国卫生运动"。爱国卫生运动是国家一级高度组织的动员行为。因此，它具有鲜明的社会主义思想特征。同时，也是反帝斗争、群众运动等特殊历史条件的产物。[①] 新中国成立初期，人民缺乏健康知识，这种以政治动员形式开展的单向健康教育取得了显著成效。

新中国的健康传播发展的第二阶段体现在健康教育上，健康教育的重点是改变社会观念。改革开放后，卫生传播中的政治因素日益弱化，市场和营销因素不断渗透，行政机关在卫生传播领域的绝对控制力不断下降。健康信息的推广不再注重大量知识的灌输，而是越来越注重人们的健康态度。这一时期健康传播的典型案例是围绕艾滋病开展的健康教育。然而可以看到的是，这一时期的健康传播仍然停留在教育的体系下，不过话语的模式与疏导的目标都有了显著变化，"知信行"模式从侧重于知识的传达逐渐倾向于态度和信念的改变。除了预防和治疗艾滋病，预防和治疗乙型肝炎和心理障碍也呈现出类似的特点。

新中国健康传播发展的第三阶段所强调的是行为改变在促进健康传播中的作用。在此期间，健康传播不仅停留在教育层面，而是转向鼓励以健康行为的发生为主导因素，注重健康信息和知识的普及，努力干预公众的健康行为，并在其能力范围内建立健康领域的相关制度，努力将健康问题纳入所有社会政策。

我国健康传播发展的第四个阶段对传统的"知信行"模式进行了调整，以"健康知识传播激励计划"为具体形态，体现出更为彰显能动性的传播范式。毫无疑问，健康传播经历了一个被发现和再次被认可的过程。上述四个阶段是从健康教育到健康促进，其共性是精英到大众的单向传播。而相较于纯粹的教育与行为促进，双向甚至是多向的互动式健康传播更需要被强调；询唤概念的引入，更要求体现各方主体的平等性以及理性作为健康传播的前提，毫无疑问，这一新概念的引入，更符合公众主体意识不断觉醒的大环境。更重要的

---

① 涂光晋，张媛媛. 中国健康传播运动实践研究[J]. 国际新闻界，2012，34（06）：11-18.

是，随着互联网特别是移动互联网的发展，技术的进步加深了传播者与公众之间的联系。因此，健康传播发展的第四阶段是人的主体性被重新发现的阶段，也是哈贝马斯交往理性被重新发现的阶段。

要而言之，在社会化媒体时代，线性健康传播模式已经被突破。健康传播不再仅仅是意见领袖和公众在信息层面上的单向交流。相反，它是一种以对话、互动和定期交流为重点的多途径传播模式，借此将个体的主体性调动起来，以服务于健康传播，取得更好的效果。

第三节 询唤理论对抑郁症报道研究的适用性

认识论涉及知识本身的性质、可能性、范围和一般基础，更广泛地说，就是我们如何着手了解事物。法国著名哲学家、数学家、物理学家笛卡尔在《第一哲学沉思集》一书中指出："一个事物，以它为主体，直接寄托或依赖于它，就有我们所注意到的东西，即我们心中真实概念的某些特征或属性，即本体论。因为严格地说，我们没有其他的本体论的概念，只有本体论是这样一种东西，在本体论中，有一些东西是我们形式上或卓越地关心的，也就是说，客观地存在于我们的一个概念中，因为自然光告诉我们，任何东西都不能有任何真正的属性。"[1]

抑郁症作为一种常见的心理障碍，在信息不对称的现实中不可避免地会遇到许多偏见和误解。人们对抑郁的理解和判断，无论是焦虑还是默认，甚至是歧视和污名，都在很大程度上来自媒体对抑郁症的报道和话语中隐含的话题建构。因此，抑郁症长期以来不仅是医学领域的研究问题，与其相关的干预和治疗也不仅仅是纯理论和实际技术操作的问题。随着心理障碍本身及其所处的社会环境的发展，它必须嵌入由多学科知识、社会网络和相关个体及其主观意识引起的复杂运行机制和系统中。

一、从病理概念到文化认知：抑郁症的社会认识过程体现意识形态建构

疾病在某种程度上作为一种文化现象，需要超越纯粹的器质性判断来被感

---

[1] 周晓亮. 自我意识、心身关系、人与机器——试论笛卡尔的心灵哲学思想[J]. 自然辩证法通讯，2005（04）：46—52.

知。例如在20世纪80年代巴西的邦热苏斯地区，新生婴儿的死亡率居高不下，当亲属为自己孩子的死因进行解释的时候，通常将其归结为疾病，例如腹泻、肺炎或麻疹等；他们甚至可以依据孩子排泄物的颜色、气味与黏稠程度来判断罹患的是哪种腹泻，以及需要服用什么药物；而事实上，导致很多孩子死亡的根本原因在于当地的食物供应严重不足，人们食不果腹，营养不良，孩子只能喝水。[1] 在外界认为饮食供应充足便可以解决的社会问题，在邦热苏斯地区却被当作生理疾病来进行医治，这也表明在某种程度上，疾病作为一种文化现象，可能必须超越单纯意义的生物学判断，而被当作一个被社会建构的过程来看待。

根据美国国家心理健康研究所的定义，重性抑郁障碍（major depressive disorder，MDD），简称为抑郁症，是一种心理障碍，通常伴随着低自尊、对以往令人愉快的事物失去兴趣、乏力和没有明确原因的疼痛等特征，更严重者会产生错误信念或幻听、幻视等症状。在大多数情况下，患者会经历至少持续两周的情绪低落。[2] 需要在概念界定时指出的是，本书主张将major depressive disorder译为"抑郁症"，而不是按字面翻译为"重性抑郁障碍"，以避免与表示症状程度的"重度"混淆从而引起误解。[3]

美国精神医学学会新近制定的第5版《心理障碍诊断与统计手册》指出，抑郁症会对一个人的个人生活、工作、教育，以及睡眠、饮食习惯和总体健康状况产生负面影响。有2%到8%的成年抑郁症障碍者死于自杀，与此同时，约有50%的自杀案例与抑郁症有关。[4]

抑郁症的产生被认为是遗传、环境和心理因素共同作用的结果，这当中包括相关心理障碍的家族病史、重大生活变化和服用某些药物与吸食毒品而导致的慢性健康危害。抑郁症的诊断要根据求诊者所报告的经历与精神状态来考察。如前文所述，抑郁症和悲伤常常联系在一起，但它们并不相同。悲伤是大部分人都会经历的一种情绪，通常发生在压力大或令人沮丧的生活事件之后；而抑郁症是一种具有压倒性的、持续的心理障碍，会对日常生活产生巨大影

---

[1] 肖巍. 作为一种价值建构的疾病——关于疾病的哲学叙事［J］. 中国人民大学学报，2008（04）：62—70.

[2] The National Institute of Mental Health. Depression［EB/OL］. 2016—07—31.

[3] 这一做法也符合国内权威参考书的翻译，如钱铭怡编写的《变态心理学》和邹丹等人翻译的美国学者苏珊·诺伦－霍克西玛的著作《变态心理学（第6版）》，在专业术语和专有名词使用上尽量做到统一，符合学界规范。

[4] 美国精神医学学会. 心理障碍诊断与统计手册（第五版）［M］. 北京：北京大学出版社，2016：149.

响。特定的触发因素通常会导致悲伤，而抑郁症可能没有可识别的原因。悲伤是抑郁的一部分，但本质上它是暂时的。悲伤是正常生活必不可少的一部分，而抑郁症比后者更为严重，持续时间更长。

社会建构（social construction）关系到一个社会对一个对象或事件所赋予的概念、意义或内涵，以及该社会的成员对该对象或事件的看法和处理方式。作为一种知识理论，社会建构认为社会文化是知识生产的关键要素。文化力量如何产生知识及其类型，以及它们如何形成对现实的共同假设的基础，是社会建构的研究重点。其中心思想在于，意义是与他人协调而发展出来的，并非在每个个体内部单独发展。[①]

社会建构的一个主要焦点是揭示个体和群体怎样参与其感知到的社会现实，观察社会现象是如何被人们认识、发展、制度化并形成传统的。社会建构所质疑的是人类和社会将什么定义为现实，因此，其会因所处时期的不同而有所变化。社会建构有弱有强。弱社会建构依赖于最为客观的事实，即难以解释或理解的基本事实，如构成物质的基本单元"夸克"。强社会建构依赖于人类的视角与知识，如"奖惩制度"这样由社会习俗形成的制度性事实。

对于"抑郁症是怎样产生的"这个问题的讨论主要集中于生物医学与心理学的领域当中：在生物医学方面，研究者们侧重于研究外在的压力所引发的个体大脑病变、遗传基因以及激素和内分泌的改变等是怎样诱发抑郁的；而心理学领域的研究者们则集中在以"性格—压力"为视阈来探讨诸如抗压能力低、依赖心重等性格类属为什么在遭遇较为恶劣的外部压力时比较容易引发抑郁。诸如此类的研究视角较为强调基因、激素抑或微观心理层面的内因分析，常常忽略诸如社会等客观环境条件，仅仅粗糙地把外部因素笼统地归咎于"压力"这种比较含糊不清的说法。

在抑郁症还未正式被现代医学界定的时候，医学界对精神性紊乱的诊断标准经历了一个漫长的过程。古希腊伯里克利时代的医师希波克拉底在公元前 4 世纪时就曾对这种类型的症状进行了第一次临床描述。[②] 在公元 2 世纪的时候，罗马传记文学家、散文家，柏拉图学派的知识分子普鲁塔克为这些症状给出了一个相当生动的解释："他对自己的看法是，他是神所讨厌的人，总是会引起神的愤怒，在这之前还有更为糟糕的想法，他不敢采取任何措施避免或者

[①] Encyclopedia. Social Constructionism[EB/OL]. 2019-04-01.
[②] 李青栋，许晶. 抑郁症的概念及分类研究历史[J]. 医学与哲学（临床决策论坛版），2009，30（11）：78-80.

纠正邪恶的行为，唯恐被人发现他是在反抗神灵。'离开我,'这个可怜的人说道'我,是一个不虔诚的,被神灵诅咒、憎恶的人,应当接受惩罚。'他坐在门外,衣衫褴褛,时不时赤身裸露,在泥地里打滚儿,以此来忏悔自己这样或者那样的罪孽。他会饮用一些不太好的东西,他也会走一段牧师所并不赞同的路。在敬奉神灵的节日里,他没有任何快乐,反而充满了担忧与惊恐。"

直到19世纪末20世纪初的时候，人们的目光开始聚焦在病理而非纯粹的表征研究上，这是由于当时人们认为精神紊乱与机体的紊乱同样具有基本的生理病理。然而研究者们进一步发现，个体在不同时期的不同症状实际上反映了相同的病理。在这样的背景之下，医学界对抑郁症的诊断又回归到了症状本身。研究者们依靠一系列新的统计学方法对症状进行因素分析，包括搁置成病的过程、持续时间以及生活背景等，发现多数的抑郁症主诉都存在或多或少的促发原因。

出于对历史上出现的各种诊断心理障碍的方法进行整合的原因，到了20世纪中后期，人们努力尝试着制定出一套可信度高的、去情境化的、建立在症状基础之上的标准来为心理健康医学学科正名。一套能够被精神病学学家与医师所共享并达成共识的、专业且科学的文本亟待问世，于是美国精神医学学会出版的《心理障碍诊断与统计手册》应运而生。前面提到，世界卫生组织对于"健康"定义的变化不仅在于强调个人的美好生活，而且强调社会条件在保障健康方面发挥作用。而《心理障碍诊断与统计手册》对抑郁症的标准化定义已然不局限于考究个体层面的病因，这些变化都有利于洗脱心理障碍的"污名"，为人们的认知转变提供来自权威认证的背书。在病患切身感受到的躯体疼痛与医生临床确诊之间的复杂关系以及疾病本身存在不确定性的情况之下，世界卫生组织与美国精神医学学会等西方医学界的权威机构对于抑郁症的社会建构所起到的作用在于，它们辐射全球的影响力能够使得另一些文化语境当中原本缺失的疾病表达被创造出来，进而形成新的概念，这也使得"抑郁症"这一新的疾病名称能够伴随学术交流与信息交换的过程在中国落地生根。

二、从社会客体到个体主体：抑郁症报道具有"去他者化"的发展趋势

同样是指身心疲惫、心情压力，且对社会活动缺乏兴趣，在欧美医学界被界定为"抑郁症"（depression），但是在中国的很长一段时间内却被认定为所谓"神经衰弱"（neurasthenia）。具有相同的症状却得到了不同的诊断，这使得人们发现，对健康与疾病的界定并非由专业的医学一锤定音，文化的力量在

这当中也占据了相当大的话语权。情绪低落且不愿意社交等症状，在中国原本只被当作由于个人的意志薄弱、自我调适能力以及自制力低下而导致的感性层面问题。就目前而言，学术界、大众媒体和社会大众逐渐不再将其看成是浅表的情绪问题，而是将其作为一种心理障碍——抑郁症来看待。

抑郁症报道分析的重点是媒体对以抑郁症为代表的心理障碍的框架性描述。有关抑郁以及相伴随的各种失调症状、成因、诊治或预后的信息，常常被用来体现个体的症状和治疗经历，也被用来为政策或行动做宣传意义上的支撑素材，框架存在的背后折射的是逐渐多元化的社会利益。

1995年，礼来公司的抗抑郁药物"百忧解"（Prozac）在中国问世，当时"抑郁症"这个概念尚未在中国社会流行。大多数人一方面不愿意将自身情绪低落的原因归为患上抑郁症，另一方面也不认为精神与情绪方面的问题能够或者需要以服用药物的方式来解决。在大众的传统认知当中，患上所谓"抑郁症"的人无异于通俗意义上的"疯子"。如前文所述，20世纪80年代，凯博文的研究发现，当时中国某医院的精神科里最为常见的疾病诊断是"神经衰弱"；而如果按照当时的《心理障碍诊断与统计手册》第三版所提供的标准来进行诊断的话，这些病例当中的绝大多数患者在临床上可以被诊断为"抑郁症"。[1] 这样的诊断差异之所以存在，部分原因在于中国传统文化对于心理障碍存在污名化的倾向，这使得心理障碍患者时常遭受歧视，因此患者与医生都尽可能回避使用专门的心理障碍概念与词汇。这导致的后果是，人们更加容易将关注的焦点转移到抑郁症的躯体化的表征之上，例如失眠、健忘与虚弱等症状，并且进一步将这些躯体化的症状以"神经衰弱"的方式进行诊断。[2] 即便存在相仿的症状与相似的病理，某一类型的身体的痛苦在差异化的社会情境之下会产生不同的诊断结果：在西方的医疗语境当中被视为心理障碍的"抑郁症"，到了中国社会的语境当中则变成了一种突出神经官能方面紊乱的"神经衰弱"。

---

[1] 根据在1980年发行的《心理障碍诊断和统计手册》第三版，发现以下九项症状当中的至少五项（必须包括第1项和第2项）且病程持续两周以上，便可以被诊断为抑郁者，症状包括：1. 情绪压抑；2. 对社会交往活动的乐趣与兴趣减少；3. 体重大幅度增减且胃口变化大；4. 失眠或者嗜睡；5. 情绪反应出现过激或迟缓；6. 疲惫；7. 自卑；8. 注意力无法集中；9. 产生自杀意向。参见 Kleinman A, Anderson J M, Finkler K, et al. Social Origins of Distress and Disease: Depression, Neurasthenia, and Pain in Modern China [J]. Current Anthropology, 1986, 24 (5): 499-509.

[2] Kleinman A, Anderson J M, Finkler K, et al. Social Origins of Distress and Disease: Depression, Neurasthenia, and Pain in Modern China [J]. Current Anthropology, 1986, 24 (5): 499-509.

抑郁症报道将抑郁症的产生部分归咎于社会因素而非全然归咎于个人因素，使得抑郁症有机会从过去需要遮掩的疾病和污名化的标签当中被解放出来，社会大众对抑郁症的逐步理解也使得饱受抑郁症折磨的个体用不着对自己的实际状况矢口否认。

2008年5月12日，四川省汶川县发生了伤亡惨重的大地震。在地震后的初期阶段，媒体不同于以往热衷于全力塑造那些找不到弱点的英雄形象，而是积极鼓励个体化情绪的表达，承认人们的精神在巨大的自然灾害跟前所遭受的创伤与打击是真实的。中国政府网由此对社会与组织行为学方面的专家进行了专访，并就灾后与心理援助相关的问题与网友进行了在线交流。专业人士借此对社会各界呼吁关注地震后社会大众的心理创伤，主张从生理、心理与行为三个方面考虑对受灾后人们的心理问题进行安抚与宣导，还引用了一些专业词汇如创伤后应激障碍（post-traumatic stress disorder，PTSD）来说明当下所发生的事情。对于亲历者，甚至是对于旁观者而言，巨大的灾难经历所引发的焦虑状态，体现出的特征包括痛苦的回忆、幻觉与梦境等。大众媒体一方面积极鼓励受地震影响的群众释放内心的苦楚，另一方面也尝试着运用科学的解释来为情绪与心理健康方面产生的紊乱正名。对抗灾难不单单意味着经济与人身安全层面的投入与救助，还要求对情绪与心理层面加以聚焦。

大众媒体对于社会大众的心理健康与心理障碍的注视，较为突出的案例是中央电视台某著名节目主持人的经历。2002年，他在毫无征兆的情况下离开了节目主持的岗位，一直到2005年才在中央电视台另一档栏目里解开社会大众对其离开荧屏的困惑。他坦陈自己不辞而别的真实理由在于确诊了重度抑郁障碍，也即俗称的抑郁症。在这次公开亮相以后，他持续不断地利用在公开场合露面的机会呼吁人们减少对身边抑郁症障碍者的歧视与不公正对待，并且鼓励患上抑郁症的人能够勇敢地承认自己的遭遇，自发地去向医生求诊、服用治疗药物，甚至更为偏激地宣称"患上抑郁症的人，基本上都是天才"，例如海明威和川端康成等。然而在当时的情况之下，他所面临的依旧是大量的不理解，甚至连亲属与单位领导也对他产生了误解，认为这种病并不存在，无非是想不开，无非是心眼儿小，无非是算计得太多，无非是之前很火然后现在火不起来了，所以现在才会受不了。

不管是上述案例，抑或汶川地震，大众媒体似乎都被期待着拥有一种基本立场，即尽力去消除大众对于心理健康方面的疾病的误读与忌讳。在汶川地震以后，大众媒体出于公共性与公益性，以种种途径强调心理健康的重要意义，对于心理障碍实施"去他者化"的努力则更为明显。重大自然灾害所产生的

"共情"的效果，也在一定程度上促进了人们对于抑郁症障碍者的理解与同情。与20世纪80年代被判定为"神经衰弱"的患者相比，上述案例的主人公以社会大众人物的特殊身份彰显出一种勇敢，即在身边的人尚且无法接受他患病的客观事实时，他可以站出来对自己的实际情况进行承认并以正视听。其勇敢的背后，实际上隐藏的是文化对于心理障碍归因的变化：以往认为，此类症状的产生是由于个体的意志力不够坚定、自制力不够强，以及长期的情绪紊乱；现在会承认社会节奏大与工作压力等外部原因也是威胁心理健康的关键因素，而不再像过去一样武断地归咎于个体。对治疗技术的认知，也从过去认为简单的"谈心"便能够轻易解决，到现在意识到患病后需要将临床治疗考虑在内，需要通过医学干预来进行专业性的疏导。社会支持网络正试图消解各种导致心理问题的内在与外在因素。

如今的情况显然已经与20世纪80年代非常不同了。人们对于抑郁症不再像以往那样讳莫如深，而一些社会大众人物的心理状况借助媒体报道得以曝光，使得"抑郁症"更为坦然地在大众面前呈现，也使得人们开始将自己所接触到的信息与自身心理状况进行对照。在诸如汶川地震这样的重大自然灾害以后，主流媒体不单单塑造出钢铁一般的救灾英雄形象，也开始承认人的脆弱和负面情绪，并呼吁社会予以关注，鼓励情感表达与寻求专业心理援助，而不能仅靠自我意志去克服。这一切的进展都在试图建构一种理念，即个体精神上所承受的压力并非个别，而是全社会所共有的问题。这样的认知改变的意义在于强化了抑郁症这类心理障碍的科学性，使得其所遭受的污名化得到更进一步的清洗。

总的来说，随着中国社会的逐步工业化与现代化，文化取向也往往由传统的集体主义转向个人主义，这在20世纪70年代末以来中国社会所经历的一些极具戏剧性的变革中便可以展现出来，与此同时，这些系统性的变化也对社会、文化，以至于具体的媒体活动都产生了深远的影响，甚至可以说是呈现出所谓"个体的再发现"，个体的身心利益、遭受的困境和对未来的追求等曾经不被重视甚至忽略的东西，都在公共生活当中被日渐凸显。就媒体而言，媒体融合的大趋势也影响到编辑取向、创收机制和新闻传播教育的变化。一方面，日益激烈的市场竞争和社会问题使得新闻报道更加琐碎且戏剧化，而另一方面，这样的环境也造就了新一代的媒体工作者，新闻价值观的提倡和对叙事的新闻实践的强调也更为突出。

着眼于心理障碍的话题建构和媒体中抑郁症的呈现，我们看到积极宣传和隐性污名都需要进一步探讨，因为这些不仅涉及媒体质量和职业道德伦理，还涉及各利益攸关方的传播权益。换句话说，能指与所指背后更深层次的含义在于心理障碍本身和受其影响的个人所面临和遭受的社会价值观和生活条件。以往许多研究都指出，媒体对疾病的建构和干预影响到与抑郁症相关联的个体生活体验的方方面面。这些影响与人们寻求帮助和参与治疗的意愿密切相关，也涉及疾病本身与整个社会之间关系的积极或消极发展。

只有提高公众对心理障碍的认识，改善媒体对以抑郁症为代表的心理障碍的有偏见或歪曲的报道，培养心理健康的意识和素质，才能有效遏制这种状况的恶化。面对这一全球性的公共健康问题，传播学界没有理由不加快相关研究的跟进和积累步伐，梳理出积极的应对策略。

本章小结

询唤理论从马克思主义哲学出发，强调个体被召唤为主体。这或许意味着，人类发展的终极目的在于使全人类每一个个体以主体的姿态自由而全面的发展。将这个观点落实到健康传播的领域，最高理想在于自由而全面的健康传播形态能够惠及这个社会当中的每一个个体，这也意味着将人丰富多样的个性与能力考虑在内，在健康传播的过程中展示出更强的主体性精神与能动性天分，令个体在健康传播中能够获得更加充分的主体效能感与成就感。

健康传播可以被看成是传者一方出于获得与健康议程相关的影响与支配，而采取多种方式来建立起符合公共卫生利益和秩序的传播活动。在从最初的单向传播向多维传播过渡的过程中，公众作为个人和群体的主体意识和交往理性得到了拯救。

作为影响健康传播结构的关键变量，媒体持续不断的技术进步与观念更新曾经几次带动了健康传播与社会发展的变革。新媒体依托新兴的数字技术为人类历史带来了第四次媒体革命，其出现正在逐步调整既有的传统大众媒体垄断话语市场的格局。这样的改变肇始于媒体物质层面上的先进性，然后慢慢从其作为精神生产工具的本质上体现出来：抑郁症报道通过询唤将个体转变为主体的本体性，回归使其相对于相同媒体具有了更多的交互化与个人化的特征，也更加彰显出人性化的特殊品质。

第三章 镜像复制：抑郁症报道对障碍者疑病及自诊倾向的建构

镜像复制（mirror copy）作为询唤作用机理的第一个阶段，是基于雅克·拉康精神分析理论中的一个概念。镜像复制起源于这样一种信念，即婴儿在大约六个月大的时候就能在镜子或其他象征性的装置中辨认出自己，从而引发统觉，把自己理解成一个可以从外部被感知到的物体。

如果把抑郁症报道比作一面镜子，个体通过抑郁症报道的文本深化对自己心理状况的怀疑，将自己与文本所描述的病征进行对照，也可以看成是一种镜像复制。疑病的特征通常是担心轻微的身体或精神症状可能意味着或预示着严重的疾病，从而促使自我不断地检查和诊断，保持个体从主体层面对于自身的高度关注。抑郁症报道在一定程度上对个体的疑病和自我诊断产生了询唤的影响，在新的媒体与信息环境下，从个体层面的疑病到所牵引而出"数字化疑病"，通过互联网信息资源研究医疗信息从而造成认知障碍的情况。询唤的意义使得事实上个体可以通过自我诊断强化其主体性，更充分地了解自己，但有时通过自我诊断，个体可能遗漏了一些被主体性束缚从而看不见的东西；个体也需要更专业的医疗资源作为一面镜子来更清楚地看到自己。

第一节 个体点化：抑郁症报道激发疑病意识

人们总是凭借语言与符号的创造与运作，不断地进行文化的生产与更新，而文化的更新又往往推动了符号的进一步差异化与层次化。拉康曾说："语言结构是潜意识的内在结构的外化。"[①] 或者可以被解释为，潜意识就是被内在地结构化的一种语言。个体在镜像的反射之中看到自己的主体形象，这一点在

---

① 雅克·拉康. 拉康选集[M]. 褚孝泉, 译. 上海：上海三联书店, 2001：88.

抑郁症报道当中，可以体现为个体通过抑郁症报道产生疑病和自我诊断，将自我投射于报道的话语之中做对照。

一、角色赋形：易感性个体与患者概念形塑

镜像阶段是婴儿的关键时期与重要转折，这是每个人自我认同初步形成的时期，其重要性在于它揭示了自我即他者，是一个想象的、被期望的，甚至是被异化的、被扭曲的与被误认的对象。婴儿在六个月大到十八个月大这段时间尚未有行走与自行站立的能力，需要依靠他人的抱持才能在镜中看到自己的影像，这时候他还不能在镜像中区分自己与母亲等其他对象，于是婴儿是把自我与他人混淆起来的。后来随着婴儿肢体动作的增加，婴儿终于能够在镜像中辨认出自己的影像，也在镜中看到了抱着他的母亲的影像，与四周熟悉的家庭环境，而后者使得婴儿更加肯定了影像中自身的主体性。当婴儿在镜像中看到自己是一个完整的躯体，并且镜像会随着自己的小动作而变化时，他会完全沉浸于欢欣兴奋的情感中，于是婴儿对这个镜像产生了自恋式的投射与认同，这是每个人的自我初步形成的时刻。

然而，镜像作为一种能指，毕竟和其真实的所指之间存在着一定的差距。婴儿是在一种想象的层面上认同了自身的影像，婴儿并非在真实所处之处见到自己，但他却会把镜像内化成一个心目中的自我，被镜像俘虏住，这也就是所谓"能指放大"的效应：婴儿的狂喜是一种辉煌却又基于幻影的自恋经验，同时产生了一种误认的过程，误认一个理想化的自我；婴儿透过肢体的动作与镜像的辨认，而将自我形象从不完整的印象延伸成全形的幻觉，缺乏独立的主观能动性的婴儿，在想象上提前展现自己对于躯体的驾驭。婴儿是靠着那外于自身的他者才认识到自己的存在，这种过程实质上包含了期待与错觉。

疑病（hypochondriasis）指的是个体过度地且不适当地担心自己患有严重疾病的情况。作为一个古老的概念，它的含义不断地发生变化。尽管没有实际的医学诊断，但这种使人衰弱的症状是由于个体对身体或精神状况的不准确感知所造成的。抑郁症障碍者，或是可能有待确诊的潜在抑郁症障碍者，往往会对他们自身所发现的任何生理或心理症状产生不可避免的过度警觉，不管相应的表征有多么轻微，他们都较为容易去坚信自己或是其他人已经或即将被诊断出患有严重的疾病。疑病的特征通常是担心轻微的身体或精神症状可能意味着或预示着严重的疾病，从而促使自我不断地检查和诊断，保持个体从主体层面对于自身的高度关注。

从语源来看，"疑病"这个词源于希腊语，是指肋骨和肚脐之间的柔软部

分，它所指涉的是腹部的不适感。它指的是一种找不出确切原因的疾病状态，反映出一种古老的观念，即内脏是抑郁和焦虑的器质性根源，是引起病态感的朦胧源头。一直到了18世纪的早期，这个术语仍然指涉的是由胸腔下方区域，即胃或消化系统的不平衡所引起的身体疾病。英国学者罗伯特·伯顿在他的经典著作《忧郁的解剖》当中，把疑病所导致的抑郁症状归咎于"从'吐得太多'到'肚子里咕咕直叫'的一切"（for everything from "too much spittle" to "rumbling in the guts"）。① 德国哲学家伊曼努尔·康德在他1798年的著作《人类学》中也对疑病进行了讨论，认为："疑病的根源在于，某些身体上的感觉与其说是身体上确实存在着某种疾病，倒不如说是仅仅激发了对其存在的恐惧和忧虑；而人性恰恰是这样构成的，这是动物所缺乏的一种特征，以至于它能够仅仅通过对病感予以关注，来强化甚至产生永久的局部印象。"②

《人民日报》官方微博在2018年7月22日的博文（图3-1）上提道：

> 【你真的有抑郁症吗？】如今，我们常听到一种持续的糟糕的心情状态，也就是抑郁症。但抑郁症成了一个被滥用的词，它常与悲伤或忧郁的感受混为一谈，许多人被诊断患有"抑郁症"，但事实上他们只是遭受着很可怕的生活境况，和很多严肃的问题。那么，抑郁症是什么？如何能真正治愈？

图3-1 《人民日报》2018年7月22日微博截图

---

① 罗伯特·伯顿. 忧郁的解剖[M]. 冯环，译. 北京：金城出版社，2012：46-47.
② 于奇智. 从康德问题到福柯问题的变迁——以启蒙运动和人文科学考古学为视角[J]. 中国社会科学，2011（05）：121-134.

如果把抑郁症报道比作一面镜子，个体通过抑郁症报道的文本深化对自己心理状况的怀疑，将自己与文本所描述的病征进行对照，也可以看成是一种镜像复制。抑郁症报道在一定程度上对个体的疑病和自我诊断产生了询唤的影响，在新的媒体与信息环境下，从个体层面的疑病到所牵引而出"数字化疑病"，通过互联网信息资源研究医疗信息从而造成认知障碍的情况。

在这段文本里，标题首先抛出一个鲜明的问题，即"你真的有抑郁症吗？"主体直接指向的是"你"，人称代词首先询唤起阅读文本的个体对于自身情况的怀疑，这里所指的不是别人，而恰恰是正在面对这一面镜子的个体自身，将个体开门见山地与文本进行直截了当的勾连。紧接着人称代词的是副词"真的"，这里试图使得人们对求真的认识加深，强化一种对于事实确凿性的判断。

文本的第一句话中，"也就是"将"抑郁症"与"一种持续的糟糕的情绪状态"并置与等同起来，但实际上后者所指涉的仍然是非常模糊的描述，"持续"的病程与所谓"糟糕"的水平都并不足以说明或形成某种明确的判断标准，但在文本中被直接贴上"抑郁症"的标签。然而令人感到颇为矛盾的是，后面的文字却又在试图纠正这一描述泛化的语意偏向，例如强调"抑郁症"的概念"被滥用""与悲伤或忧郁的感受混为一谈"，指出这种等同视之的看法存在着一定的惯性，并且尝试着利用文本来纠正这一倾向，让面对文本的个体不要将"遭受着很可怕的生活境况，和很多严肃的问题"这一实际处境理解为产生抑郁症的先决条件，将之作为怀疑自己患上抑郁症的客观依据。

就疑病的主体产生，即易感性个体与患者概念形塑而言，笔者对两名疑似患者 K 和 L 进行了访谈，并提出以下问题：你会主动搜索和抑郁症相关的报道来看吗？你看那些报道的时候会觉得自己的心理状况存在异常吗？对于这个问题，K 表示：

> 我会。我总觉得，自己所承受的情况，应该不会是我一个人专属的。专门去搜索你说的这些与抑郁症相关的报道，对于我而言，有种很奇怪的感觉。说出来你可能会笑话，我觉得就好像逛淘宝吧，你总忍不住去看看其他买家的评论，即便是自己消费了以后，也要去看看别人的评价，看看和自己的想法、感受是不是一致的。我其实也不能说我的这种情况是可以推而广之的，因为我觉得，我喜欢拿别人的东西来印证自己的情况，愿意在这样的事情上浪费时间、浪费精力，也有可能是因为自己真的很寂寞、很空虚吧。

K 总是觉得他所经历的不应该只是他自己一个人的体会。对他来说，寻找这些与抑郁症相关的报道是想看看它是否和自己的想法和感觉一致,他喜欢用别人的故事来证明自身的情况,并且愿意在这些事情上浪费时间和精力。可见,人们害怕被污名化或贴上疾病的标签,而这种疾病往往与引发恐慌和恐惧的长期定型观念有关。可悲的是,耻辱和歧视是人们获得有效的、对某些人来说是挽救生命的治疗的最大障碍。当个体对某一时间、地点、物体,甚至是时代与信仰表现出异常强烈的情感依恋时,我们称之为"易感性"(sensitivity)。[1]

在19世纪以前,"易感性"只是"感觉的""情绪的"(emotional)的同义词,它被用来描述人的心理状况,本没有特定的价值判断性。但是在大约150年前,英国人为这个词增加了一个转折的意向,他们开始用"易感性"来描述一种过度的情感,尤其是那些缺乏现实基础的情感。19世纪的爱尔兰剧作家奥斯卡·王尔德风趣地总结了这一更为尖锐的含义:"易感性的人渴望拥有一种奢侈的情感,却不为此付出代价。"[2] 同样来自爱尔兰的诗人叶芝写道:"修辞是在愚弄别人,而易感性是在愚弄自己。"[3] 如今,如果文艺评论家们认为戏剧、电影或绘画依赖过于俗套的母题——如浪漫的爱情、爱国主义或复仇——来操纵接受者的情感,他们会把这些作品描述成"易感性的"。这种感伤主义通常被定义为过于简单化的,即只看到了情感与存在本身之间的二元关系。我们习惯于将易感性看成是没有任何威胁性质的。在刻板印象中,我们常常将易感性的性格特质,与对一个人采取的积极的价值判断联系在一起,因为易感性往往看起来是那样的人畜无害。易感性是寻常的,每个个体都需要留意。

另一名接受访谈的疑似患者 L 说:

> 我会的。我从来就是一个比较敏感的人,我好像很小的时候,就会懂得察言观色,会在乎别人的看法和评价,会去从别人的表达里去揣摩一些感受。我自己知道,这样会很不快乐,但我还是依然会这样去尝试。我妈说,有些时候,这种不开心的情绪更有可能是人云亦云,人家说有,你就觉得自己也有这些情况。我觉得我妈是不懂我,甚至我妈可能并不关心我。我去主动搜这些抑郁症的报道,其实有点像是一个找寻同类的过程。

---

[1] 林丹华,方晓义,李晓铭. 健康行为改变理论述评[J]. 心理发展与教育,2005(04):122-127.

[2] 奥斯卡·王尔德. 自深深处[M]. 朱纯深,译. 南京:译林出版社,2008:15-16.

[3] 威廉·巴特勒·叶芝. 苇间风[M]. 李立玮,译. 北京:中国社会科学出版社,2004:143.

我觉得那些文本里的叙述,好像就是在为我说的话,好像是为我量身定制的语言。我觉得那些被认证的机构所说的话,可能给人感觉更有权威性一些吧,好歹也都是存在了这么多年的,不是那种今天蹦出来,明天又消停下去的野路子。我还是挺需要这样的东西的,因为好像我的生活里,没人跟我说这些,我有了困惑,也不知道该找谁去说。

从 L 的回答来看,易感性也有明显的负面影响,它并不总是像许多人所认为的那般与善良和危险时时刻刻并置在一起。L 认为自己一直是一个更敏感的人,似乎在很小的时候,就知道如何观察事物,关心别人的意见和评价,并试图从别人的表情中找出一些感觉。她很困惑,不知道该和谁说话,这种不愉快的情绪更容易引起其他人的共鸣,主动寻找这些抑郁症的报道有点像寻找同类的过程。她觉得这些文本中的叙述似乎是为她说的,而认为那些被认可的组织所说的话可能会给人一个更权威的印象。事实上,易感性对人们的健康,甚至是集体未来而言都可能是危险的。易感性可能是否认现实的一种方式,它也可能是非理性的激情与错位的理想主义的根源所在,更有可能是意识形态和宗教激进主义的助推剂。易感性常常源于一种"代入感",个体将自己的主体身份与主体性放大。这也是我们为什么在研究与心理健康有关系的议题时,需要把阿尔都塞所提出的"询唤"也引入其中的原因。在进一步探讨之前,给"易感性"下定义或许是重要的;然而我们也应该看到的是,时过境迁,它自身的含义也在不停地发生着变化。

二、感知泛化:模糊化症候与信息检索诉求

镜像之中的自我认同,这也构成了所谓"我"的最为原初的具象。拉康认为,人们对自我的最初理解源于 6 至 18 个月大婴儿成长的镜像阶段。这个阶段是一个自我建构的过程,即非真实自我的本体建构过程。[①] 当婴儿在镜子中看到相对稳定的反射时,他会错误地将自己的反射识别为"我",拉康认为这是一种"自恋式投射"。拉康对此的解释是,它创造了一个"只有身体和器官,但缺乏某种现象学中心的世界";个体最多只是镜像和自身的叠加。[②] 作为一个"可见的世界"的门槛,镜像复制成为询唤的开端,在这里,自我透过镜子或是另一个人来投射自己,使得主体被镜子中的形象震惊。

[①] 雅克·拉康. 拉康选集 [M]. 褚孝泉,译. 上海:上海三联书店,2001:90.
[②] 詹明信. 晚期资本主义的文化逻辑 [M]. 陈清侨,译. 北京:生活·读书·新知三联书店,1997:212—213.

第三章 镜像复制：抑郁症报道对障碍者疑病及自诊倾向的建构

在心理学中，泛化（generalization）是指对不同但相似的刺激做出相同反应的倾向。例如，一只被训练成对特定声音流涎的狗也会对不同音调的声音做出相当有规律的流涎反应。泛化反应是可预测的和有序的：它将比原声所引起的反应要小，并且随着新声音越来越偏离原声而减弱。在人类中也观察到类似的行为，因为学习说话的孩子会把任何可以坐在上面的东西叫作"椅子"，或者把任何男人叫作"爸爸"；成年人受轻微电击的影响，害怕某个特定的单词，会对该单词的任何同义词产生焦虑症状。学习可以被认为是泛化和辨别的平衡，是对不同刺激做出反应的能力；不平衡会导致负面结果。例如，一个被留胡子的男人吓到的孩子可能得出结论说所有留胡子的男人都是可怕的。

开启询唤的这个过程也构成了人们后来确认主体性的认同模式，也就是说不仅仅是对于自我的认同，主体对任何对象的认同都是一种期待的、想象的与理想化的关系；个体有时会在后来发现，之前的认同是一种误认，于是主体性的认同与破灭就构成了一种不断重复的轨迹。

《环球时报》官方微博在2018年11月18日发表的内容（图3-2）当中写道：

> 抑郁症往往并不是容易被察觉到的，有时候表面微笑的人可能心里却难过至极。这5个抑郁症的隐形迹象请注意：1. 习惯于治疗；2. 有不规律的饮食睡眠习惯；3. 很"哲学"；4. 总担心自己被遗弃；5. 渐渐失去耐心，易怒易沮丧。如果有抑郁症的相关症状，请及时寻求医生帮助。

在这段文本当中，"抑郁症往往并不是容易被察觉到的，有时候表面微笑的人可能心里却难过至极"所强调的是抑郁症的低可见性，指出对抑郁症进行识别需要个体具备更加敏锐的观察力与感知力。并且随后使用"隐形"来修饰抑郁症障碍者可能存在的现象。

然而，后面所列出的五项指标则将个体对抑郁症的自我诊断标准过度泛化，例如第一条"习惯于治疗"是非常语焉不详的说法，甚至很多抑郁症障碍者是不习惯于治疗或有意回避治疗的，而且这也并不符合《心理障碍诊断与统计手册》所明确提出的任何一条说法；第二条"有不规律的饮食睡眠习惯"也只是诊断抑郁症的必要条件而不是充分条件，即这一个指标并不单纯对应于抑郁症的诊断，很多心理障碍都会出现这样的情况，甚至和心理障碍并不相关；第三条"很'哲学'"更是让面对文本的个体读起来一头雾水，作者在这里将"哲学"作为形容词或许是想表达抑郁症障碍者思考问题时的思维与常人相比更为抽象，或是更容易去思考有关生存与死亡的问题，但用"哲学"这个概念一言以蔽之，则是模糊地提到了问题,却丝毫没有讲清楚,反而容易使个体将自身的焦虑泛化,运用非常不具体的解释策略来对自己的思维方式做出判断。但这则文本令人欣慰的地方在于,指出了及时寻求医生帮助的合理途径,个体可以尝试着发现主体层面可能存在的问题,但问题的解决还有赖于专业的医疗机构。

图 3-2 《环球时报》2018 年 11 月 18 日微博截图

从医学人类学的视角出发,在中国社会当中鲜有出现与抑郁相关的陈述与流露情绪的自我表示,多数病人反而更倾向于对内科等科室的医生主诉一些与抑郁症构成伴生关系的身心症状,即病人缺乏或者不愿意拥有对情绪问题的自知力,反而通过身体方面的问题来折射式地理解自己所感受到的不适。[①] 从传统文化来看,中国社会并没有对"情绪问题也是疾病"这一断言形成共识,反而认为只有所谓的"身体",即作为某个具体客观的、可供"望闻问切"的客体才是疾病发生的场所。[②] 一个耐人寻味的文化现象是,在前往精神科求助的中国病人的主诉中,也常常使用躯体上的症状代替心理层面的不适,有学者的

[①] Kleinman A, Kleinman J. in Chinese Society among Culture, Depressive Experiences, and the Meanings of Pain [J]. Culture and Depression: Studies in the Anthropology and Cross-cultural Psychiatry of Affect and Disorder, 1985, 16: 429.

[②] Kleinman A, Kleinman J. in Chinese Society among Culture, Depressive Experiences, and the Meanings of Pain [J]. Culture and Depression: Studies in the Anthropology and Cross-cultural Psychiatry of Affect and Disorder, 1985, 16: 429.

临床报告显示，以躯体化的症状作为主诉的病患高达 70% 以上，躯体化报告率一直居高不下，更是远高于西方的情况。[1]

针对感知泛化，即模糊化症候与信息检索诉求，笔者向两位受访者提出的问题是"你觉得目前你所看到的那些由权威媒体发布的抑郁症报道，能够将你的困惑具体化吗？" K 的回应是：

> 这个我觉得很难说。我有时候不能够说清楚，自己所遭受的那些感受，究竟是个性层面的，还是共性层面的。抑郁症之所以成为一种能够引起共鸣的病，应该是有它共性的一面吧，比如说报道里出现的那些描述、那些指标，我觉得我基本上都有那些情况，八九不离十地都存在，都能从我的所思所想当中找到一些影子。但我有时候又会去想，大家都过着不同的生活，所遭遇的那些负面的事情也都不一样，即便经历了同样的事情，好像程度上也会有差别。那如果是这样的话，我又会对那些千篇一律的报道产生一些质疑，就好像是一把戒尺，对付的是我们一箩筐的人。我不知道这样描述恰不恰当，反正我觉得即便大家都在一个箩筐里，我们也应该都是不一样的人、形形色色的人，可能这一条适用于他，但不适用于我；或者我们都适用于某一句描述，但他内心的波动和我又是不一样的。所以回到我的困惑，到底有没有被具体化，我觉得，这个真的很难说。

而 L 的回应指出，具体化反而给了自己更大的联想空间：

> 我觉得不是那么具体化的，但是不太具体化也有不太具体化的好处，至少在我看来。其实我是个特别没有主见的人，听风就是雨的那种。有时候可能自己未必把自己的感受和想法体会得很清楚，但是，一旦别人给我一根引线、一个启发，我就可以顺着这个引子往下想，然后越想越觉得好像就是那么一回事。其实我觉得我自己找抑郁症报道来看就是这个样子，具体的当然是更有代入感，但是不具体的那些描述，也不是让我没有任何想法；反而，我觉得把话说得模糊一点，似乎我自己的联想空间会更大，我自己的头脑可以在文本里面发挥的空间也更大一些。

感知泛化是一个概念，人类和动物在当前的学习情境中使用过去在相似情境中学习到的知识。学习者使用一般化的模式、原则以及过去经验和新经验之

---

[1] Nikelly A G. Does DSM-III-R Diagnose Depression in Non-Western Patients? [J]. International Journal of Social Psychiatry, 1988, 34 (4): 316—320. 参见朱俊娟, 陆峥, 蔡军, 等. 综合医院医学心理门诊医师对抑郁症的识别 [J]. 上海精神医学, 2005 (06): 339—342.

间的其他相似性来更有效地在环境中导航。个体遇见新情况时有反复进行内在确认的冲动，即对细微的刺激有着更高的敏感度，并且采用更为深层次的认知加工策略来采取应对行动，所有这些都是由积极的或者是消极的情绪反应所增强并驱动的。

这里的"认知加工"并不是指感觉器官本身，而是指当关键信息传递到大脑或是在大脑中被处理时所发生的事情。这种特征不是一种障碍或紊乱，而是被当作一种先天的生存策略看待。有时K不能清楚地说出他所遭受的感受是个人层面的还是标准层面的。他认为，抑郁症成为一种能引起共鸣的疾病的原因应该是它有一些共同之处。例如，报道中的描述和指标，他认为他自己具备这些条件。然而，他有时认为每个人都过着不同的生活，他们遇到的消极的事情也是不同的。即使他们经历相同的事情，他们似乎有不同的程度，因此K会对同样的报道有所怀疑。L则认为，有时候一旦别人给了她一个引导和灵感，她就可以跟随这个引导并往下想。当然，具体的描述有更多的替代意义，但是那些不具体的描述并不能让她产生任何概念和想法。

三、能指放大：自恋式投射与自我实现预言

阿尔都塞将拉康的见解进一步发挥，扩展到社会与意识形态的领域，表示所谓的镜像并不只限于真实的镜子，也包括周遭他人的眼光与其对自我的反映，主体在成长过程中的认同的建立，经过了各种不同的镜像反射，包括与他人的互动。但是，他人的眼光以及各种自我反映的镜像总是不一致的，在个体所经历过的兴奋与欢欣的欲望驱使下，主体总会局限地、误认地、满足地认同某一个镜像，然后当这个认同破灭之后，又会更期待下一次理想化的认同。个体所余存的想象与现实的情况进行着角力，就这样反复出现在人们的生活之中。

能指（signifier），也叫作意符，属于语言学和符号学概念，指一个有特定含义的记号（通常表现为声音或图像）能够引发人们对特定对象事物的概念联想。索绪尔在《普通语言学教程》中普及了能指和所指的概念，他将"能指"界定为符号的一种表现类型，是与所指（signified）相对应的概念。个体要想成为一个成熟主体，他的意识行为和生活经验必须与一些象征性的和真实的事物在某种程度上相协调。在镜像复制的询唤阶段，真实的自我与想象中支配自己的幻影，往往是一体化的。这个时候，本真的能指成为他者，而主体的无意识则成为他者的话语。镜子中的那个像，可以被看成是主体在形式上的定格，即实体的对象事实需要去认同一个异化的形象身份，并在认同的过程当中发生对真实的自我的意识；自恋式的投射，也就使得能指不断地放大。

第三章 镜像复制：抑郁症报道对障碍者疑病及自诊倾向的建构

自我实现预言（self-fulfilling prophecy）指的是人们先入为主的判断，无论其正确与否，都将或多或少地影响到人们的行为，以至于这个判断最后真的实现。通俗地说，自我实现预言就是我们总会在不经意间使我们自己的预言成为现实。信念和行为之间的正反馈被认为是自我应验预言成真的主要原因。美国社会学家罗伯特·默顿在他的著作《社会理论和社会结构》中对自我实现预言进行了如下阐述："自我实现预言是一种能够唤起新的行为的预言，并且该行为使得本来错误的概念变成了正确。"①

除了聚焦于精神层面的描述，躯体化的表达也存在诱发个体自我实现预言的嫌疑。央视新闻官方微博在 2017 年 10 月 10 日发布了秒拍视频，标题为"警惕！经常焦虑、心悸、胸闷、睡不好觉？可能是抑郁症！"（图 3-3）

图 3-3 央视新闻 2017 年 10 月 10 日微博截图

这个标题将抑郁症的症状躯体化为"焦虑、心悸、胸闷、睡不好觉"，诱导个体将眼光集中在特定的躯体症状上，并由此与抑郁症产生内在关联。通常情况下，即使医生对患者进行了评估，并且向他们保证他们对于症状的担忧并没有潜在的医学基础，或者如果确实存在临床疾病，他们的担忧也远远超出了对于疾病本身的正常水平和适当程度，疑病依然会持续存在，甚至起到"自我实现预言"的作用。自我实现预言意味着某人"预测"或期望某事的社会心理现象，而这种"预测"或期望之所以成为现实，仅仅是因为人们相信它会成为

---

① 罗伯特·K. 默顿. 社会理论和社会结构 [M]. 唐少杰, 齐心, 等译. 南京：译林出版社, 2008：57.

现实，并且他们最终的行为与实现这些信念相一致。许多疑病的个体将注意力集中在某个特定的症状之上，并且以此来作为焦虑的催化剂，例如肠胃问题、心悸或是肌肉疲劳。

投射（projection）是一种心理防御机制，是指一个人下意识地否认自身不良的思绪、动机、欲望或情感，而将其赋予外部世界，通常是其他人。因此，投射包含想象。由于投射允许表达那些得不到意识承认的不必要的无意识冲动或欲望，因此它能降低焦虑水平。

央视新闻官方微博在 2015 年 3 月 29 日（图 3-4）写道：

【抑郁症就是不高兴吗？】近日有外媒报道，坠毁在法国南部的德国客机 28 岁的副驾驶可能有抑郁症病史。抑郁症，听着就是"很不高兴"的病，又一次走进了人们的视线。有人疑惑，我也常常很不高兴，所以我就有抑郁症吗？

图 3-4　央视新闻 2015 年 3 月 29 日微博截图

并且在配图（图 3-5）上写道：

科学上怎样定义"抑郁症"？得是超出生活正常基线的"抑郁"。情绪像天气有起落，但有个波动范围。如果出现一段十分反常、持续较长的情绪低谷，就需要警惕了。换言之，和通常的不高兴不同，抑郁症患者的压抑和绝望程度严重、持续很久，而且往往很难自己恢复。

图 3-5 央视新闻 2015 年 3 月 29 日微博配图

文本中抛出的问题是"有人疑惑,我也常常很不高兴,所以我就有抑郁症吗?"它体现的是一种可能广泛存在的疑惑,即将"不高兴"与"抑郁症"关联在一起来理解,并且把情绪上的问题进行病理化的投射。但是微博本身的所传递的意图并不在于灌输这样的误解,而是积极扭转这样消极负面的自我实现预言。在这里,文本提出了限定条件,即"超出生活正常基线"。心理学家伊莱恩和亚瑟·阿伦曾提出"高敏者"(highly sensitive person)的概念,指的是那些倾向于强化经验和对周围环境作出过度反应的个体。[①] 反应灵敏和反应迟钝的个体共存,并始终表现出对环境刺激不同程度的反应,不同的反应水平具有相应的进化成本和收益。这一客观现实意味着,感觉加工的易感性高并非一种疾病,而是一种伴随着优势和劣势的人格特征。这些个体被认为很容易受到外部刺激的过度影响,因为他们比大多数人有着更低的感知阈值和更强的认知加工能力。这种更深层次的感觉处理可能会导致反应时间的增加,因为更多的时间会花在对环境中的线索作出反应上,这也可能有助于谨慎的行为取态和对低风险的行为偏好。

在汉语当中,关于情绪压力表达的词汇本身包含很多躯体化的说法,例如"心慌""心烦"与"心痛"等用来对抑郁情绪身体存在的不适进行描述,然而

---

① Aron A, Aron E N, Smollan D. Inclusion of Other in the Self Scale and the Structure of Interpersonal Closeness [J]. Journal of Personality and Social Psychology,1992,63 (4):596.

这里的"心"又并非现代西方医学意义上的心脏，反而与中医论证当中关于心气的失衡有关。有学者指出，中国人普遍以所谓"像似思维"来看待身体，这种思维强调事物之间有着形近的关联，如果没有充分的证据便不能够判定二者之间不存在相关性。对这种相关性进行判定的方式并非西方勒温式用于测试特定的信息刺激的控制实验，严格守住"X导致Y"的机械因果观，也并非某种基于概率的因果观，即"X可能会导致Y"以特定的频率出现，纵然不是每一次都存在因果关联，但数据的增加且愈发趋近于某一个固定值，便能观察出规律性；中医的判断逻辑主要是以主体内在的意向为依据，进行体验式的联想。在中医看来，疾病的产生是整体性失衡导致的结果，"身"与"心"互化为用，使得对情绪问题的诊治不可以脱离整体性的观念，因而与所谓五脏六腑的失调有关系。

对于能指放大，笔者对受访者提出的问题是"看了那些抑郁症报道以后，你会更加坚定地认为，自己就是那个患上抑郁症的人吗？"这个问题指向的是自我生成的实质，即抑郁症报道是否引发了一种自恋式投射与自我实现预言的冲动。K回答道：

> 我觉得我是。其实看不看抑郁症报道，我都觉得我就是那个患上抑郁症的人。只不过抑郁症报道可以更加肯定我对自己精神状况的把握，就好像上了个双保险一般。可能你会觉得有点莫名其妙，那些喝醉酒的人，难道不是会辩解，叫叫嚷嚷"我没醉！我没醉！"吗？但我觉得我还真不是那样，我宁愿需要被认定，我就是醉了；抑郁症报道里所说的那些标签，我就是愿意往身上贴，因为我自己其实不太容易控制得了自己，如果有白纸黑字的东西让我感到一丝笃定，我反而有种"何乐而不为"的感觉。

L也表示，那种确认感虽然不一定特别明显，但确确实实是存在的：

> 我看完抑郁症报道以后，会皱一下眉头，然后更坚定地认为"这确实就好像是在说我啊"。皱一下眉头是觉得，我还是需要想一想，我从小到大都有这样的习惯，觉得和凡事都需要保持一点点距离；即便没有距离，我自己也要去创造距离。对抑郁症报道而言，我也是这样，我习惯了。只不过，那些描述又确实仿佛都是在说我。我说过了，我很容易想多，一根引线或许并不算得上什么，但在我的心中，就是要变成一根鞭子那样厚重。我知道这是我自己的问题，我不怪抑郁症报道什么，我反而还有点谢谢那些话，能给我一点点确认的感觉。

K和L都认为抑郁症报道可以更明确地证实对自己精神状态的认定。镜像阶段在主体和图像之间产生一种强烈的张力。为了解决这种动态的紧张，有必要提供一种想象中的控制感，作为对未来整体的承诺，并在预期中支撑自己。报道文本强调了限制性条件，并且在某种程度上，它利用这种掌握感来缓和主体对自己的错误判断的加深。

第二节　符号强化：抑郁症报道提供测量指标

询唤理论认为，在镜像复制阶段，自我生成以后出现了象征性的秩序，也就是所谓的"符号强化"。形象地说，婴儿在镜子当中辨认出自己，不仅仅在于他自己对自己的确认，在主体兴高采烈地把自己的形象当成自己的形象之后，他还会把头转向代表"重要的他者"的成年人，好像需要利用符号表征的力量，来呼吁他认可这个形象。

正如希腊女神美杜莎将所有注视她的人变成石头一样，今天的象征也拥有这种力量来改变所有注视他们的人。符号可以召唤人们，致使人们相信它所代表的东西是存在的或真实的。除了召唤，符号还拥有另一种力量：它们赋予不一定有的东西以形式，使曾经只是感觉、想法、直觉、信仰和价值的东西具体化。符号有能力帮助定义什么是什么、什么不是什么，对于抑郁症报道而言，直接通过报道文本所提供的量表便起到了这样的符号作用，给个体提供了一种被命名的诱惑。

一、先验期望作为测量前提：未知的状态唤起自我归因需要

命名，可以被理解为个体被迫对一个召唤自己的符号形成认同。最典型的莫过于真实的自我被代号化，并且每时每刻被反复召唤着。很少有人去关心名称背后隐没着的真实自我，似乎真实的自我从未曾真正出场过；人们更习惯于对名称形成一种先验的期望。拉康认为，当个体通过语言学会相互交流时，他们就进入了一个符号强制的领域。他们第一次学会识别和辨认自己的名字时，就把自己当成了"我"的象征，也就是说，在接受名字的过程中，主体就转化成了他们的一种表现形式，这个被抑制的过程是主体必须面对的现实。[①] 这个时候，"我"依然不是实体，而是一种外部化的被召唤，"我"因为这种召唤而

---

① 詹明信. 晚期资本主义的文化逻辑[M]. 陈清侨，译. 北京：生活·读书·新知三联书店，1997：223.

被建构成为一种格式塔式的产物。

命名是由可感知的符号组成的，真实的自我与自身的符号融为一体，"我"通过语言和文字被召唤进入主体，被冠以的"抑郁症"之名便是这样的一个主体身份。然而，一旦"我"在这种语言的召唤中形成身份，作为所指的真正自我将可能在言语中消失。在拉康看来，不容置疑和固化的一般知识结构是人类面对概念和意识时的撤退策略。[1] 在由符号构建的世界中，人类生活在符号的统治之下，并从中衍生出各种自我伪装和人格面具，这使得虚假主体得以确立。拉康在书里描写得非常生动："象征符号以一个周全的网络包围着人的一生……在人们出生的时候，象征符号带来星座的赋禀，抑或神仙的礼赠，又或者是命运的概述；象征符号给出话语来使人们忠诚或是叛逆；并给出行动的指南来让人们遵循以致其尚未达到的将来，直至死后依照象征符号作为最末的审判，来为人的终结获得意义，用语言词汇惩治或宽宥人的存在。"[2] 由此在拉康看来，人真实主体的一生并非在言说，而是被言说，象征符号的秩序使得主体进一步异化。

《人民日报》2018年4月24日通过新媒体聚合平台发布的内容（图3-6）如下：

【抑郁症测试：有以下症状要小心了！】偶尔的情绪低落、失望伤痛属于正常状况，及时进行情绪疏导就能恢复，但要发展到扰乱正常生活的程度，那就变成了真正的抑郁症。短片中提到的9个症状中，如果持续两周出现至少5个症状，那就要及时咨询，寻求专业人士的帮助了。

---

[1] 雅克·拉康. 拉康选集[M]. 褚孝泉，译. 上海：上海三联书店，2001：364.
[2] 雅克·拉康. 拉康选集[M]. 褚孝泉，译. 上海：上海三联书店，2001：290.

图 3—6 《人民日报》2018 年 4 月 24 日微博截图

在不确定的情况下，先验期望是被认为最有可能发生的事件。期望是一种以未来为中心的信念，可能现实，也可能不现实。不太有利的结果会引起失望的情绪。在这个文本当中出现的"持续两周至少出现 5 个症状"，作为一种可观测的具体指标，对于抑郁症的初筛是具有建设性意义的，但是，心理咨询也往往需要重视客观环境的条件变量，数字化的测试可以简化一系列复杂的时间精力成本，直接提供最为核心的测量工作，但实施数字化的心理测试，也无法脱离实际客观的环境因素；而差异化的测试环境，则是进行数字化的测试时所难以考虑在内的。

《人民日报》在 2018 年 4 月 25 日的微博（图 3—7）当中接着指出：

【七个迹象，表明你可能患有高功能抑郁症】高功能抑郁症患者，对任何事都感到索然无味，虽然不像一般的抑郁症患者那样无助，还会去上班、上学、参加社交互动，但他们的精神状态也会对生活造成很大的影响。短片中提到的 7 个迹象，可以帮助你做出判断，试着找出原因，早日摆脱悲伤、麻木的状态。

图 3-7 《人民日报》2018 年 4 月 25 日微博截图

  这则文本当中，将"迹象"与"做出判断"相关联，并提及"试着找出原因，早日摆脱悲伤、麻木的状态"，这里引发质疑的点在于：首先，有抑郁或焦虑等心理问题的人有时会经历这些情感波动的生理表现，通常以医学上无法解释的症状的形式出现，所谓"迹象"的信度和效度，能否支撑判断的得出？其次，许多患有疑病并伴有医学上无法解释的症状的个体，感到他们的医生不理解他们，并且对他们的医生一再未能提供让症状缓解的举措而感到沮丧。那么，将找出原因的施事主体权力完全下放于个体身上，似乎也并不妥当。并且，"找出原因"与"摆脱悲伤、麻木的状态"也并不足以构成因果关系，因为对于高功能抑郁症障碍者而言，还需要根据是否存在器质性的病变，来决定例如 5-羟色胺等药物治疗是否必要。而这种简化的关联则直接将主观性的感知置于一切治疗方式之上，强加因果。

  对于先验期望作为测量前提，即未知的状态唤起自我归因需要，在笔者提出"你会认真做抑郁症报道里涉及的心理测试吗？"这个问题之后，L 的反应相对而言比较简单，她认为：

    我觉得报道里面出现的那些一条一条的症状，看起来非常直接、非常直观。有时候甚至我会觉得，那些大段大段的文字我看不下去，看得脑壳

第三章 镜像复制：抑郁症报道对障碍者疑病及自诊倾向的建构

疼，还不如直接去看那些简洁一点的东西，一条一条"唰唰唰"地往下读。读到一条，觉得是那么回事，好，在心里打上一个小勾勾；再往下读，又觉得在说自己，那就又给自己在心里打一个小勾勾。这种心理好像有点奇怪啊，好像隐隐约约有种激励的感觉。

她认为报道中一个接一个的症状看起来非常直观，甚至觉得无法阅读长段落的文本，不妨直截了当地把那些更简洁的东西一个接一个地接受。对于她而言，这种心理好像有一种微弱的鼓励感。

然而，社会学家罗伯特·K.默顿写道，一个人的期望与自我实现的预言直接相关。如果一个人相信他们被告知的事情或使自己相信事实，这个人很可能会看到对不可避免的结论的期待。[①] 这种标签有一个内在的危险，尤其是对教育者来说。因为孩子们很容易相信某些信条，特别是当权威人士，如家长或老师告诉他们时，他们可能会相信教给他们的任何东西，即使所学的没有事实依据。如果学生或儿童根据错误信息采取行动，将不可避免地产生积极或消极的意外后果。如果过度积极或过高的期望被用来描述或操纵一个人的自我形象，而执行不力，结果可能是这个人的自信心完全逆转。如果从因果关系或因果关系的角度考虑，一个人的期望值越高，执行力越低，挫折程度可能就越高。这反过来又会导致努力完全停止，并促使这个人放弃。

K的反应相对强烈一些，也更复杂一些：

> 我会去看抑郁症报道里提到的症状，然后一条一条往自己身上贴。比如文本里面提到睡眠的问题，我就会去想：这几天好像真的睡得挺不踏实的，有时候翻来覆去都睡不着，即便睡着了也睡得不深。再比如报道里提到食欲方面的问题，我也会去反省这段时间吃饭的情况。至于社交啊，人际交往什么的，我一直都是这样的为人处世的风格，所以也不存在说什么自己的情况和报道里提到的有没有什么出入。我其实一直都很喜欢用这种所谓的量表去对照自己的情况，可能就像我一开始说的那样，我其实是一个很闲的人，是一个比较无聊的人。

疑病目前被认为是一种心身障碍，在新的媒体与信息环境下所牵引而出的是"数字化疑病"（cyberchondria）的概念。数字化疑病指的是，通过互联网

---

① 罗伯特·K.默顿.社会理论和社会结构[M].唐少杰，齐心，等译.南京：译林出版社，2015：92-93.

信息资源研究医疗信息从而造成认知障碍的情况。① 媒体和互联网常常对于疑病起到了推波助澜的作用，对于抑郁症而言，有关抑郁症的多模态文本常常将疾病本身描述为随机、模糊和某种程度上不可避免的。对风险的不准确描述和将非特异性症状视为严重疾病的征兆，加剧了疑病的个体从主体性层面对于自身实际上患有该疾病的恐惧。人们习惯于积极或消极的生活经历，这些经历会导致对他们当前和近期环境的有利或不利的期望。K会看看抑郁症报告中提到的症状，然后对号入座。例如睡眠问题时，他会想这几天自己似乎睡得不安稳；如果报道提到食欲问题，他也将反思这一时期的饮食状况。他一直喜欢用量表来比较自身的情况。

所谓"医疗化"（medicalization），与那些由专业力量宰制的权力，使得病患处于结构性劣势的境地。这里可以对"医疗化"这个概念做更进一步地解释，它指的是通过将健康与疾病作为理由，对人类行为做出规范，以符不符合规训的事物来判断是否被贴上"疾病"的标签，继而被强制接受医疗介入。还有一些具体的情况是，人们无论是资源，抑或被医师及医疗体制所迫，最终要接受一种患者的认知，即自己原来并非患者却成为患者，或者说是自己有可能成为"潜在的"患者，这种认知引导着人们自愿接受医治行为。② 然而当"抑郁症"作为概念出现时，医药企业的营销、相关部门的社会控制、媒体宣传的概念、案例、药品、生活方式等也都随之出现，这也为抑郁症的"医疗化"提供了社会条件，日益规范了个体对抑郁症的主观认知。

二、躯体对应作为测量实质：可能的迹象唤起自我表征需要

疑病被归类为一种个体将其主体性的躯体放大的障碍，甚至可以说是一种感知和认知层面上的紊乱，包括对身体或精神状况的高强度警惕，以及对其最为初始的器质性感知做出消极反应的倾向，而这种反应又会进一步地削弱人的身心体质。这表现在许多方面，有些人会产生很多强制性的想法与身体感觉，促使他们产生更多的自我表征需要。

随着互联网的迅猛发展，截至2019年6月，中国互联网人口达到8.54亿，互联网普及率达到61.2%。中国有8.47亿移动互联网用户，使用手机的互联网用户为99.1%。与五年前相比，移动互联网平均下载速率提升约六倍，

---

① Emily R. Doherty-Torstrick, Kate E. Walton, Brian A. Fallon. Cyberchondria: Parsing Health Anxiety From Online Behavior [J]. Psychosomatics, 2016, 57 (4).
② Illich I. The Medicalization of Life [J]. Journal of Medical Ethics, 1975, 1 (2): 73—77.

移动互联网流量的资费水平下降了九成以上。速度的加快与费用的降低推动移动互联网流量大幅增加，用户月均使用 7.2 千兆字节以上的移动互联网流量，是全球平均水平的 1.2 倍；移动互联网接入流量消耗达到 553.9 亿千兆字节。①

移动互联网作为人们日常工具的价值日益增加，人们能够在移动互联网上获得他们想要的信息，当然，这也包括各种医疗和保健信息，这些信息过去只能通过与医生的交谈或在专业医学书籍中才能得到。与此同时，人们对健康信息的迫切需求也在增加。随着我国经济社会的快速发展，人口城市化和老龄化进程加快，城乡居民医疗卫生服务需求显著增加。人们对生活质量有了新的要求，他们的健康需求越来越迫切，他们也越来越渴望获得医疗保健方面的信息。然而，看病困难和医疗费用高的问题也困扰着人们。虽然目前的医疗体系取得了显著的进步，但医疗资源的配置严重不平衡。大量小型基层医院缺乏医务人员，治疗水平不高。然而，大型医院拥有丰富的医疗资源和大量高科技人才，病人蜂拥而至、拥挤异常。

《人民日报》官方微博在 2017 年 10 月 10 日即世界心理健康日当天，在标题为"关注精神健康，你离抑郁有多远？"的文本中提道：

> 如果你连续两个星期，天天都不开心，没有幸福感，那就必须去看医生。一项调查估算，中国抑郁症障碍者已经达到 9000 万，但近七成没有被识别出来。我国每年有 30 万人自杀，抑郁症是其最主要原因。今天，世界心理健康日，了解关于抑郁症的种种。

该文本配有"抑郁程度自测表"（图 3-8），包括 15 个项目，并附有评分标准。

---

① 中华人民共和国国家互联网信息办公室. 第 44 次《中国互联网络发展状况统计报告》[EB/OL]. 2019-08-30.

你了解抑郁症吗？

抑郁程度自测表

请在符合情绪的项目上打分：
没有-0；轻度-1；中度-2；严重-3。

1. 你是否一直感到伤心或悲哀？
2. 你是否感到前景渺茫？
3. 你是否觉得自己没有价值或自以为是一个失败者？
4. 你是否觉得力不从心或自叹比不上别人？
5. 你是否对任何事都自责？
6. 你是否在做决定时犹豫不决？
7. 这段时间你是否一直处于愤怒和不满状态？
8. 你对事业、家庭、爱好或朋友是否丧失了兴趣？
9. 你是否感到一蹶不振，做事情毫无动力？
10. 你是否以为自己已衰老或失去魅力？
11. 你是否感到食欲不振？或情不自禁地暴饮暴食？
12. 你是否患有失眠症？或整天感到体力不支，昏昏欲睡？
13. 你是否丧失了对性的兴趣？
14. 你是否经常担心自己的健康？
15. 你是否认为生存没有价值，或生不如死？

评分标准：
0-4，没有忧郁症；
5-10，偶尔有忧郁情绪；
11-20，则有轻度忧郁症；
21-30，有中度忧郁症；
31-45，有严重忧郁症并需要立即治疗。

提示
仅供自评测试，不能作为诊断依据，如有必要请及时咨询医生。

@人民日报

图3-8 《人民日报》2017年10月10日微博配图"抑郁程度自测表"

文本中以幻灯片的形式指出：

  抑郁症，警惕这几个危险信号：一、因琐事发火：以往不在乎的琐事现在容易令人火冒三丈；二、感觉自己一文不值：经常贬低自己，觉得自己一无是处或毫无价值；三、惊慌失措或焦虑不安：经常感到持续的、不能控制的惊恐和焦虑；四、无法集中精力：记忆力和决策能力下降。工作、学习时无法专注。

随后进一步指出抑郁症障碍者容易被误解的处境：

第三章　镜像复制：抑郁症报道对障碍者疑病及自诊倾向的建构

抑郁症是一种容易被误解的疾病，人们往往觉得患病者好像每时每刻都很悲伤并痛恨这个世界，但事实远非如此。对于绝大多数的抑郁症障碍者来说，正确认识抑郁症，是走出抑郁症，重回健康生活的第一步。

这段文本上升的高度在于并不仅仅将抑郁症的自我诊断停留在个体的内视角判断的层面，还进一步指出正确认识抑郁症的重要性。这里所强调的不仅仅在于"因琐事发火""感觉自己一文不值""惊慌失措或焦虑不安""无法集中精力"这四项可供自我测量的指标，还点明了"必须去看医生"这样强烈的转诊建议，呼吁疑似患者求助于专业诊治而非自发决策，指出了"被识别"的重要性。报道的主要目标是鼓励更多抑郁症障碍者寻求和接受帮助。在这一点上，我们希望看到公众更好地了解抑郁的原因及其潜在的后果，意识到可用的帮助，并使抑郁患者的家人、朋友和同事能够提供支持。报道也点明了许多有症状的人没有意识到他们患有抑郁症，普遍存在与抑郁症相关的耻辱感，所以人们不想谈论它，对抑郁症的帮助是在大多数人认为不可接受和耻辱的环境中提供的。

然而，心理学和精神病学又都是严肃而细致的科学。心理测量是心理学相关的工作者在研究和诊断心理问题时使用的标准工具。尽管现代社会无论是学界还是业界，都对心理测试的定义仍有一些争议，但普遍的解释是，心理测试是通过观察一些典型行为，对人类所有活动中的心理特征进行推理和定量分析的科学方法。

人们如何定义自己对他人的看法极大地影响了他们的思考、感受和行为，并最终与身份的构建相关联。自我发展是一个贯穿一生的持续过程；一个人的自我意识可能会改变，至少在一生中会有所改变。自我表现对人一生的社会情感功能有着重要的影响。对于躯体对应作为测量实质，即可能的迹象唤起自我表征需要，笔者提出的问题是"如果自己本身的情况和报道中的指标对应度高，或者对应度低，你分别会产生什么样的反应呢？"K认为：

> 如果我觉得那些描述很符合我自己的实际情况的话，也就是你所说的对应度高的话，我好像对这个媒体也就有了更多的信任。信任这个东西，可能正常人和不正常的人，会有不同的体会和不同的感受吧。我不知道要怎么建立起更好的信任，我只是觉得，欸，好像说到我心坎儿里去了，我就会把自己的信任感让出来。如果对应度不高的话，我可能也不会有特别大的反应，只是觉得报道什么的，随便看看就好，觉得和我好像没有太大的关系。其实我觉得我这个人吧，有时候很单纯，好像很容易就会信一些

什么，天啊命啊神啊鬼啊之类的；但有时候又很冷漠，觉得说的话、传递的东西，不是在一个频道，就自然而然地冷眼相待了。

正如心理学家罗伊·鲍迈斯特在《身份：文化变革与自我奋斗》中指出的那样，因为自我表征是通过一个人对世界的体验而发展起来的，所以文化和社会因素对我们是谁以及我们对自己的看法都很重要。① 哲学家乔治·赫伯特·米德在《心灵、自我和社会》中假设，自我表征的获得来自社会化实践。② 米德认为，个体通过感知他人和社会希望他们成为什么样的人的能力，被社会化以接受社会的价值观、标准和规范。真实自我和理想自我或应该自我之间的差异可能分别导致抑郁或焦虑。

L 则表示，自己的强迫性倾向更让自己感到困扰：

> 还能有什么反应，对应度高的话，我当然就觉得很准了呗。感觉准的话，我就觉得我还会继续往下看，继续关注这个媒体说的其他的东西。我真的有时候对自己的情况有点儿摸不着头脑，我需要有信得过的人帮我确认这些东西。如果对应度不高的话，那我可能就再搜搜别的报道，再去做做别的比对。我觉得我这样有一点点强迫性，好像不达目的不罢休似的，我觉得我是在逼着自己做对应，不对号入座，我心里就不舒服。

她认为如果报道中的测量与其自身存在高度的一致性，该报道就是准确的，会继续往下看，关注媒体说的其他事情，她需要一个可以信任的人来帮助自己确认这些事情。如果与可能存在的迹象不太相符，那么她可以搜索其他报道并进行其他比较。她觉得自己是在强迫自己做出相应的决定，如果没有看到与自身情况相符的抑郁症报道，她会感到心里不舒服。由报道所产生的疾病疑似心态可以被归类为个体对主观身体障碍的扩大，它甚至可以说是感知和认知层面的一种干扰，包括对身体或精神状况的高度警惕，这反过来又会进一步削弱一个人的身体和心理素质。有些人会产生许多强制性的思想和身体感受，促使他们创造更多自我表现的需求。

三、强迫复检作为测量后果：侵入性思维唤起自我防御需要

许多疑病的个体会经历一个侵入性思维的循环，从而诱使强迫性的检查。

---

① Baumeister R F, Muraven M. Identity: Cultural Change and the Struggle for Self [J]. Journal of Adolescence, 1996, 19 (5): 405−416.
② 乔治·赫伯特·米德. 心灵、自我和社会 [M]. 霍桂桓, 译. 南京：译林出版社, 2012: 75−77.

第三章 镜像复制：抑郁症报道对障碍者疑病及自诊倾向的建构

一些个体则非常害怕任何关于疾病的提醒，以至于他们会因为一个看似很小的问题而避开专业的医疗人员和医疗信息，有时候甚至会在一个严重的疾病可能存在且未被诊断时有意忽视其自身的健康状况。还有一些个体生活在绝望和沮丧当中，他们确信自己的生命受到了不可估量的威胁，没有资源可以对他们产生帮助意义，甚至认为疾病是对过去的不端行为的惩罚。

侵入性思维（intrusive thoughts）是个体觉得令人苦恼和不安的想法，可能以符号为表征的形式，这些困扰会进一步导致强迫性的思维过程。例如，患有抑郁症的人通常会经历食欲和体重的波动、疲劳、对性的兴趣下降和生活动力的总体下降。强烈的焦虑与心跳加速、心悸、出汗、肌肉紧张、胃部不适、头晕、身体某些部位的麻木或刺痛有关。然而疑病的个体通常意识不到抑郁和焦虑会产生自己的身体症状，并将这些症状误认为是另一种精神或身体障碍或疾病的表现。有抑郁或焦虑等心理问题的人有时会经历这些情感波动的生理表现，通常是一些医学上无法解释的症状。许多患有疑病并伴有医学上无法解释的症状的个体感到他们的医生不理解他们，并且对他们的医生一再未能提供症状缓解的举措而感到沮丧。

这可以被看成是一种防御机制（defence reaction）。在防御机制中，个体会无意识地形成与不可接受的、被压抑的欲望和冲动相反的态度和行为，并用来隐藏它们。① 它之所以存在，是为了防止承认更加痛苦的情绪产生，尤其是那些有关愤怒、羞耻或悲伤的情绪。易感性表明个体容易被他者的多愁善感感染，不管其看上去是和蔼可亲的还是感情乖张的。美国心理咨询与治疗专家约瑟夫·卢斯亚尼指出："如果一个可辨识的情绪反应太过强烈，与当下的场景格格不入，那么这个反应便是极具易感性的。"他进一步警告说："但我们也必须核实事实。我们不能判断任何反应是不是感情用事，除非我们仔细考虑了当时的情况。"②

疑病作为一种诊断标签已经超越了康复的范畴，将继续代表现实生活中真实的人的经历。个体因为其所怀疑患上的疾病被污名、嘲笑和误解困扰，这就是为什么今天这种疾病通常被称为健康焦虑，但这个词仍然存在于我们简化的词汇中。美国医生亚瑟·巴斯基在《忧虑的疾病：我们对健康的困惑追求》一书中认为，疾病常常成为疑病者的个体身份的核心部分，疑病者个体的工作和

---

① 林丹华，方晓义，李晓铭. 健康行为改变理论述评［J］. 心理发展与教育，2005（04）：122—127.

② 约瑟夫·J. 卢斯亚尼. 自我训练：改变焦虑和抑郁的习惯［M］. 曾早垒，译. 重庆：重庆大学出版社，2012：79—80.

人际关系都会因此受到影响,且许多人格障碍并不是自发报告的,因为它们通常会给其他人也带来问题,并不是只有那些疑病的个体才会为此付出代价。[①] 这就导致了一个令人不安的事实:尽管医学上取得了进步,但疑病仍然缺乏理解,甚至在检验患者的理智时也很少被讨论。尽管认知行为疗法甚至药物治疗对某些人来说是有用的,但许多人并不寻求帮助,因为他们对耻辱的恐惧根深蒂固。

与一些怀疑论者的想法相反,亚瑟·巴斯基认为,疑病症患者并非假装或只是想引起注意,语言影响态度,态度驱动行为。真正的疑病症是一种可怕且备受指责的疾病;我们谈论它的方式将会影响医生、病人和公众对待受影响者的方式。[②] 然而无论是疾病症状的医学诊断还是疾病的归因分析,都会受到文化建构的影响。因此,许多健康问题必须在特定的历史文化和社会结构中讨论。

自我防御机制(defence mechanism)是指我们无意识的心理机制,用于减少因不可接受或潜在有害的事物带来的焦虑。原始防御机制是指根据童年生活经历形成的防御机制,保护自己可以说是原始防御机制的本质。心理防卫机制被认为可以防止因各种心理打击而引起的心理障碍,但过分或错误应用心理防卫机制可能带来心理疾病。

针对强迫复检作为测量后果,即侵入性思维唤起自我防御需要,笔者的采访涉及"安全感"的问题。面对"看完抑郁症报道并做了文本提供的对应以后,会觉得更有安全感吗?"这一问题,K回应道:

> 恐怕又要让你笑话我了。"安全感"这个东西,对于我而言好像是一种奢望吧。我缺乏安全感的这个事实,并不是靠几篇报道就可以弥补,甚至是可以扭转的。但我不得不说的是,我选择去主动接触抑郁症报道,一定有寻找安全感的动机在里面,这个我不会否认。至于说会不会有安全感,还要看报道的内容本身:如果报道给我带来了希望,我或许就可以更乐观一点;但是如果我没有从报道里得到我想要的东西,我可能就觉得报道也不过就那么回事儿吧。所以有没有获得安全感是我不敢强求的,我只能说,我因为缺乏安全感,会希望从字里行间去找找安全感。

---

① 苗元江,余嘉元. 积极心理学:理念与行动 [J]. 南京师范大学学报(社会科学版),2003(02):81-87.

② 苗元江,余嘉元. 积极心理学:理念与行动 [J]. 南京师范大学学报(社会科学版),2003(02):81-87.

第三章 镜像复制：抑郁症报道对障碍者疑病及自诊倾向的建构

如果压力太大或个体应对压力的能力相对较弱，情绪和行为不易控制，就会导致个人和整个社会的心理健康不断负强化。K 认为缺乏安全感这一事实无法通过几份报道得到纠正，甚至无法逆转。但是他认为选择了主动尝试阅读抑郁症报道一定有找寻安全感的动机。至于他是否感到安全，这取决于报道本身的内容，如果这个故事给了他希望，他可能会更乐观。他想在字里行间寻找一种呵护。

这一点可以从 L 的回应当中获得印证：

> 哎，如果说"安全感"这种东西，只能在网上去找，在微博里去找，在那些抑郁症报道里去找，其实还是一件相当悲哀的事情吧。但是如果确实在现实生活里，对安全感没有特别深的体会，那似乎也只能在那些白纸黑字上去找了。这对于我而言，就好像是一个死循环，是一个悖论：因为没有安全感，所以我不断地主动去看抑郁症报道，去寻找所谓的"安全感"，但是，难道看了抑郁症报道以后，就一定会有安全感吗？那我尽力去看那些东西，又是为了什么？所以说，我觉得其实抑郁症报道对于我的安全感而言，是于事无补的吧。

我们使用防御机制来保护自己免受焦虑或负罪感的伤害，这是因为我们感到受到威胁，或者因为我们的自我或超我变得过于苛求。防御机制在无意识的水平上运作，有助于避免不愉快的感觉，或者让好的事情对个人来说感觉更好。自我防御机制是自然和健康的。当它们不成比例，即频繁使用时，就会产生神经官能症，如焦虑状态、恐惧症、强迫症或歇斯底里。在 L 看来，这就像一个死循环和一个悖论，因为她没有安全感，她总是主动浏览抑郁症报道来寻找所谓的"安全感"；但是看了以后，她又未必感到安全，这引发了她对于刻意去看那些东西的追问，甚至她认为抑郁症的报道对她的安全感毫无用处。

建构抑郁症的社会客体性因素在于语境的制度化。社会不确定感加剧，这是抑郁症的社会建构之存在的客观现实。然而尽管如此，从社会结构的角度对抑郁症的产生进行分析，它存在两方面的阈限：首先，社会结构只能被视为心理健康障碍的诱发因素，而对于为什么抑郁症是当代最常见的心理健康障碍，而不是其他疾病，目前还不足以做出回应；其次，虽然社会结构的变化可以被认为是抑郁症的原因之一，但仍有必要观察患者与周围环境、人际网络、媒体接触的互动，包括许多复杂的机制和突发事件。社会结构作为一个客观的所指，仅作为引发抑郁症的潜在条件之一，它所拥有的解释力是有限的。在此基础上，社会建构更被认为是一个动态的因素，其侧重于讨论抑郁症概念形成以及其背后所暗含的知识权力关系，包括病患如何通过询唤参与媒体对抑郁症的信息建构、与心理健康相关医疗进行博弈的过程等。

第三节　现实变异：抑郁症报道诱导业余诊断

戴维·莫利曾经说过："个体观看者并不是在文化上赤条条地进入观看的状态——他介入文本，承载了自己的一套文化框架和规范，并认为其中的这些框架和规范来自社会文化背景和情境。"[①] 编码者和解码者在同一社会系统中共存，这就意味着抑郁症疑似患者个体在被媒体工作者的报道文本话语召唤之前，在面对话语交织的大众媒体文本之前，已经被各种现存的话语预先建构。抑郁症疑似患者个体虽然是等待被建构的，然而在某种程度上，他们已经是被建构了的。

戴维·莫利指出了这种"前摄"（foresight）的存在特征："我们存在于一个由不同的话语和信息系统组成的场域中，我们也处在不同的系统中。我们经历了话语的多样性。"[②] 他将话语看成是被询唤的人们的一种"前把握"（pre-control）。这种主体化的前见，暗示着某种传统上的或文化上的宿命意识，与此同时也是对传统与文化的合理化：人们别无选择，只能在既定的传统和文化中理解理性的另一面。

一、报道与自诊合理性：从镜我观照到社会审视

现实变异，即个体在自我生成与符号强化的基础之上，走进了由文化和历史构筑起来的社会，全身心地接收着知识的教化，人也因此受制于所谓社会文化的法则。真实的自我之异化，产生于"镜像之我"偏移进"社会之我"的时候。人作为一种普遍性的社会存在物，与人作为一种普遍性的自然存在物，是相互补充、相互预设的。伴随着人作用于自然的范围的扩大和程度的提高，人的活动内容和方式将趋向于无限的多样化，人的社会关系和社会本质也将趋向于获得无限的丰富性。真实的自我与充满物质实体的世界是一体化的。能够被看见的世界不过是以"我"的投射之镜像作为发轫的，委身于各种社会关系之中的自我不过是在扮演某种社会角色而已，因此这个社会本身也充斥着化装。

[①] Morley D. Television, Audiences and Cultural Studies [M]. Routledge, 2003: 92.
[②] Morley D. Television, Audiences and Cultural Studies [M]. Routledge, 2003: 77.

第三章 镜像复制：抑郁症报道对障碍者疑病及自诊倾向的建构

阿尔都塞认为孩子的出生就可以被看成是一个意识形态化的仪式，孩子在这样的形式当中获得期望，而这样的期望在他未来的日常生活之中会转化为持续地被询唤到场；用阿尔都塞的话来描述，则是"他将会接受父名的赐予，经历各种认同的过程，并且成为一个无法被他人所替代的人"[①]。在这里所体现出的是孩子的人生按照一定的家庭意识形态所进行构型，而孩子作为个体也在一步步被指定成为这个形构框架中的主体，这使得其一生将会致力于扮演某个特定的角色。因此，阿尔都塞做出推论认为，意识形态的镜像结构在于用某种别致和绝对的"大写的主体"的名义，将个体反射并继而建构成为主体；这种镜像复制再强化于意识形态，确保其作用的顺利发挥。[②] 在他看来，上帝以及例如绝对的观念、主义、总体和关键人物等等构成诸多"大写的类本质"，而作为芸芸众生的个体则是其镜像复制的产物。

阿尔都塞旁征博引了基督教来对主体进行询唤的镜像复制过程加以佐证。在他看来，基督教的话语体系不单单通过《圣经》来言说，也不单单凭借牧师的口吻来表达，它还要依靠宗教的具体实践、仪轨与所谓"圣礼"来达到询唤主体的目的。《圣经·旧约·出埃及记》里上帝对摩西进行自我介绍时所说的"自有永有"（I am that I am）将他自己询唤成一个大写的主体，然后借助后世的典籍和牧师之口为他人做洗礼：你叫某某，这便是你的名，你诞生了，这是你的本初，若你信奉我则必将得救，必将成为基督肉身的一部分。在此，每个基督教意识形态框架中的信徒个体皆被这样的话语询唤为"身与名合二为一的主体"，然后在晨钟暮鼓的祈祷与周而复始的礼拜，以及每一次心悦诚服的忏悔之中，被告知与印证：我（基督）的这滴血液便是为你而流。然而在这里，阿尔都塞认识到的是，启示上帝才是那个主体，而摩西以及那些成为上帝子民的个体被询唤成的主体，即那套话语所询唤出来的对话者，都不过是上帝的镜像与映射罢了。[③] 阿尔都塞由此认为，这个案例所体现的是一个"大写的主体"（Subject）成立并且将自身复制出一众主体（subjects）的意识形态赋形的奇妙过程。

社会环境、社会背景、社会文化背景或环境指的是人们生活或发生或发展的直接物质和社会环境。它包括个人受教育或生活的文化，以及与他们互动的人和机构。互动可以是面对面的，也可以是通过交流媒介，甚至是匿名的或单

---

① 阿尔都塞. 列宁与哲学 [M]. 杜章智，译. 台北：远流出版事业股份有限公司，1990：193.
② 阿尔都塞. 列宁与哲学 [M]. 杜章智，译. 台北：远流出版事业股份有限公司，1990：197.
③ 阿尔都塞. 列宁与哲学 [M]. 杜章智，译. 台北：远流出版事业股份有限公司，1990：197.

向的，并不意味着社会地位的平等。社会环境是一个比社会阶级或社会圈更广泛的概念。一些引导自我诊断行为的媒体文本常常以社会大众人物的案例为引子，这也折射出以事件为依托的心理健康问题何以能够成为媒体报道当中的突出话题。例如，《成都商报》在每年的 4 月 1 日都会提到对张国荣去世的缅怀，继而提出对抑郁症的自我筛查。譬如 2016 年的《永远的"哥哥"，永远的张国荣》一文（图 3-9）中写道：

> 他是《霸王别姬》中风华绝代的虞姬、《倩女幽魂》中痴情儒雅的宁采臣、《英雄本色》里固执坚守的阿杰……他留下无数经典。13 年前的今天，47 岁的他纵身一跃，让无数人悲痛唏嘘。今天，怀念他，也关注身边的抑郁症患者。

图 3-9 《成都商报》2016 年 4 月 1 日微博截图

《环球时报》也在 2016 年 10 月 10 日世界心理健康日（精神卫生日）的报道《再忙，也别让情绪感冒》（图 3-10）中指出：

> 世界卫生组织预计，到 2020 年抑郁症将跃至全球第二大疾病，自杀是其最可怕的症状。亚里士多德、梵高、张国荣、卓别林、憨豆先生、海

第三章 镜像复制：抑郁症报道对障碍者疑病及自诊倾向的建构

明威、海子……他们同样饱受抑郁症的折磨。今天是世界精神卫生日，了解关于抑郁的种种，自测你是否有抑郁倾向。

图3—10 《环球时报》2016年10月10日微博截图

尽管利用这样的报道来作为自我诊断的伴随文本在一定程度上是具有建设性价值的，但从临床意义上讲，这些自我诊断所涉及的情况究竟是如何在个体的日常生活当中表现出来，仍然是一个矛盾的问题。概化的他者（the generalized other）是乔治·赫伯特·米德引入社会科学的一个概念，主要用于符号互动论领域。这是一个普遍的概念，即一个人对某个特定社会中的行为和思想有着和其他人一样的共同期望，从而有助于阐明他们作为共享社会系统中的代表成员与其他人的关系。个体到底如何知道自己是不是得了抑郁症？当谈到如何描述个体经历的时候，我们常常痴迷于一种标签至上的文化，这种标签化如同有人告诉个体正在感觉或体验的事物是有名字的，它以一种权威的象征使之合理化，在某些情况之下通过提供一种"清晰性"来给予安慰。

自我诊断是指个体识别或者诊断自己身体状况的过程，个体可以借助专业文献、互联网资源、既往的个体经历或家族史来辅助这一行为。[①] 自我诊断在某些情况下可能是适当的，例如所有非处方药的提供都是基于这样的假设，即人们有能力进行自我诊断，首先确定他们的病情不太可能很严重，然后再确定不正确的药物治疗可能造成的伤害极为微小。然而，自我诊断容易出错，如果基于错误的判断而做出了不恰当的决定，可能会有潜在的危险。

针对这种从镜我观照到社会审视的过渡，笔者向受访者提出的问题是"如果把抑郁症报道想象成一面镜子，你会觉得自己从这面镜子里看到了更多自己以前没有发现的东西吗？"K 对我们说：

> 其实对于我们这种怀疑自己得了抑郁症的人而言，自己对自己的观察是一直存在的，我会一直把焦点放在自己身上，看自己的缺陷、自己的不足，甚至到了一种比较偏执的地步。抑郁症报道的存在，事实上是给我提供了一个客观的机会，让我觉得，有人是在鼓励我对自己做更多的观察的。有时候甚至因为抑郁症报道，我观察自己的角度也被拓展了。比如媒体提到抑郁症的产生有季节性的因素，我就真的会去关注温度的变化、光照的变化，觉得这些东西和我自己的状态是息息相关的。比如讲到哪个名人得了抑郁症，甚至自杀的，我就真的会把这个人生前的作品找出来看，然后把自己代入进去，去揣摩画面里那个人的感受。我觉得从这个角度来看，抑郁症报道好像真的让我对自己的认识更复杂了，我觉得这样很累。

事实上，对于 K 这样的怀疑自己患有抑郁症的人来说，他们时刻审视自己的缺陷。抑郁症报道的存在似乎在鼓励他对自己做更多的观察，观察自己的视角也扩大了。从这个角度来看，抑郁症的媒体报道似乎使他对自己的理解变得复杂。

L 对这一问题的反应则更为极端：

> 我会觉得，对于看与抑郁症有关的报道而言，即便是听着重复的话，自己对自己的认识也是会加深的，因为除了关注自己的细枝末节，好像对其他事物的看法和态度都挺懒惰的。尽管那些描述或许会很笼统，但我自己可以再往下想啊，自己补充文字里说得还不够充分，点到为止的那些东西啊。比如对于什么"寻死的念头"，我可能会觉得，这不仅仅是有没有念头的问题，还涉及这个念头有多具体，譬如在哪里寻死、以什么样的方

[①] 王学成，刘长喜. 互联网在健康传播、病患医疗决策中的作用与影响研究——基于对上海中心城区居民的调查分析 [J]. 新闻大学，2012（01）：109—115.

式寻死、怎么善后等等，这个是我从抑郁症报道里简简单单的一句"寻死的念头"所能联想到的。

L认为，她接触了关于抑郁症的报道使得她对自己的理解也会加深，因为除了关注自己的细节，她似乎对其他事情的看法和态度都很懒惰；虽然相应的描述可能很笼统，但可以使她进一步考虑下去。

在阿尔都塞看来，意识形态就是一种"前见"，虽然它对任何个体的询唤都构成了一种前置的规约、一个被安排稳妥的认知结构，他所强调的，是意识形态对于具体个体而言的外在性和抽象性。意识形态面对个体，将其询唤成为主体，在戴维·莫利所提出的交互话语之中，他试图将"主体""个体""前见""意识形态""受众""话语"这些概念打通，与整个"世界"联系起来；然而这里的"世界"，可能是由意识形态所建构而成，可能是由文本而形成的，也可能是因话语组成的，总之它是真实世界的镜像，而并非真实世界本身。在戴维·莫利的交互话语看来，抑郁症疑似患者个体的存在以及与抑郁症报道话语的互动表征着"世界"的整体性与复杂性，一旦他们自动归顺于这样的"世界"，其话语便必然与其他的话语一次又一次地交织，一方面与其他话语互相关联，另一方面也被其他话语形塑、造就。

二、报道与自诊准确性：从判断偏差到确认偏误

现如今，忙碌的现代人与医生相处的时间有限，但不乏充足的机会去做任何事情，因此人们很容易对自己的病情得出自己的结论。当个体进行自我诊断时，个体基本上是假设自己知道诊断的微妙之处。这可能是非常危险的，因为他们可能推测出自己的情况，但因此遗漏诊断与事实之间的细微差别。

在一定程度上，媒体的疾病报道为有好奇心的疑似患者提供各种疾病的简要概述，或者提供更为详细的信息，以帮助需要被诊断的个体理解疾病。然而，媒体的抑郁症报道文本中提供的诊断指标通常不考虑发病率、患病率或相关的风险因素，这可能会导致用户怀疑相当罕见且不太可能的疾病是他们感到异常状态的根源所在。

由于许多良性疾病与更严重的疾病有共同的症状，相同的症状被一起列出，没有通过适当的专业渠道咨询的个体可能会依从主体性的判断作出最坏的假设，例如临床医生可以帮助个体辨别其情况是从正常到下降还是从下降到上升，通过考虑症状所持续的时间来做出适当的诊断。如果依赖于媒体提供的文本，对可能存在的抑郁症进行自我诊断，可能会给那些认为自己罹患严重疾病的个体带来不小的痛苦和焦虑。

关于抑郁症的统计数据也可能会给疑病的个体某种错觉，即认为他们更有可能发展成这种疾病。"判断偏差"（biases of judgment）对数字化疑病而言起了一定作用。人们在做出诊治判断的时候，往往会考虑到近因（immediate cause），这提高了个体对其遭遇事件和自身状况的评估可能性，这是一种潜在的偏见。

媒体在与抑郁症相关的特定时间节点进行报道，或暗示季节和气候会成为抑郁症产生的诱因，将抑郁症描述为重大疾病暴发或可预测的流行病，这会导致疑病情况的加剧。例如人民网的"科普频道"在2017年9月7日发布视频，标题为"最近总感觉心情不好？秋天要小心患上抑郁症"。2017年9月24日的《环球时报》发表的文章《自古逢秋悲寂寥？秋季谨防抑郁症》（图3-11）当中这样写道：

"自古逢秋悲寂寥"，古往今来，文人墨客写秋时，总带有些许悲伤。秋天是抑郁症高发季节，很多人在秋天会感到抑郁、烦躁。建议大家多主动与人沟通、倾诉，通过分散注意力等方式预防抑郁症，切勿因讳疾而忌医。

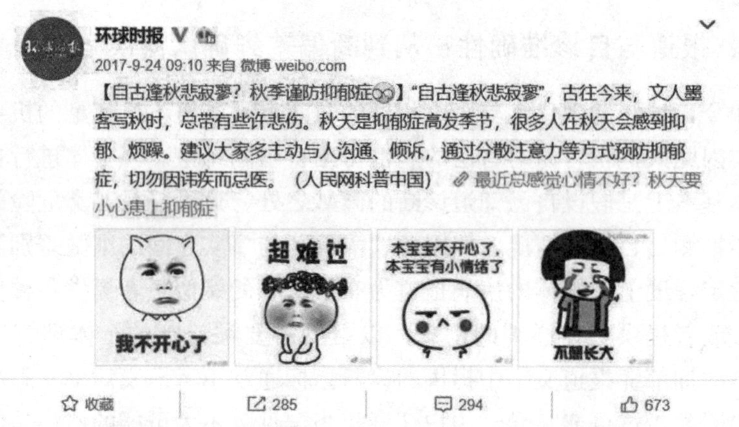

图3-11 《环球时报》2017年9月24日微博截图

询唤的意义使得事实上个体可以通过自我诊断强化其主体性，更充分地了解自己，但有时，个体也需要他者作为一面镜子来更清楚地看到自己，专业的医疗资源就是那面镜子。通过自我诊断，个体可能遗漏了一些被主体性束缚从而看不见的东西。一般来说，当两个或多个综合征出现在同一个个体身上时，这一现象被称为共病（comorbidity）。当人们进行自我诊断时，他们往往会忽略可能存在的共病。心理障碍的自我诊断所面临的最大危险之一是个体可能会忽视那些伪装成心理障碍的其他问题。例如，如果个体判定自身有惊恐障碍，可能会错过对甲状腺功能亢进或心率不齐的诊断。更严重的是，一些脑肿瘤也可能会导致人格或精神错乱甚至是抑郁症相关症状。如果个体假设其自身患有抑郁症，并且自发使用非处方药进行治疗，可能会完全遗漏其他综合征的常规诊治。例如简单地套用指标来进行抑郁症的自我诊断，似乎给了个体一种错觉，即一切只需要轻轻点击一下，就能对极为复杂的抑郁症做出铁板钉钉的判断。

这段报道把季节性因素作为一种抑郁症的诱发依据，使得看到文本的个体在做出诊治判断的时候，考虑到近因而更加容易提高对其遭遇事件和自身状况的评估可能性。季节性抑郁症的想法可能深深植根于民间心理学，但客观数据并不支持它。季节性抑郁症通常是描述冬季情绪变化的一个包罗万象的术语，但是它经常被误用，并且这种情况没有人们想象得那么普遍；这是一种尚未完全被理解的精神症状，也是一种因进化生物学的作用而变得复杂的症状。尽管人们在冬天可能没有那么开心，但这种感觉与临床抑郁症的真正症状不同，如食欲不振和失眠。这一自我诊断其实并不同于许多人在冬季感受到的低谷，许多人总体上高估了季节对他们情绪的影响。在这种情况之下，可能存在的其他因素例如个体对光线的敏感度降低，或昼夜节律失调导致生物钟出现了问题等，便不容易被个体考虑在内。因此更值得抑郁症报道去追问的是，悲伤和抑郁症之间的界限在哪里？秋冬季节的悲伤有多少是情绪紊乱的产物，有多少是被关在室内的自然结果？对于大多数其他季节性情绪变化的情况，改变一些生活方式，如锻炼或保持良好的睡眠习惯会有所帮助；只有当它开始干扰日常生活时，才需要治疗。

并且，个体对事件发生的先验概率也常常采取忽视的态度，这被概括为"确认偏误"（confirmation bias），即个体更倾向于确认自己的先入之见或假设，这也可能是数字化疑病的诱因之一。毫无疑问，媒体，尤其是移动互联网时代下的媒体，是有价值的医疗信息的来源。然而，当它被作用于诊断程序时，它可能会增加没有接受过医学培训的个体的焦虑。由于这些风险的存在，专业机构往往对自我诊断抱持慎重的态度，甚至不鼓励自我诊断。自我诊断也削弱了医生的作用，这不是建立关系的最佳方式。事实上，个体可以了解和看到自己的主体性，但有时，个体需要一面镜子来更清楚地看到自己。通过自我诊断，个体可能遗漏了一些自身所看不见的东西。

与此同时带来的问题在于，处于脆弱状态的人是否应该接受这样的测试来诊断自己是否确实患上了抑郁症？例如一些基础性的量表，尽管不应该被视为专业的诊断工具，但这种实用主义的风格仍然可能会引起一些担忧，因为它从本质上简化了一系列远非简单的临床判断条件。其中的一些关键字眼，例如"感觉疲劳""没什么力气""暴饮暴食"等症状其实都是极其充满争议的概念和描述，它们甚至也可以指涉宿醉，用这样的指标来武断地进行抑郁症的自我诊断，可能会出现"假阳性"的状况。

对于这种从判断偏差到确认偏误，即报道与自诊准确性，笔者对受访者提出的问题是"有没有怀疑过抑郁症报道所呈现的那些描述，觉得自己并不一定是报道里所描述的那样？"K的说法是：

> 当然会产生怀疑，毕竟我觉得，自己并不是和报道里描述的那些内容完完全全一致的。比如说，抑郁症报道里说患了病的人，会食欲减退，看到一桌子菜都会没有胃口；但我在这方面倒不是这样，我甚至会暴饮暴食，用胡吃海喝来使自己心里更好受一些，尤其喜欢吃甜的东西。虽然很有罪恶感，但我觉得这样会让自己稍微开心一点吧，你也可以说，这是一种麻痹。扯远了，总之我觉得，自己的实际情况，和文本里的描述其实还是会有一点出入。但我觉得，在内心很脆弱的时候，自己不一定能够坚持自己的认识，反而很容易被牵着鼻子走；如果报道里不断地强调"抑郁症的症状之一是食欲减退"，那我可能真的会因此而没有那么好的胃口。

K会对报道产生怀疑，毕竟他认为自己的实际情况与文中的描述略有不同。但是他也会想，当心理境况很脆弱的时候，他可能无法坚持自己的理解，很容易被引导到误判的地步。

关于"是否觉得自己并不一定是报道里所描述的那样"这一问题，L的反馈是：

> 我怀疑过，但是就像我刚才所说的那样，我并不觉得我是一个特别的人；相反，我是一个谨小慎微的人，是一个活在别人的眼光里的人。如果我觉得抑郁症报道里的描述和我自己的实际情况不太一致，我的第一反应不是去挑战那则报道，而是去想：我如果不是一个典型的抑郁症障碍者，那我要不要让自己往那个典型的框框里套？我有时候恨不得自己真的是一个病人，是一个"标准的病人"，这样我或许就有资格得到一点同情、一点可怜。抑郁症报道能加深这样的想法，会让我不由自主地去想，自己和那些参照系，还有多远或多近的距离。

L不认为自己是一个特殊的人；相反，她认为自己生活得小心谨慎，缺乏自主性。如果她觉得抑郁症报告中的描述与她自身的实际情况不完全一致，她的第一反应是想如果自己是一个非典型的抑郁症障碍者,她或许不应该让自己陷入那个既定框架之中。然而如果她被这样的话语规训,成为一个符合标准的患者,她就有得到一点同情和怜悯的可能性,抑郁症报道可以深化这些想法。

互联网可能被认为是对自我管理的健康个体有用的资源,但对受影响概率大的易感个体来说却在某种程度上是焦虑的来源,因为它允许个体对其感知的症状和状况进行非常详细的研究。技术影响信息的传播方式,因为在线搜索的结果是根据搜索频率排序的。用户倾向于寻找更严重的情况,例如一个人可能开始搜索头痛类型的症状,然后逐步升级到查看与脑肿瘤相关的素材,这种升级过程反过来又会影响搜索排名。搜索引擎使用的排名算法创建了一个虚假的层次结构,主要基于自我诊断的频率而不考虑实际发病率或患病率。

重要的是个体需要理解到,心理健康问题处在一个巨大的范畴当中。虽然互联网和社会化媒体对抑郁症提供个体唾手可得的自我诊断文本,这可以帮助减少心理健康问题的禁忌,但保持谨慎和警惕仍然是必不可少的。对于抑郁症自我诊断导致的泛化判断问题,个体应该意识到的一点是,当下糟糕的心境并不意味着自己的主体性生活被直接定义为糟糕,这并不是简单的是非判断,它关乎异常情绪的强度、问题存在的时间长短以及普遍性的问题,专业的临床诊断还取决于症状对个体生活的影响程度。

三、报道与自诊依从性:从削弱医嘱到贻误治疗

随着科学技术的飞速发展,主体的活动越来越多样化,作为主体活动对象的自然范围日益扩大,人们在自然面前越来越自由。与此同时,随着人类对自然行为方式的多样化、范围的扩大和程度的提高,人类的能力、需求、社会交往和知识形式变得越来越多样化。从整个社会的角度看,迄今为止的人类历史不仅表现为技术的发展,而且表现为整个社会推动的能力、需求、交往形式和知识范围不断扩大和深化的持续统一的发展过程。这种历史的发展和进步,是主体向普遍自由存在转化的不断过程,是主体在普遍性维度上实现的确认。

人与自己身体的关系往往是既熟悉又陌生,当生理机能处于并行不悖的状况时,人们似乎对自己的身体感到很心安,以至于忘记它的存在;但是当生理机能开始发生异常或紊乱的时候,人们才不得不承认个体在生理知识领域上的无知,以及对自己躯体的陌生感。人对于自己身体的这种既熟悉又陌生的认知距离给了医生发挥的空间。一方面,医生的诊断所背靠的是一整套医疗体系,诸如验血、透视和超声检查等技术是医生诊断的科学依据,医生运用这些测量数据和结果来做出自己的专业判断;另一方面,身体的所有权属于个体自己,

然而躯体的权威常常被医生代言,使得作为个体的病人的主体意识有时会对医生的诊断表示质疑,更何况存在所谓"久病成医"的说法,似乎病久了对医理也就熟悉了,对某方面的事见识多了就能成为这方面的行家,这也给个体带来了一种把握自己的主体性的自信。随着社会对抑郁症认识程度的逐步深化,人们开始敢于自我诊断,甚至敢于将经验与尝试运用在对其他人与事物进行分析与诊断上,这也是抑郁症报道利用询唤来进行议题建构与媒体干预成为可能的必要条件。

媒体,尤其是移动互联网语境之下的媒体,作为内容提供者要意识到它们加剧医疗焦虑的潜质,并需要评估发布令人担忧的抑郁症关联自诊信息的后果。内容应该在促进医患互动方面体现出更为积极的重要性,并对不同人群进行定期调查和分析,以跟踪随着时间推移寻求健康体验的变化,而不是一味地仅仅将各种简单的测量指标摆在接受文本的个体面前。

技术会影响健康管理和传统的医患关系,这当中包含由技术促进的健康信息寻求、在线医疗搜索在心理咨询过程中对传统医患关系的影响,以及如何增强患者的医学知识。虽然互联网上的媒体信息的可获得与可用存在着许多积极的方面,但增加对在线医疗信息的访问可能会导致一般人群的医疗知识过载。数字化疑病被传播学学者怀特·霍维茨定义为"基于对搜索结果和网络文献的考察,对常见症状的担忧毫无根据地升级"[1]。历史上,健康焦虑被描述为"基于对身体体征和症状的解释的恐惧信念,或者更常见的是对身体体征和症状的误解,认为是严重疾病的征兆"[2]。

自我诊断也会削弱医生的作用,这不是建立医患关系的最佳方式。阐释学学者霍瓦特和格林伯格强调医疗保健过程中"治疗联盟"(therapeutic alliance)的重要性,即医务工作者和病患之间关系的协作方面。人们通常很自然地关心健康问题,在理想状态下,他们以负责任的方式寻求信息,并以最低程度的焦虑接受结果。他们对传统的医学咨询模式持怀疑态度,称其为诠释活动(hermeneutic activity)或是解释性事件(interpretive affair),早在20世纪80年代就有证据表明,手术前向患者提供明确清晰的书面信息可以减少

---

[1] White R W, Horvitz E. Cyberchondria: Studies of the Escalation of Medical Concerns in Web Search [J]. ACM Transactions on Information Systems (TOIS), 2009, 27 (4): 23.

[2] White R W, Horvitz E. Cyberchondria: Studies of the Escalation of Medical Concerns in Web Search [J]. ACM Transactions on Information Systems (TOIS), 2009, 27 (4): 23.

术后焦虑和住院时间。① 然而一个老生常谈的问题是,如何才能最好地利用技术,以一种不会引起不必要焦虑的方式,来提供和传递富有成效的医疗信息？有研究认为,进行心理咨询过程的时间限制可能会增加与健康相关的在线搜索行为。由于知识渊博的病人在咨询期间占用了更多的时间,在线医疗搜索可能以一种经济收益的形式被理解,也就是说,较长的会诊可能被理解为可以获得更多的价值。

必须注意的是,自我诊断无疑有误诊的风险。无论是中医用所谓"望闻问切"来诊断外部体征和症状,还是现代医学利用病理解剖和临床生理学对病因的判断,或者这两者或两者以上的结合,无疑都是一个极其复杂的过程。然而,普通个体缺乏基本的医学知识,仅通过判断和利用媒体和互联网上的健康信息很难做出准确和正确的诊断,特别是对于以抑郁症为代表的精神健康障碍,因为它们通常具有高度的主观性和模糊的症状。所以一方面,通过对症状和病史的肤浅分析而获得诊断与治疗建议,这个过程的科学性与全面性是有待商榷的；另一方面,媒体的议程设置对于可能存在的患者个体而言又有很强的导向性,这种询唤虽然提高了个体对自身予以关注的积极意识,但也很有可能会导致误诊和误治,贻误了病情从而造成不同程度上的损失。

媒体在传播医疗信息和增强个体患者主体层面的自主性方面的作用是值得关注的,因为这可能对传统的"把关人"理论构成挑战。自我诊断不能代替专业的医疗咨询,不听从医嘱或拒绝接受专业诊断,同时引用存疑的网络资源的病人已经变得越来越普遍,这可能会成为医生提供专业诊治的一个障碍。

问题是,先前存在的抑郁症或焦虑倾向是否在数字化疑病中起作用？如果是,它对医患关系有什么影响？一些医生对病人个体自发的研究持开放态度,因为这可以打开医生和病人之间的沟通渠道,并证明对从病人那里获得关于他们目前状况的更完整或相关的信息是有价值的。然而另一些医生则担心,当病人对其他诊断可能性和医疗可能性的理解不完整或不正确时,他们会根据从媒体渠道获得的信息夸大一组症状以支持其自我诊断,同时尽量减少或抑制相反的症状阐释,可能削弱而不是增强医生做出正确诊断的能力。一种折中的方法或许是,建议医生必须做好对媒体或其他地方获得的健康信息进行讨论的准备,他们应该努力为病人处理和加工信息,而不是简单地提供信息。

对于"你认为,通过抑郁症报道进行自我诊断,会不会削弱你去寻找专业

---

① Horvath A O, Greenberg L S. Development and Validation of the Working Alliance Inventory[J]. Journal of Counseling Psychology, 1989, 36 (2): 223.

医生求诊的意愿?"这个问题，K 的看法是：

> 我觉得抑郁症报道不会影响我去找专业医生求助的意愿，因为既然确定了自己是有病的，是有问题的，那就还是得去医院治病，不能不管它。但是我觉得，抑郁症报道给我提供了很多诊治的依据，这也可能导致我在医生面前，会更加自以为是吧。比如说，有了抑郁症报道作为铺垫，其实我再去看医生，就不可能是全然的无知状态了，不可能是"一张白纸"了。其实如果这么说的话，接触了抑郁症报道提供的信息以后，再去看医生，其实已经不单纯是去看病了，还或多或少带有一点考察"医生和媒体说的话是不是一致"的意思在里头。

K 不认为抑郁症报道会影响他寻求专业医生帮助的意愿，然而他也认为抑郁症的媒体报道为他的诊断和治疗提供了很多依据，这也可能使他在医生面前更加先入为主，或多或少地检查了医生和媒体所说的是否一致。这些都促使可能患病的个体不得不在某种程度上使自己被询唤为自我诊断的主体，媒体对自我诊断进行推动的行为也自然应运而生。

L 对于"寻找专业医生的意愿"的反应更为现实：

> 我觉得抑郁症报道或多或少有削弱的作用。因为我觉得，一般都是要到很严重的地步才需要去看医生，就像那种疯子的状态。我觉得我还没有发展到那样的阶段，现在手机又那么方便，自己在网上多搜一搜就可以了。而且我也很怕去医院会不会被人发现，比如同事看到了，可能会互相传这件事；如果我家人知道了，可能他们又会担心。相比之下，只接触抑郁症报道的话，好像不会有什么难为情的感觉。而且我觉得，现在找专业的医生来看病，好像也比较贵，超出了我的消费水平。在网上自己找素材，自己消化，自助解决，好像成本也低很多。

自我诊断是个体根据媒体提供的医疗保健信息诊断和治疗可能存在的疾病的行为。目前，各种综合性门户网站纷纷建立健康频道，各种医疗卫生机构网站、专业健康网站、各种搜索引擎上也为网络用户提供了大量的医疗卫生信息。患者可以根据网上获得的信息进行自我诊断，甚至购买非处方药进行自我治疗。L 认为这还有助于保护自身的隐私，例如不使自己成为同事的话柄，也不会让她的家人忧心忡忡。相比之下，如果她只接触抑郁症报道，似乎不会有任何不舒服的感觉。她还认为现在找专业医生超出了她的消费水平，而在网上找到材料、消化它们并自己解决它们的成本要低得多。

医患关系是医疗保健和医学实践的核心部分。医患关系是当代医学伦理学的基础之一。病人必须对他们的医生的能力有信心,并且必须感到可以信任医生。对大多数医生来说,与病人建立良好的关系是至关重要的。一些医学专业,如精神病学和家庭医学,比其他专业更强调医患关系,相比之下例如病理学或放射学,则与患者的接触很少。医患关系的质量对双方都至关重要。医生和病人对疾病、生命和可用时间的价值观和观点在建立这种关系中发挥了作用。医生和患者之间的紧密联系将带来频繁、高质量的患者疾病信息,并为患者及其家人提供更好的医疗保健。提高诊断的准确性和增加病人对疾病的了解都来自医生和病人之间良好的关系。如果这种联系薄弱,医生进行全面评估的能力就会受到损害,患者更有可能不信任诊断和建议的治疗,依从性降低,从而导致不利的健康结果。

在一个日益以技术为主导的世界里,医患关系的复杂性需要进一步研究。技术对健康的自我管理和传统的医患关系产生了积极的影响。然而,移动互联网语境下的大数据搜索和信息中的一些负面因素,比如误解和焦虑也构成了不容忽视的存在。对复杂医疗信息的开放性获取,可能会改变医生作为专业诊断知识的"把关人"的传统角色。

媒体通过提供信息促成自我诊断,从而代替医务工作者的职能,能否承诺遵守希波克拉底誓言的主要原则之一——不伤害他人(Primum non nocere)?"不伤害他人"是生物伦理学的主要戒律之一。这一戒律可以引申为,考虑到现存的问题,最好不要做某事,甚至什么也不做,以免造成弊大于利的风险。它提醒医生考虑任何干预可能造成的伤害。在讨论是否应该使用明显有伤害风险但受益机会不太具体的干预措施时,会援引这一原则。解决办法是不要总是对所有事情都进行测试,因为这种解脱感不会持续太久。相反,疑病的个体需要学会寻求帮助并改变他们的思维方式,改变他们对焦虑的反应,并努力戒除那些让自己陷入困境的行为。

本章小结

个体要想成为一个成熟主体,他的意识行为和生活经验必须与一些象征性的和真实的事物在某种程度上相协调。在镜像复制的询唤阶段,真实的自我与想象中支配自己的幻影,往往是一体化的。这个时候,本真的能指成为他者,而主体的无意识则成为他者的话语。镜子中的那个像,可以被看成是主体在形式上的定格,即实体的对象事实需要去认同一个异化的形象身份,并在认同的过程当中发生对真实的自我的役使；自恋式的投射，也就使得能指不断地放大。

询唤理论认为，在镜像复制阶段，自我生成以后出现了象征性的秩序。形象地说，在镜子当中辨认出自己的婴儿的主体性不仅仅在于他自己对自己的确认，在主体兴高采烈地把自己的形象当成自己的形象之后，他还会把头转向这个代表"重要的他者"的成年人，好像需要利用符号表征的力量，来呼吁他认可这个形象。

命名是由可被感官感知的符号组成的，真实的自我与自身的符号融为一体，"我"通过语言和文字被召唤进入主体，被冠以的"抑郁症"之名便是这样的一个主体身份。然而，一旦"我"在这种语言的召唤中形成身份，作为所指的真正自我存在将可能在言语中消失。在拉康看来，不容置疑和固化的一般知识结构是人类面对概念和意识时的撤退策略。在由符号构建的世界中，人类生活在符号的统治之下，并从中衍生出各种自我伪装和人格面具，这使得虚假主体得以确立。

如果把抑郁症报道比作一面镜子，个体通过抑郁症报道的文本深化对自己心理状况的怀疑，将自己与文本所描述的病征进行对照，也可以看成是一种镜像复制。抑郁症报道在一定程度上对个体的疑病和自我诊断产生了询唤的影响，在新的媒体与信息环境下，从个体层面的疑病到所牵引而出"数字化疑病"，通过互联网信息资源研究医疗信息从而造成认知障碍的情况。

个体观看者并不是在文化上赤条条地进入观看的状态——他介入文本，承载了自己的一套文化框架和规范，并认为其中的这些框架和规范来自社会文化背景和情境。个体在镜像的反射之中看到自己的主体形象，这一点在抑郁症报道当中，可能体现为个体通过抑郁症报道产生疑病和自我诊断，将自我投射于报道的话语之中做对照。在镜像复制的阶段，将视角置于抑郁症报道中的疑病与自我诊断，需要注意到的干预应对措施在于重视作为个体防御机制的易感性。

疑病被归类为一种个体将其主体性的躯体放大的障碍，甚至可以说是一种感知和认知层面上的紊乱，包括对身体或精神状况的高强度警惕，以及对其最为初始的器质性感知做出消极反应的倾向，而这种反应又会进一步地削弱人的身心体质。这表现在许多方面，有些人会产生很多侵入性的想法与身体感觉，促使他们寻求更多的信息。

作为内容提供者，要意识到媒体，尤其是移动互联网语境之下的媒体，可能会加剧医疗焦虑，并需要评估发布令人担忧的抑郁症关联自诊信息的后果。

媒体上发布的内容应该在促进医患互动方面体现出更为积极的重要性，并对不同人群进行定期调查和分析，而不是仅仅将各种简单的测量指标摆在读者面前。

从整个人类的角度看，普遍性和自由得到了显著的发展，历史表明了"艺术与科学"统一进步和发展的过程。但从个体的角度看，个体的自由人格受到了约束，成为资本的奴隶、简单的手段、片面的个体。可见，人类作为一个阶级的普遍发展并不一定意味着个人的普遍性和自由性的日益增强。截至目前，人类社会整体性的历史趋势已经通过互动的多样化和扩展而日益成为现实。同时，个体也成为片面的、有限的、狭隘的、具体的、抽象的个体。所以我们不禁要问，当普遍性成为现实时，如何才能实现个性？

第四章 主动归顺：抑郁症报道对障碍者自我归类倾向的建构

在话语的交际当中，无论是口头的还是书面的，个体都会通过某些自称的形式来定位自我身份。每个人在社会中都有多重身份，可以用来定位身份的自我认同形式也是众多而复杂的。同时，个体的身份将极大地影响他对自称形式的选择。作为个体的自我参照，第一人称代词指涉的主体性充分反映了个体的自我归类，字面上的确定性和模糊性使得凸显和模糊其主体身份成为可能。

在抑郁症报道当中，身份往往成为文本当中极为突出的人设指称。当一个个体意识到他的特定身份时，他便会在这个身份的框架内感知他周围的世界。身份凸显性指的是在社会环境中启动特定身份的可能性。[1] 在文本话语交际中，个体自我归类为什么样的身份，又以什么样的自称形式进行强调与凸显，身份建构背后隐含着什么样的语用意图，这是一个有待进一步研究的话题。

第一节 个体觉知：抑郁症报道促使身份指涉

阿尔都塞提出的询唤理论，用最为通俗易懂的话来说，即"意识形态询唤作为主体的个人"（ideology interpellates individuals as subjects），也可以表述为"意识形态将个人询唤为主体"。这是阿尔都塞对意识形态更新式确证的过程当中的关键要素，在他看来，意识形态所具有的作用是，把具体的个体构成（constitute）主体身份，然后主体身份进一步去完善意识形态；这样的作用是双重且相互的，意识形态的功能性体现在它产生作用的物质存在方式之中。[2]

---

[1] Levine R M. Identity and Illness: The Effects of Identity Salience and Frame of Reference on Evaluation of Illness and Injury [J]. British Journal of Health Psychology, 1999, 4 (1): 63—80.
[2] 路易·阿尔都塞. 列宁与哲学 [M]. 杜章智, 译. 台北: 远流出版事业股份有限公司, 1990: 189.

一、身份框架生成：个体与外化的意识形态身份

在阿尔都塞看来，意识形态是"想象的存在或事物的观念，因为它与真实的存在条件有关"(the imagined existence or idea of things as it relates to the real conditions of existence)。[①] 阿尔都塞提出了精神和唯物主义的意识形态概念，它使用了一种特殊的话语类型：空白话语（lacunar discourse），即一些从来都不是不真实的命题，暗示了一些其他的命题。这样，空白话语的本质就是没有被告知，但被暗示的东西。[②]

询唤自觉抑或不自觉地发生，是一种隐化的自运转机制。阿尔都塞指出：首先，个人被询唤成为主体；其次，生产出的主体归顺于大写的主体；再次，大写的主体与新的主体相互承认，并且主体也对自己形成认同；最后，确保践行上述的三个要点。[③] 与此同时，通过这种主动归顺所询唤出来的主体也具有两个特征：一方面，作为个体进化而成的主体，它具有相对自由的主观意志，积极的信念核心，能够控制自己的行为并对其负责；另一方面，能够做出选择，愿意顺从于更高的权威，并且接受他的附庸地位。

阿尔都塞在这里突出的是一种"主动归顺"，归顺是作为个体的人们落入询唤的机制当中，对更为崇高的事物俯首称臣；但这种受到询唤所产生的行为是主动的、自动的，主体进入系统后便工作起来，用阿尔都塞的话说，他们通常情况下的状态是"自动工作"(working by themselves)。对阿尔都塞来说，信仰和思想是社会实践的产物："跪下祈祷，然后你就会相信。"[④] 对阿尔都塞来说，最终意识形态化的不是人类个体有意识"头脑"中的主观信念，而是产生这些信念的话语，个人参与的物质制度和仪式，而不是接受有意识的检查和更多的批判性思考。

《环球时报》在2017年11月30日的微博中提道：

> 澳大利亚心理研究院一组研究人员花费5年时间跟踪调查了1400名年龄在26岁至36岁之间的志愿者。发现女性每隔一周吃一次鱼，抑郁症

---

① 路易·阿尔都塞. 哲学与政治：阿尔都塞读本 [M]. 陈越，编. 长春：吉林人民出版社，2003：140.

② 纪玉华. 批评性文本分析：理论与方法 [J]. 厦门大学学报（哲学社会科学版），2001（03）：149−155.

③ 路易·阿尔都塞. 哲学与政治：阿尔都塞读本 [M]. 陈越，编. 长春：吉林人民出版社，2003：141.

④ 路易·阿尔都塞. 哲学与政治：阿尔都塞读本 [M]. 陈越，编. 长春：吉林人民出版社，2003：138.

风险降低 6%；每周吃两次以上鱼的女性，比每周吃两次以下的女性，患抑郁症的风险减少 25%。不过这仅对女性有用。

身份（identity）是构成一个人或一个群体的品质、信念、个性，甚至是外貌和表达的方式。心理学家常用术语"身份"来描述使一个人独一无二的特质，心理学上的身份认同与自我形象、自尊和个性有关；然而，社会学家经常用这个术语来描述社会身份或定义由个体成员组成的群体集合。因此，斯图亚特·霍尔给出了自己的定义："一个人的身份被定义为个体自我解释的总和，在这个总和之中，个体如何在现在解释自己，表达了一个人如何在过去解释自己和一个人如何在未来解释自己之间的连续性。"[1]

当一个个体意识到他或她的具体身份时，这种身份往往决定了他或她对情境的看法框架。自我被认为是由不同角色组成的多维复杂系统。在这个系统中，不同的身份根据其重要性被组织成一个层级。根据符号互动理论，身份不同对应着显著性的不同，层次结构决定着是否表达特定的身份。[2] 因此，身份突出是指不同身份和个体之间的关联程度，社会状况会影响身份的突出。由于权力地位、职业特征、性别差异等的不同，个体在社会中扮演不同的角色。这些不同的角色将内化为不同的自我身份，而这些不同身份的整合构成了个体的完整自我。[3]

在话语交际中，个体有意无意地强调自己在特定语境中的特定角色，以达到互动的目的。这种角色的突出是通过以不同的话语形式呈现自我概念的身份建构行为来实现的。作为一项科学研究的结果，通过对照获得女性吃鱼可以降低患抑郁症的风险，这是无可厚非的；但是在文本的末尾强调"不过这仅对女性有用"，反而显得很突兀。"有用"并不等于"仅对女性有用"，在没有逻辑根据的情况之下将抑郁症的应对提出功能性的解决策略偏重于女性，对读者产生了理解上的困扰。

再例如《环球时报》在 2016 年 7 月 5 日的报道（图 4-1）当中提道：

> 北京一所著名重点大学有 40 人被确诊为抑郁症，个别学生甚至没法毕业。我国每年自杀死亡人数中，40% 患有抑郁症。智识高、求胜心强的大学生已成高发人群。失眠早醒、闷闷不乐、记忆力下降，可能都是抑郁

---

[1] Hall S. Who Needs Identity [J]. Questions of Cultural Identity, 1996, 16 (2): 1-17.
[2] Levine R M. Identity and Illness: The Effects of Identity Salience and Frame of Reference on Evaluation of Illness and Injury [J]. British Journal of Health Psychology, 1999, 4 (1): 63-80.
[3] 张淑华，李海莹，刘芳. 身份认同研究综述 [J]. 心理研究，2012, 5 (01): 21-27.

第四章 主动归顺：抑郁症报道对障碍者自我归类倾向的建构

前兆！

图4-1 《环球时报》2016年7月5日微博截图

符号互动理论是一个参考框架，用来更好地理解个体如何相互作用来创造象征性的世界，作为反馈，这些世界如何塑造个体行为。而"启动"是指暴露于一种刺激会影响对后续刺激的反应，而没有意识的引导或意图；例如，跟在"医生"后面比跟在"面包"后面能更快地识别出"护士"这个词。启动可以是感知的、语义的或概念的。① 在社会情境中，通常有许多与特定身份相关的线索，这些线索会影响到个体表现出特定的身份。这里便是将大学生群体的抑郁症患病情况突出地呈现出来，其中甚至提到"个别学生甚至没法毕业"来点明群体性的异常心理健康状况可能造成的负面程度有多么大。

阿尔都塞说，"个体被询唤成为主体，在这之后他将自发地对主体的命令进行屈从，也可以换句话说，他将自发地对自己的服膺地位进行接纳，并全然自动地产生顺从式的仪态举止"②。这里的自动化是非常重要的，它揭示出一

---

① 王莹. 身份认同与身份建构研究评析［J］. 河南师范大学学报（哲学社会科学版），2008（01）：50—53.

② 路易·阿尔都塞. 哲学与政治：阿尔都塞读本［M］. 陈越，编. 长春：吉林人民出版社，2003：142.

种统摄性横亘于意识形态之中。绝大多数个体完全依赖于自己，被置于日常生活实践中，被意识形态仪式支配，承认现存事物的状态，并认为他们所感知的是正确的。阿尔都塞借此强调人们是自觉自愿融进这样的意识形态统摄之中的，因此"没有顺从及其方式便没有主体"，个体被询唤成为主体的本质在于其自觉并自动顺从。奥地利社会学家皮埃尔·齐马对此发表过看法，他认为："意识形态作为一种价值判断，使个人能够作为主体行动。人们不自觉地认同并服从于使他们对某些行为负责的主体价值观和规范，这有助于我理解阿尔都塞所提出的意识形态询唤作为主体的个人。"①

对于抑郁症报道建构起的个体觉知，即抑郁症报道促使自我指涉，笔者选取了两位已经确诊的抑郁症障碍者，其中 M 是一位生物学专业的女性博士，J 是一位任职于检疫部门的男性基层公务员。就抑郁症报道当中意识形态的身份框架生成，笔者对受访者提出的问题是"你认为自己的社会身份（包括职业和地位等）是否与自己患上抑郁症有关联？"

这个问题聚焦的是意识形态背景之下身份框架的问题。对于这个问题，M 给出的回答是：

> 我觉得当然有关联。你想，我作为一名女博士，这其中有着一种"双重的承担"：既要面对"女性"这一绕不过去的性别看法，又要承受现如今各种针对"博士"的判断标准。我们家并不是书香门第，家中父母也好，兄弟姐妹也好，都没有接受过特别高的教育。虽然说他们并没有把希望都寄托到我一个人的身上，但是我如果有压力，如果有苦闷，他们是无法和我分享的，我只能自己承受这些。考博是很辛苦的，其实我当时已经有很多抑郁的症状了，当时想的是，等到读上博士了应该就能在一定程度上解脱一点，而且想谈一段恋爱；但是没有想到真正进入博士阶段以后，又面临科研的压力，我又有了很多新的惶恐。等博士读出来了以后，可能自己年纪也没办法再去装什么秀气了，可能也就像那些最为寻常的女人的生活轨迹一样，找个男博士，没有火花地把自己嫁了。其实这些都是以后的事，关键还是目前的科研压力。我经常想着这些睡不着觉，魂不守舍的，反思自己到底是不是有这样的天赋、这样的价值，可以应对所面临的这些。

---

① 彼埃尔·V. 齐马. 社会学批评概论[M]. 吴岳添，译. 桂林：广西师范大学出版社，1993：16.

第四章 主动归顺：抑郁症报道对障碍者自我归类倾向的建构

身份协商（identity negotiation）的概念源于个体通过经历习得社会角色的过程。身份协商是一个人与整个社会就其身份的意义进行协商的过程。从M的回答中可以看到，建构抑郁的主观因素是个体内化客观现实。市场化和全球化经济强调的所谓"竞争力"，意味着时间效率的趋势日益增强。为了在短时间内比其他竞争对手更有生产力，有必要对能力的各个方面提出更高的要求。这种关于竞争力的讨论也塑造了新人格。一些用来形容人格特质的词汇，例如"害羞"或"腼腆"等，在20世纪80年代逐渐被建构为被定名且需要获得治疗的疾病；而诸如扭捏、内向、不善交际等与害羞相互关联的人格气质，在新的《心理障碍诊断与统计手册》当中被认作所谓"社交恐惧症"（social phobia）或"逃避型人格障碍"（avoidant personality disorder）等诊断。"害羞"所具有的修辞内涵和它的所指被彻底转化，面对不断被界定的情绪问题的危险，个体能够采取的应对策略极为有限；如果不能更好地应对，甚至更好地表现自己，这可能会成为个体在竞争激烈的社会中生存的高度焦虑。

J对于身份框架的问题给出了这样的回答：

> 我的社会身份与我患上抑郁症，当然有关联，只是我还没有找到最为恰当的表达方式来跟别人透露这些想法。我只记得，当时在医生那里被确证以后，我没有特别沮丧，反而觉得有一种被确认的放松感，觉得终于有一个避难所在那里。你所谓的"社会身份"，或许指的就是我的公务员身份吧。我觉得如果按照"官本位"的思维，好像这也算是进了仕途；但是我在检疫部门，好像虽然有个铁饭碗，但一不是要职，二没有很高的收入。我跟心理医生讲，我这个工种，好像真的能从现在一眼看到自己五十岁的样子。我觉得我没有体会过什么很有激情的事情，也没有主动地、热心地做过什么。或许不仅仅是我的职业和社会地位与我的抑郁症有关联吧，与我的抑郁症有关联的，更是我职业背后的生活状态。

由于竞争力强调时间的效率，它会使慢节奏的生活方式和延迟的工作方式被认为是病态的或不道德的。拖延已经成为一种被谴责的行为，被认为是个人缺乏自我管理能力的体现。然而，在市场经济和全球化背景下，有效利用时间产生效率被认为是合理的、符合个人责任的理念。即使在假日，每时每刻仍充斥着办公室之外的工作。资本化社会的无止境发展使得个体对于成功的追求也很难企及一个既定的重点，人们要承受持续竞争所带来的焦虑与压力。

阿尔都塞在阐释这些理念的时候说，即便是用笔写下这些文字时的他自己，以及正在阅读文本的人们，都无一例外地"自然"或是"自发"存在于意识形态之内,并由此成为主体。他也做出了更大胆的断言,认为人与生俱来就是"意识形态动物"。他说:"我此时此刻的写作与你此时此刻的阅读,皆为意识形态认识的一种仪式,在这当中就包含了不言而喻的自明,我思想里的真理抑或谬误也许便随着这种自明强加在你身上了。"① 在这里,阿尔都塞借鉴了亚里士多德在《政治学》中的看法,认为人类是一种"政治动物"或"意识形态动物"是因为人类具有言论和道德推理能力。正是这种不言而喻的自明性(obviousness)表征出来一种基本的意识形态效果,通过物质与意识,意识形态的指涉与认同功能自然而然地产生。②

二、自我图式生成:个体与内化的自我身份认知

我们对别人持有想法和信念,对自己也有同样的认知把握。图式(schema)这个术语指的是我们用来描述关于世界的各种知识的认知结构,像许多其他事物一样,我们也持有关于自己的图式。在心理学中,这些被称为自我图式。自我图式(self-schema)指出自我是一个整体表征,自我概念是一种稳定的人格结构。人们总是主动寻找与自我相关的信息和情境来确认自己存在的自我概念,而扭曲或忽略与自我概念不一致的信息。然而,自我也是由复杂的知识结构构成的一个由复杂的知识结构组成的相当大的"多面体"。个体可以激活不同的子结构来满足特定情境的需要,个体对自我的信念取决于与他们相关的情境,自我概念也显示出可扩展的一面。社会比较理论指出,个人根据自己与他人的对比来决定自己的社会和个人价值。人们有时会将自己与他人相比较,以此来培养自我完善、自我激励和积极的自我形象。③

当个体意识到自己的特定身份时,他经常在这个身份的框架内感知他周围的世界。身份凸显性指的是在社会环境中启动特定身份的可能性。④ 在抑郁症报道当中,身份往往成为文本当中极为突出的人设指称。个人在社会中扮演不同的角色,因此,个体将不同的部分内化为他们自己的身份。随着个体角色的增加,他们会形成相应的身份。所有身份的整合构成了个人的整体自我,这反映在各种人格的功能过程中。在抑郁症报道当中,公务员、大学生(尤其是研

---

① 路易·阿尔都塞. 哲学与政治:阿尔都塞读本 [M]. 陈越,编. 长春:吉林人民出版社,2003:143.

② 路易·阿尔都塞. 哲学与政治:阿尔都塞读本 [M]. 陈越,编. 长春:吉林人民出版社,2003:144.

③ 乐国安. 图式理论对社会心理学研究的影响 [J]. 江西师范大学学报,2004(01):19—25.

④ Levine R M. Identity and Illness: The Effects of Identity Salience and Frame of Reference on Evaluation of Illness and Injury [J]. British Journal of Health Psychology, 1999, 4 (1): 63—80.

第四章　主动归顺：抑郁症报道对障碍者自我归类倾向的建构

究生）和女性（尤其是孕妇）往往成为被文本进行归类属的群体性主体。

《环球时报》官方微博曾在 2015 年 10 月 2 日引述《长江日报》的报道（图 4-2）：

> 高龄产妇如愿怀上二胎，丈夫却变得紧张焦躁，常头痛失眠，对妻子发脾气。他告诉心理咨询师：他每月收入不足 5 千，要养老人和上学的孩子，妻子无固定收入，3 代人住 60 平米两间房，再添 1 个孩子负担太重了。

图 4-2　《环球时报》2015 年 10 月 2 日微博截图

而央视新闻在 2017 年 8 月 10 日的"时间视频"中报道了《二胎母亲将两岁孩子丢弃　纸条留言：她没病就是天天哭》：

> 广东韶关，一小女孩独自坐在地上哭。旁边书包里找到一张纸条，称孩子没病，是二胎，天天哭天天打，真怕哪天把她打死，望好心人捡走。据悉，女童已被父亲领走，孩子母亲写的纸条，疑患产后抑郁症。

正如巴赫金所认为的，个体身份不仅存在于身体和头脑中，虽然这些是基本的，但它们是通过话语和另一个人之间的互动建立起来的。① 在身份建构方面，文本话语语境中的交流和互动更加明显，个体的身份建构也更加清晰。然而，对话是所有话语中最基本的结构原则之一，因此文本中传递的信息和意象

---

① 巴赫金. 小说理论 [M]. 白春仁，晓河，译. 石家庄：河北教育出版社，1998：24.

必然会与需要投合的个体受众互动，其身份建构也具有一定的语用意图。

在这里，孩子母亲的主体身份遭遇成为一种看待社会问题的前提性视角，其疑似罹患的产后抑郁症所指涉的，并不是个体的心理健康状况本身，而是个体对"二胎"问题的处理态度与处理策略。抑郁症在这里的话语建构实际上经历了一个"先果后因"的过程：因为"二胎"问题造成了实际的生活资源困难，基于现实而产生的心理健康焦虑成为患上产后抑郁症的原因，这时抑郁症是孩子母亲及其相关者的现实生活所导致的结果；因为抑郁症的出现，个体面对生活困境的策略发生调整，甚至不排除过激举动的产生，这个时候抑郁症又成为一种个体面对生活困难时所采取的认知框架，引导案例中的个体利用偏激的手段来应对生活中的负面事件。

当强调社会身份时，在获得积极的自我评价标准的指导下个体会主动根据内部群体和外部群体来区分"我们"和"他们"，并将自己归类到一个特定的群体。[①] 此时个体认知目标与群体内的标准一致，个体身份便也淹没在群体之中。当社会身份转化为个体身份时，个体认为主体性层面的自我是一个不同于任何人的独特主体；此时个体遵循自己的目标而不是群体的目标，更关注"我"而不是"我们"。一个个体对什么样的身份进行分类，强调什么样的认同，表面上看是由自我归类引起的，但又受隐藏在背后的意识形态所控制。多重身份的存在将反映在交际主体的文本中。个体选择某种身份，从这种身份的角度出发，他们用某种话语形式来评价或定位自己、他人或其他事物，这种观点立场也反映了个体的身份建构。

对受访者提出的问题"你是否会在阅读抑郁症报道的时候，自觉或不自觉地去寻找与自己的社会身份相关或相似的线索或细节？"关注的是抑郁症报道文本当中的自我图式。M的回答是：

> 我会留意抑郁症报道里面，患上抑郁症的是哪些人，尤其是看到和我相仿的，我会多看几眼，甚至会很认真地看。比如之前报道研究生跳楼自杀的新闻，我都看得很仔细，还不仅是看新闻本身，看完之后还要看评论，还要在网上搜索更多的信息。但我也只能看，我没有办法多说什么，因为如果我说得多了，别人如果看到，会觉得我是在借机控诉什么，我不想让别人有这样的误会，也不想惹任何麻烦。但我还是会看，看那些和我有一样经历的人，他们是怎么面对抑郁症的。我觉得我这样做，是自己给

---

① 王莹. 身份认同与身份建构研究评析[J]. 河南师范大学学报（哲学社会科学版），2008(01): 50—53.

自己平添多余的念想，我现在也在控制了。

自我图式反映了我们期望自己在特定环境或情况下如何思考、感受和行动。这些信念中的每一个都包括了我们对自己的总体看法，以及我们对类似情况下过去经历的理解。个体衡量特定的危机，以达到控制与把握的目的，并利用权威和各种系统提供的信息来进行反身规划，例如生产认同和生活规划等。然而，风险本身变得不可预知。[1] 个体由于自我同一性的不确定性和多重身份焦虑，会选择通过反复反思、自我跟踪的质疑和自我维护来确定自己的主观意识，确认未来的发展方向，并从长期稳定的生活规划当中寻求一点安全感，然后继续这样的询唤周期。由此，个体被询唤为主体的这种自反性使得人们能够对自我认同进行形塑，然而也使人们感到难受。日益兴盛的消费主义也正是利用这样的询唤，使得个体在众多的商品选择当中得以训练，由此定义出诸如"我是谁"以及"我是什么样子"。这种由询唤所形成的个人主义反思强调了主体责任，个体在对未来规划进行选择的时候，如果失败了也很难推卸责任，因为这是自己做出的选择。也正因如此，个体在询唤过程中以主体的身份对未来进行筹划的时候，其所遭遇失败的可能性越高，潜藏的情绪问题也会越多。

对于这个问题，J也认为自己会去寻找与自己的社会身份相关的线索或细节：

> 我觉得我当然会留意。只不过吧，我觉得我看到的那些公务员患抑郁症的新闻，和我自己的经历比较，还是有距离的。一是好像非得是混到了一定地位的人，得了抑郁症，或者是寻短见，才会被重视；像我这样，比较基层的公务员，好像在抑郁症的报道里面也激不起多么大的水花。二是我们这个身份，可能也比较敏感吧，这敏感的东西、不太好说的东西，本身就给抑郁症报道设了限制，所以其实老实讲，我也真没有看到很多和我的实际情况相关联的报道。

每个人都有非常不同的自我图式，这些图式深受过去经历、关系、教养、社会和文化的影响。我们是谁，我们的自我认知很大程度上受到我们如何成长，我们如何与他人互动，以及我们从社会中得到的印象和反馈的影响。个体需要通过被询唤来获得持续的反思，以确保自己生活的秩序感和连续性，从而保持自己作为主体的安全感，避免焦虑。[2] 然而，市场经济所强调的自我责

---

[1] 安东尼·吉登斯. 现代性的后果 [M]. 田禾，译. 南京：译林出版社，2000：297.
[2] 黄瑞祺. 当代欧洲社会理论 [M]. 杭州：浙江大学出版社，2008：43-44.

任、自由和竞争与全球化的社会规则是相关的，这也使得现代社会主体具有高度的"自反性"特征。用吉登斯的话来说，"我该怎么办？如何采取更好的行动？你想成为谁？"这些是当代社会每个人都会遇到的核心问题。人们试图通过话语层面或日常社会行为层面来回答这些问题。在他看来，无休止的自我反省和审视，形成了所谓的"自我轨迹"（the trajectory of the self），即自我形成了从过去到预期未来的发展轨迹，自我的反身性延伸到身体，对身体的感知是把握当下的核心。这对于当代人而言，在其自我认同的进程当中占有突出的位置。① 同时，由于信息技术的变化和交通运输的进步，时间和空间的压缩比以前有了更强烈的感受，使得社会资本得以迅速周转。

人们通常认为他们是非此即彼的，但大多数人是作为一个连续体存在的，每个人都处于两个极端的中间。当我们经历生活并获得新的知识和经验时，我们不断地增加甚至重新配置我们现有的自我图式和自我概念。

三、存在性焦虑生成：意识形态身份与自我身份认知杂糅

个体化（individualization）是指在当代经济活动、生产性社会劳动、就业方式和社会生活进一步开放和快速变化的条件下，个体作为社会关系系统中的基本单位和社会行动过程中的实体单位，其独立性、独特性和主体性日益凸显和表现出来的过程。美国心理健康学家亚伦·贝克指出了当代人所面临的个体化矛盾，即一方面，人们越来越多地从传统的既定信仰和社会规范中解脱出来，但他们不得不面对思想和纪律缺失带来的负面影响；另一方面，当代人不得不面对许多社会风险，如孤立、信任危机和被排斥在传统社会网络之外。② 在这种个体化焦虑中，人际关系的互动也发生了从"对人的信任"到"对系统的信任"的转变，如信任需要委托给各种权威专家、政府机构、金融制度和医疗制度等，而制度的自信使整个社会承担起了责任。不可预知的高风险，人们总是因为信任而转移信任的可能性焦虑。

在英国社会学家安东尼·吉登斯的眼中，这种担忧是一种"存在性焦虑"（existential anxiety），意即心理状态被个体本身的安全感知是否完备所高度影响。③ 吉登斯认为，个体感知到的安全感来自对社会环境的熟悉和认同以及持

---

① 安东尼·吉登斯. 现代性的后果[M]. 田禾，译. 南京：译林出版社，2000：315.
② Beck A T, Brown G K, Steer R A, et al. Suicide Ideation at its Worst Point: A Predictor of Eventual Suicide in Psychiatric Outpatients [J]. Suicide and Life-Threatening Behavior, 1999, 29（1）: 1-9.
③ 安东尼·吉登斯. 现代性的后果[M]. 田禾，译. 南京：译林出版社，2000：301.

续的行为。然而，日常生活中的习惯做法是他们安全感的重要来源。社会的快速变迁产生高度的不确定性，一些不可抗拒的环境更替以及行为调整都增加了个体产生存在性焦虑的可能性，甚至继而引发生活失序的状态。

中国之声在2016年1月3日报道了"北邮研究生签约前11小时跳宿舍楼身亡"的新闻，2015年12月17日凌晨，24岁的北京邮电大学研究生孙某某，从学校宿舍楼上跳下身亡。此前孙某某的毕业论文没有通过，他被延迟毕业。后来他得了重度抑郁症。孙某某重新提交了论文，不出意外，他将于2016年3月毕业。一家知名银行通知他17日下午签约。在其报道中，不断突出的是孙某某个人取得过哪些建树，即如何满足社会价值公认的优秀：

> 高中时期的孙某某依然成绩优异，每每考试都是全校第一，与第二名有着二三十的分差。2008年，他考入了北京邮电大学通信工程专业，并继续着他的"意气风发"。同学们都叫他"孙神"，一到项目小组讨论作业，他总是可以提出好的解决方法与研究角度。团队建模大部分工作都是由他漂亮地完成，"聪明"是大家对他的共识。在北邮的四年本科学习中，孙某某"硕果累累"：北京市数学建模、全国电子设计竞赛、校级三好学生、学业奖学金……诸多奖项都被他收入囊中。他还获得了在617名毕业生中被保送读研究生的资格，继续在北邮深造。

在社会情境中，人们会自动进行社会比较（social comparison），获得积极的自我评价和自我分类，并根据外部群体和内部群体来区分情境中的人。[1] 与自己具有相同或相似特征的人被视为内部群体的成员，而其他与其特征有明显差异的人被视为外部群体的成员。同时，个体的认知、情感和行为往往与内部的群体标准或规范紧密结合在一起。因此，个体当前的自我概念，即身份突显，取决于个体在当前情境下的自我分类。个体的经验、期望、动机、价值观、目标和需求反映了个体在自我归类过程中的主动性。在中国，人们更倾向于将直接的自我表达最小化处理，尤其是在情感的表露上，然而西方文化却比较鼓励把无论是正面还是负面的情绪都体现出来。在西方社会当中，个体往往是被定义为特殊且与他者做出区分的，然而在东方，对个体的界定常常是基于与他者的关系之上。[2] 因此在中国人根深蒂固的观念之中，所谓"自我"在很大程度上是社会性的，譬如儒家文化会引导人们出于维护整体和谐性的目的而

---

[1] 张莹瑞，佐斌. 社会认同理论及其发展[J]. 心理科学进展，2006（03）：475–480.
[2] 许烺光. 跨文化的自我透视[J]. 中国社会心理学评论，2005（01）：1–20.

不要张扬个体自身的情绪。这便能够解释中国人在对抑郁症状进行表述的时候可能存在的偏差。

在上述报道中，孙某某这一个体形象的身份显著性，体现出其内部状态和外部情境相互作用的结果。文本所强化的是他的"学霸"身份，而越是对其"学霸"身份进行突显与强调，越是形成了一种身份与行为的、个人认同与社会认同之间的反差与对峙。孙某某作为个体过去的经历与期望、动机与目标、价值观与需求，在当下所遭遇的现实压力面前成为某种与自我概念不一致的扭曲信息，在文本当中与他主观层面患上抑郁症并选择自杀这一行径产生内化的暗示与关联。一般说来，身份突显是个体内部状态与外部情境相互作用的结果，社会身份和自我分类将自我概念分为个体身份和社会身份两个层次。个人身份是指"我"和"非我"的分类。当将该情境中的个体与内部组的其他成员进行比较时，将突出显示个体身份的属性。社会认同是指对"我们"和"他们"的分类。社会认同的显著性取决于内部群体和外部群体之间的比较。个体身份被认为是自我分类的最低层次，当个体身份被激活时，个人认为自己是不同于他人的独特主体。在这一点上，个人遵循自己的目标，而不是群体的目的。

正如前面的章节所提及的世界卫生组织对于"健康"的定义的演变历程，从最初只涉及个体的生理与心理状况，到后来开始认为获得健康的条件不单单意味着个体行为与生活方式获得合适的医疗帮助，还务必包含对贫穷、污染、自然资源短缺、社会异化等问题的妥善解决，涉及经济、社会环境、生态自然等多个领域，并且领域之间交错影响，对健康状况起到决定性作用。这当然与20世纪70年代的全球性经济大萧条有现实关系，当人们遭遇失业、贫困以至于个体对于自身的生活现状失去控制的时候，健康的生活方式便也难以得到保障。这使得人们进一步发现社会生态的不平衡是亚健康的重要原因之一。仅仅关注与医疗相关的精神健康障碍的客观讨论是不够的，有必要从现象学的层面关注患者自身经历的身体，从互动的角度关注患者作为主体的行为。

侧重于个体会否将抑郁症报道中关于社会身份的突出与强调内化，进而增加自身内部的焦虑，笔者询问受访者的问题是"抑郁症报道中关于社会身份的突出与强调，会不会增加你对自身情况的焦虑？"M认为：

> 会增加焦虑。因为从报道当中，我会觉得，抑郁症这个东西，在我的处境当中是真实存在的，不管是披露"女性患上抑郁症的研究数据"，还是"博士是抑郁症的高危人群"，这些好像就是在强调：我是他们的一分子，我逃脱不了这样的命运安排。焦虑在我看来，不单单是说，好，我可

以把自己归纳进入这个"妇女"或者"博士"的类别；焦虑还在于，光把这些与我相关的事实暴露出来了，但是我没有看到任何的解决办法。我认清了情况，但是接下来我应该怎么做，没人告诉我。是应该像报道里写的那些自杀的案例一样，也去自杀吗？这些东西让我读了以后，感到没有出路。我觉得我更多的焦虑，是来源于这一点。

每当人们将疾病归因于个体化的生活习惯以及对自我的约束时，身陷疾病当中的患者会因此承受污名化的遭遇，例如先前讲到的意志不够坚定、心态不够平衡等，使得患者羞于承认或表达自己的疾病经历。然而人们在健康标准发生转变的情况下更加敢于面对心理健康方面的疾病，因为客观外在的原因也被认定为致使个体患病的重要因素，那么个体本身的行为与不良习惯便不再是形成疾病的唯一原因，这也使得对既存身心状况的承认没有过去那样具有羞耻性。认同感是一种源自心理层面的东西，这种心理层面在很长一段时间内是稳定的。这就是为什么意识形态和思想相互竞争，因为它们都必然感觉到存在受到矛盾的信仰或现实的威胁。

在J看来，他所体会的因抑郁症报道而起的焦虑似乎并不是那么强烈：

> 我感觉有焦虑，但我自身所体会的焦虑，好像并不是那么大。因为我早就看开了，好多事情是解决不了的，是无济于事的；想到这里，我觉得我好像再怎么焦虑也没有解决的办法，所以就算是一篇报道摆在那里，长篇累牍也好，短小精悍也好，都不会引起我太大的波澜。而且其实你平心而论，公务员好歹是铁饭碗，像我也并没有什么一技之长的，似乎也不能说因为报道了公务员遭受着什么绩效的压力，就不去做自己分内的事情吧。所以我觉得，好像能把目前拥有的东西守住，就已经很重要了。基于这一点来看，白纸黑字的报道能展现出的威力对我而言并不是那么大，因为那仅仅是一个用来读的，我们每天在办公室里要读很多东西。我比较冷淡了，焦虑也只是阅读体会的那一下下，过后好像又得面临更多眼前的事情。

一种意识形态至少是一组信仰和象征性实践，它们表达了通常是一个群体或一个阶层的某种兴趣，并根据信仰和实践不仅构建了对世界的感知，而且构建了实际的文化世界。在这里需要做出强调的是，社会结构往往只能对某种宏观层面的概况进行勾勒，然而不同的微观机制是怎样使个体遭受抑郁症的痛苦，这其中还存在着许多的偶然性；因为社会结构对这个问题的解释力受到了局限，因此动态的社会建构要比静止的社会结构更能让人看到一个生动的面貌。

第二节 群体招募：抑郁症报道划分群体范畴

所有的意识形态都是通过把特定的个体称为特定的主体来发挥作用的。阿尔都塞承认，意识形态在这里不仅是一种政治解释，而且是各方面的概括。他认为，把个人视为主体的做法反映在日常生活中必要的物质仪式上。例如，某人被点名是基于知道某人"有"一个名字的前提。即使你不知道名字是什么，但不可否认的是，拥有一个名字会使某人成为一个独特的主体意识。个体需要属于或依赖群体是人类社会性的表现。个体对群体的归属感，属于构成群体凝聚力的基本要素。这种体验使话语机制的正确运作不仅停留在想象的层面，而且存在于日常生活中最琐碎的事物之中。

人们的日常生活是通过语言和交流形成的。他们根据接触到的文字中发展出的思想和理想来选择如何利用时间与精力。抑郁症报道用语言影响个体的日常生活，抑郁症障碍者所接受的话语大多来自大众媒体，而媒体的抑郁症报道也是塑造他们的群体体验的重要因素。为了改善人们的日常生活经验，人们应该设法理解那些经常而不引人注意地改变他们生活的修辞。修辞使我们能够建立联系，这是一种了解个体如何与群体互动的方式。

一、群体实体性的构建：群体实体存在作为日常生活依归

群体泛指由许多本质上有共同点的互相联系的个体组成的整体。一切意识形态，都是借由将具体个人召唤或建构成具体主体而产生作用的；意识形态在众多个体内"招募"（recruit）主体，或是将个体"改造"（transform）成为主体，是指产生一定的行动或发挥作用。[①] 阿尔都塞承认，意识形态在这里实际上不仅仅是政治层面的解读，它也被泛化于方方面面。他认为，将个人视为主体的做法反映在日常生活的基本物质仪式中。例如用名字去喊某人的这个事实，它的前提在于知道某人"有"一个名字，即便不知道到底是什么名字，但不可否认的是拥有了名字使得某个人是一个独特的主体；将个体看成是主体的实践，强化了意识形态必须在主观能动层面才能有更为突出的体现的事实，而

---

① 路易·阿尔都塞. 列宁与哲学 [M]. 杜章智，译. 台北：远流出版事业股份有限公司，1990：192.

询唤的提出，使得人们有了认识这种机制的社会科学知识。这种知识让话语机制当中的极为精密的操作不仅仅停留于想象的层面，还存在于日常生活最为琐碎的事物里。

一个群体中的个体能够组成一个群体并被我们感知，原因是这个群体具有一些实在属性，这使得个体能够将其与其他群体区分开来，对其进行分类和总结。"实体性"是指将某物视为纯粹的实体，即从伴随的环境中进行精神抽象。在心理学中，它通常指的是将一个群体视为一个独立的实体，从其伴随的个体中抽象出来。因此，美国社会心理学家唐纳德·坎贝尔首先使用"群体实体性"（entitativity）的概念来表达和描述一个特定的社会集合结合的程度。[1] 他认为，当个体感知到一个社会群体时，他们根据群体内公认的组织结构和完形感知原则，将群体视为与其他群体不同的独立实体。

阿尔都塞进一步通过对打招呼的举例来表明群体对个体询唤的日常生活属性。譬如在路上碰到某个朋友，和这个朋友致意并寒暄，即打招呼的双方都是主体，并且在各自的生活之中接连不停地实践着这种认识的仪式。用阿尔都塞自己的话说便是："这种意识确保我们是具体的、个体的、可相互识别的、不可替代的主体。"[2] 阿尔都塞正是从这个层面出发，认为意识形态的存在与作为主体的个体的召唤或建构在本质上是相互联系的。阿尔都塞这种对日常生活处境的强调，和拉康的哲学语境是一脉相承的：拉康认为，人类每天的基本生活事实，即所谓"微观现实"是影响社会辩证法里的人类认知的关键因素，取决于那些个体与个体互相宣称并互相感染的细致事物。阿尔都塞便是着眼于拉康所提出的微观现实来研究意识形态，这同样也成了列斐伏尔进行所谓"日常生活批判"的基础。在《第二媒介时代》这本书中，波斯特曾就此指出，从微观层面观察社会生活可以发现，主体是由文化或语言形构的，"正是由于召唤与质询的持续重构，在既定性的话语行为中引发出某种阐发的姿态，使得询唤成为群体对个体的侵入"[3]。

《Vista看天下》在2015年10月刊载了一篇题为《一位新闻人的非典型抗抑郁之旅》的特稿（图4-3），记录了财新媒体的编辑张某与抑郁做斗争的过程。在这篇文章当中，张某的"新闻人"身份不断地被强调。在开头的部分便

---

[1] 杨晓莉，刘力，李琼，弯美娜. 社会群体的实体性：回顾与展望 [J]. 心理科学进展，2012，20 (08)：1314-1321.

[2] 路易·阿尔都塞. 列宁与哲学 [M]. 杜章智，译. 台北：远流出版事业股份有限公司，1990：192.

[3] 马克·波斯特. 第二媒介时代 [M]. 范静晔，译. 南京：南京大学出版社，2000：130.

开门见山地点明他的身份：

张某是财新媒体的编委，我的第一份媒体实习就是在他手下。印象中的他对工作充满热情和干劲，编辑起记者文章来迅速准确，素有"快刀"之称。开会讲话时，逻辑清晰、谈吐流畅得不像是在随口说。你很难想象这样一个人会得抑郁症。

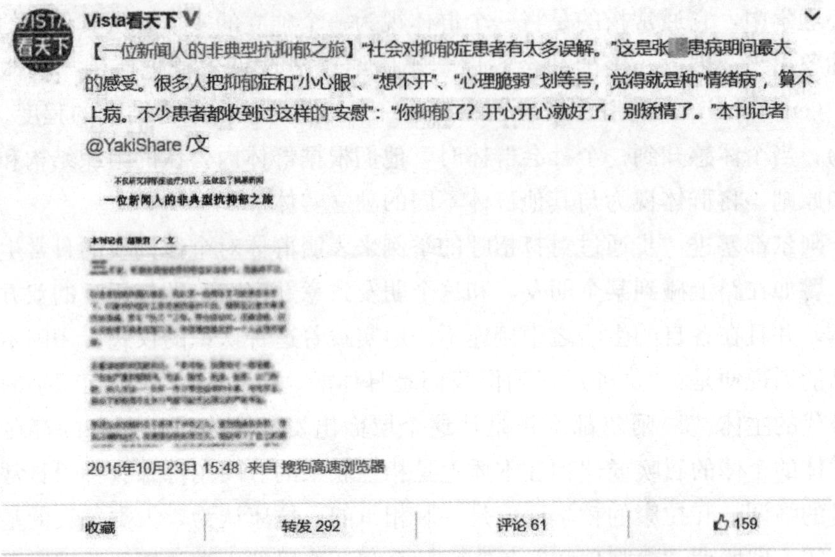

图 4-3　《Vista 看天下》2015 年 10 月特稿截图

群体实体性从格式塔的角度解释了人们对社会群体的分类。个体往往根据群体所认识到的本质特征对群体进行分类，形成群体印象表征。群体感知的重要特征通常分为两类：一是群体的可变性，即理解群体内部及其成员之间的差异；另一类是群体的物质性，这是对群体独立存在和感知完形的基本理解，受群体成员之间相似性和同质性的影响。由于群体的相似性或同质性，群体的实质性使其成员能够被视为相对独立的整体，从而使他们能够以社会分类为特征。这里提到了一个群体的变异性特质，即媒体工作者具有良好的表达能力，而正是这种表达能力使得张某患上抑郁症的这一事实显得难以置信，因为在临床上认为抑郁症的症状之一是理性的表达能力被一定程度地剥夺，这里体现出一种群体内部的差异。

而随后，报道又写道：

抑郁症障碍者大多不愿承认自己得过这个病。张某却愿意"高调公示"，他的考虑是，自己接触到的大多数患者及其家属，对抑郁症都很陌生,"我希望通过把自己的经历公之于众,给其他病友以借鉴,让他们少走弯路,少受些苦"。

与此同时文章里也写道:

> 之所以强调"新闻人",是因为张某把新闻人探寻真相的特质发挥到了极致:经历这场病后,他不仅研究抑郁症治疗知识,还在这行里做起了揭黑新闻。
>
> 他自己也承认,不是每个人都如他一般好运,对这份好运的感激,也成了他写作的动力之一。另一大动力则和他当初从事新闻事业的初心一样:"为那些不能为自己发声者发声。"

大众媒体对心理障碍者的描述对公众态度有很大影响,以至于这些描述的改变可以减少公众对这种疾病患者的污名化。记者的心理健康可能会影响他们对心理障碍者的描述,但对此知之甚少。记者的心理健康是一个经常被忽视的现象。压力在很大程度上被认为是这个职业的一部分,或者说是新闻编辑室文化的一种默认状态。夜间工作、紧迫的截稿期限和潜在的危险报道环境可能是新闻事业的典型组成部分。这种工作条件的正常化会给记者带来精神健康问题。日常生活(everyday life)包括人们通常如何有规律地行动、思考和感受。日常生活可以被描述为平凡的、平常的、自然的、习惯的或普通的。人类的日常生活能力意味着大多数人至少会在晚上睡一会儿,并且在白天很活跃。大多数人一天吃两到三顿饭。除轮班工作之外的工作时间主要包括每天从早上开始的日程安排,这产生了数百万人经历的正常高峰时间,晚上通常是休闲时间。除了这些广泛的相似之处,生活方式也各不相同,不同的人过着不同的日子。日常生活是文化研究中的一个重要概念,也是社会学领域的一个专门学科。有学者认为,受资本主义和工业主义对人类生存和感知的不良影响的驱使,19世纪的作家和艺术家更多地转向自我反思,在他们的作品和艺术中描绘日常生活,其程度明显高于过去的作品,例如文艺复兴时期的文学对圣徒传记和政治的兴趣。[①] 根据社会心理学家约翰·A. 巴格的观点,日常生活的大部分是自动的,因为它是由当前的环境特征所驱动的,而这些特征是由自动的认知过程

[①] 陶东风. 日常生活的审美化与文化研究的兴起——兼论文艺学的学科反思[J]. 浙江社会科学,2002(01):166-172.

所调节的，没有任何有意识的选择的调节。① 社会学家也研究日常生活，关注它是如何组织和赋予意义的。

这里所传达的是，张某作为抑郁症亲历者，愿意将自己的经历赋予意义，即帮助到更多的病友；并且，张某仍然隶属于媒体工作者的集体，职业行动能力为他帮助病友的尝试提供了一定的技术基础。这里通过同时强化张某作为个体分属于两个群体的印象表征，同质性与相似性的调动使得群体实体被感知，这一点在2015年媒体转型的大背景之下传统媒体从业者成为抑郁症高危人群的现实语境当中显得更为突出。

针对群体作为个体的日常依归，即群体当中本身固有的共性，笔者提出的问题是"你所处的社会群体，在面临抑郁症的时候，有没有某种共性存在？"在面对这个问题时，M的回答是：

> 在我看来，共性是有的。当然，这么说可能有刻板印象的嫌疑，但我觉得确实有一些共同的特质是存在的。比如说作为女性，心理承受能力可能确实会比较差，当然我不否认有的女性很强大，可以独当一面。但是毕竟我觉得生理期还是会造成特定的情绪波动，而且有的女人在生完孩子以后也会有这样那样的问题。再比如说作为还活在象牙塔里的博士，和同龄人相比，一直没有真正地踏足社会，可能在别人看来，会觉得"哇，M是女博士，真了不起"，但是其实我和那些已经开始赚钱的同龄人比，还是有些许自卑的。现在来看，前景也是不确定的。我觉得这不是我一个人在面对的事情，我觉得这是很多人都在经历的。

M不否认有些女人很强大，可以独立。然而她认为生理周期仍然会导致不可避免的情绪波动，一些女性在分娩后也会有一些问题。作为一名仍生活在校园中的学生，与同龄人相比，她从未真正踏入社会，与那些已经开始赚钱的同龄人相比，她还是觉得有点自卑，前景也不明朗。但她相信这是许多人正在经历的。单纯的话语只是沟通过程中的一种表现形式，达到沟通基础的共识还少不了相互理解的保证。

人们的日常生活是通过语言和交流形成的。他们根据自己接触到的话语中形成的观点和理想来选择如何安排自己的生活。人们所接受的大部分对话来自大众媒体，这是塑造人类体验的一个重要因素。为了改善日常生活，人们应该

---

① Bargh J A, Chaiken S, Raymond P, et al. The Automatic Evaluation Effect: Unconditional Automatic Attitude Activation with a Pronunciation Task [J]. Journal of Experimental Social Psychology, 1996, 32 (1): 104-128.

寻求理解那些经常且不引人注意地改变他们生活的修辞。修辞使我们能够建立联系,这是关于理解我们如何与群体互动的一种方式。

群体的共性基础在 J 看来是比较单薄的,他归咎于自己的工作性质:

> 我不否认每个人有每个人的独特之处,但是我觉得,共性真的是切切实实存在的。比如说我觉得我的工作吧,大多数是周而复始的内容,不可能有多么大的起色,也不可能有多么大的缺失。我觉得大家都在不断地重复,不断地重复,这种重复的、来来回回的生活状态,让我感到有点消磨。我不知道这是不是真正影响到我的病的原因,我也不能说这一定就是我这个队伍之中每个人都有体会的。但你如果非要说有什么共性,我觉得,这就是我所认为的共性吧。

他不否认每个人都有自己的独特性,但认为共性是存在的。他的大部分工作都是周期性的,不可能有显著的改进,也没有明显的不足。这种重复、往复的生活状态,是他所处的群体中的每个人都经历过的。对于许多人来说,抑郁症是周期性发作的:有时是非常严重的,有时是消退的。这可能意味着践行日常生活的能力也会发生波动。

二、群体类属感的构建:群体特定描述作为理解信任凭借

当个体感知某个社会群体的时候,会根据群体内公认的组织结构和格式塔感知原则,将该群体视为不同于其他群体的独立实体。

根据格式塔理论,一群人可以被觉知为一个群体,当印象形成时,群体表征的分类是自动的,即相似特征的归纳更依赖于作为群体共性的群体实体性。因此群体实体性决定了一个群体及其成员被人们的印象表征的基本情况,从而影响了人们对该群体的理解和判断,在群体认知中起着更为关键的作用。

对于第二个问题"抑郁症报道对你所处群体的描述是否公正?"M 认为:

> 我觉得事实摆在那里的话,那按照事实写,自然也不会有多大的偏差吧。出现各种各样的情况,被千奇百怪地报道,我也能想得通。我是学生物的,我觉得多样性肯定是存在的,但要是要求报道把所有的情况都囊括起来,肯定是有难度的。如果有让别人觉得不公正的地方,至少我是可以理解的。我觉得不公正的地方可能在于,会有一点以偏概全。我相信还是有很多人能很好地应对一切的吧,不管是应对女性这一层的短板,还是应对博士生活的种种情况。如果报道描绘得太消极,可能这些快乐的人会比较无辜。不过反正我不快乐,所以我觉得还好。

她认为如果事实是存在的，那么根据事件来看，不会有太大的偏差。她相信多样性确实存在，但很难要求报道涵盖所有情况。如果有什么事情让别人觉得不公平，至少她能理解。她认为，不公正可能在于这样一个事实，即报道会有一点一般化，如果报道过于负面，也许很多个体会更加无辜，但她也相信仍然有很多人能够很好地应对一切。

面对同样的问题，J的看法是：

> 从现在我接触过的报道来看，我觉得还是比较公正的，甚至有很多情况，可能媒体报道的还存在很多保留。因为这个报道可能深挖起来比较困难，也很难在我所处的群体里找到亲历者来配合，所以肯定会有报道得不够充分的地方，这个我可以理解。我觉得公正与否，还是没有太大的问题的，只能说媒体能够掌握到的信息估计比较少吧。不过我觉得，公正不公正，其实是更远的问题，眼下的问题是要让更多的人能够关注到我们身上来，这个是比较关键的。当然，这也是我愿意跟你交流这些的原因。

在J看来，从现在接触到的报道来看，他认为是比较公正的；甚至有些情况，媒体的报道也可能有很多保留。因为报道可能很难深入挖掘，也很难找到在他的群体中有过这种经历的人来合作，所以毫无疑问，有些故事还不够丰富。他认为当前的问题是让更多的人关注到他们。沟通基础的理论将沟通和对话描述为一种协作行为。在一起工作的集体通过提出共同点或共同知识来建立起他们的对话基础，各个成员将利用这些知识来促进更为有效的对话。为了实现这样一种协作性，基本的准则是沟通与对话的成员之间能够相互信任，即每个参与者都对概念具有足够清晰的理解，才能够让彼此间的交流向前推进。

三、群体聚合力的构建：群体社会比较作为情感同步条件

人类的情感具有高度传染性。看到其他人的情绪表达，比如微笑，通常会引发观察者相应的情绪反应。这种个体间情绪状态的同步可能支持社会互动：当所有群体成员共享一个共同的心理状态时，他们的大脑和身体同样处理自身所处的环境。当一个社会群体的成员之间以及群体作为一个整体联系在一起时，群体凝聚力就产生了。凝聚力可以更准确地定义为一个群体在朝着一个目标努力或满足其成员的情感需求时保持团结的趋势。虽然凝聚力是一个多方面的过程，但它可以分为四个主要组成部分：社会关系、任务关系、感知的团结和情感，这一定义包括凝聚力的基本方面，包括其多维性、动态性、工具基础

和情感维度。① 多维性是指凝聚力是如何基于许多因素的；动态环境是指从一个团体成立到解散，它的力量和形式是如何随着时间而逐渐变化的；工具基础指的是人们为了某种目的，无论是为了一项任务还是社会原因，是如何团结一致的；情感维度是指团队成员对凝聚力的满意程度。

个体在观察他人的相似之处和不同之处时，会在心理上将自己和他人归类为群体的一部分、群体内的成员或群体外的成员。通过这种分类，群体的刻板印象在个人的头脑中变得更加突出。这导致个人根据群体规范思考和行动，从而产生对整个群体的吸引力。许多组织目前都在鼓励抑郁症群体内部合作，这是由组织心理学家开展的研究推动的一项举措，这些研究强调了群体协作的好处：情绪开始发挥作用，形成一种群体情感。群体的情绪状态会影响凝聚力、士气、融洽关系和团队绩效等因素。因此，组织需要考虑影响群体情绪状态的因素，利用群体情绪的有利方面，避免不利方面。

群体凝聚力源于一种深刻的"自我"（we-ness）感，通过热情地参与团队的努力，并认识到团队成员之间的相似之处，团队变得更有凝聚力，群体自豪感创造了一种加强团结纽带的群体聚合力意识。《人民日报》在2017年4月25日的微博中引用了一段视频，视频的内容是抑郁症障碍者朗读自己曾经写下的遗书（图4-4）：

> 在国外有一群人，他们曾经是抑郁症患者，并多次试图自杀。如今他们已经从抑郁中走出，并根据自己的经历制作了一段非常治愈的视频，帮助那些依旧被抑郁症折磨的人。他们想告诉人们，为什么活着是如此幸运……

图4-4 《人民日报》2017年4月25日微博截图

自杀意念是抑郁者患者普遍存在的临床心理症候，而写遗书又是这一临床心理症候的典型外化表现形式。写遗书不仅作为自己的心理活动的一个表征，同时遗书本身的文本性又为个体的抑郁症患病经历做了见证。从作为群体凝聚

---

① Piper, W., Marrache, M., Lacroix, R., Richardson, A., Jones, B.. Cohesion as A Basic Bond in Groups [J]. Human Relations, 1983, 36, 93-108.

力基础的社会吸引力的角度来看，群体成员之间的相似性是个体将自己和他人归类为内群体或外群体的线索。从这个角度来看，个体与其他群体成员之间的原型相似性越强，群体凝聚力就越强。因此，遗书体验就成了一种原型相似性的连接点，共同的经历连接的是报道当中的抑郁症障碍者与正在阅读报道文本的现实抑郁症障碍者。相似的背景使得成员们更有可能在各种问题上分享相似的观点，包括群体目标、沟通方法和期望的领导类型。总的来说，成员之间在群体规则和规范上达成更高的一致会带来更大的信任和更少的功能失调的冲突，这反过来又增强了情感的凝聚力。

图4-5　《人民日报》2017年4月25日微博配图

如何应对遗书，即如何应对自杀意念，又在这样的报道当中成为一种群体性对抗策略，即面对同样的威胁，一部分人率先脱离苦海，便以自己对自己遗书的评价来否定过去曾经存在过的不理智行为。当成员意识到与威胁和不安的积极竞争时，他们会更加意识到成员在群体中的相似性，并将他们的群体视为克服他们所面临的外部威胁的一种手段。群体中闪现出的成功，增加了群体对其成员的价值，影响成员更强烈地认同团队，并希望积极地与团队联系。

"情感"（emotion）和"动机"（motivation）有着相同的拉丁词根，意思是"移动"，这表明每种情感都有行动的潜力。为了发展能吸引有潜在抑郁倾向的个体的注意力，我们必须通过报道本身触发他们的情绪。沟通基础（grounding in communication），或者说"共同点"（common ground），是由心理学家赫伯特·克拉克和苏珊·布伦南提出的概念，它包括对传受双方之间交流至关重要的"共同的知识、共同的信念和共同的假设"①。达成成功的沟通基础需要传受双方对沟通的内容和过程进行协调。人类的情感具有高度传染性。看到其他人的情绪表达，比如微笑，通常会引发观察者相应的情绪反应。这种个体间情绪状态的同步可能支持社会互动：当所有群体成员共享某个情绪状态时，他们的大脑和身体同样处理环境。分享他人的情绪状态提供了一个体感和神经框架，有助于理解他人的意图和行为，并允许与他们"调谐"或"同步"，这种自动调节有助于社会互动和群体过程，也加深了我们对涉及异常社会情绪处理的心理障碍的理解。

对于第三个问题，即"你认为抑郁症报道能否更好地服务于你所处的群体的总体心理状况？"M的回答是：

> 我觉得，把问题摆在台面上，肯定是能够更好地解决问题的。但我会担忧的，还是针对女性、针对博士的抑郁症报道，会不会让情况适得其反。一般的读者，或者更不客气地说，乌合之众吧，可能他们的解读方式不一定按照记者所期望的那么走。即便是很认真的报道，也可能会被他们扭曲地解读吧。比如说对于女博士这样的话题，可能节奏就会被带偏，会有人延伸到生小孩的话题上去，让我觉得很不舒服。所以我觉得，如果抑郁症报道服务于女性，服务于正在读书的人，可能一方面要求抑郁症报道必须是很规范的、很专业的，另一方面还要求读抑郁症报道的一般人，不可以用很低俗的眼光、很肤浅的眼光去看待这些事情。

情感传染（emotional contagion），指的是个体的情绪和相关行为直接触发其他个体的类似情绪和行为的现象。情感可以通过许多不同的方式在不同的个体之间含蓄地或明确地进行传递。② 美国精神分析学者杰拉德·舍恩沃尔夫对这一现象提出了一个更为具体的定义，即个体或个体所汇聚而成的群体通过有意识或无意识地诱导情感状态和行为态度，来影响其他个体或相应的群体的情感或行为的过程。③

情感传染并不总是一件坏事。谁不想传播快乐？情感传染对于人际与社会

---

① 师曾志. 沟通与对话：公民社会与媒体公共空间——网络群体性事件形成机制的理论基础[J]. 国际新闻界，2009（12）：81-86.
② Sánchez Laws A L. Can Immersive Journalism Enhance Empathy? [J]. Digital Journalism, 2017：1-16.
③ Glück A. What Makes A Good Journalist? Empathy As A Central Resource in Journalistic Work Practice [J]. Journalism Studies，2016，17（7）：893-903.

关系而言是相当重要的，因为它能促进个体之间的情感同步。但是也有一个缺点：负面情绪传播得同样快。当一种情绪状态，如快乐或悲伤，可以通过阅读媒体报道的文本等在人与人之间不知不觉地传播时，媒体中就会出现情感传染。没有人不受情绪传染的伤害，但是观察负面情绪并支持相关个体的状况而不染上他们的负面情绪是可能的。M认为，开诚布公可以更好地解决问题。然而她会担心针对女性和博士的抑郁症报道是否会取得反效果。普通读者，或者更确切地说，普罗大众，可能不会像预期的那样解读它，他们甚至可能歪曲严肃的报道。因此，她认为，如果抑郁症的报道服务于女性和正在学习的人，一方面可能需要抑郁症的报道标准化和专业化，另一方面，阅读抑郁症报道的普通人不应该用非常粗俗和肤浅的眼光看待这些事情。

情感传染在J看来是这样的：

> 抑郁症报道能让人们关注到我们身上来，我觉得这肯定是利大于弊的。不过我觉得抑郁症报道本身可能没有那么大的影响力，除非能够报道出一件特别极端的案例。不过我觉得凡事还是要保持着希望，就像我目前接受治疗一样。国家还是很关注公务员的心理素质的，如果媒体有反映，国家肯定也会很有责任心地处理这些事情。我不敢说我们是"中流砥柱"什么的，但我觉得我们这个群体还是很重要的，会有人来关心，也会越来越好。

情感传染的现象，即情绪状态和相关行为会在人们不知不觉中迅速传播，从进化的角度来看，情绪已经进化成帮助人类避免伤害，通知我们的大脑，让我们的身体为最直接的趋利避害做好准备。它使早期人类能够相互合作和理解，它通过在猎物群体中传播情感唤起，让人们逃离危险，这对我们早期祖先的生存也是至关重要的。在时至今日的日常生活喧嚣中，即使没有面对面的互动，情感传染在数字时代的媒体上仍然活跃和旺盛。我们关注对我们的生存和成功至关重要的事情。

社会比较理论的观点认为，情感传染需要更多的认知努力和更强的意识。根据这种观点，人们进行社会比较，看他们的情绪反应是否与周围的人一致。在这种情况下，接受者将情感作为一种社会信息来理解他或她应该是什么感觉。人们对正面和负面刺激的反应不同，负面事件比中性或正面事件更容易引发更强的情绪、行为和认知反应。因此，不愉快的情绪比愉快的情绪更容易导致情感传染。当人们下意识地去模仿其他人的情感表达的时候，便也会感受到其他人情感层面的反映。我们的情感无时无刻不在引导着我们。他们引导我们的注意力,创造意义,并给互联网上过多的信息赋予价值,否则这些信息会让我们的批判性思维超载。如果情感的存在是为了推动我们的生存和繁荣,那么我们对推动我们进化的事物有最高水平的情感唤醒是有意义的,无论是从我们作为人的幸福还是生产力来看。

第三节 去个体化:抑郁症报道引导个体融入群体

大多数时候,人们对个性和自我意识有一个普遍的认识,这使得他们更容易监控与他人的互动,根据自己的价值观判断自己的行为,并认识到自己是独立于他人的个体。然而,当一个人在群体中的身份凌驾于他自己的身份和自我意识之上时,去个体化就发生了。群体中的人们通常觉得自己对自己的行为不太负责,可能会觉得自己能够以更匿名的方式行事。他们也可能如此强烈地认同一个群体,以至于他们的个人感受不那么重要。宗教环境、体育比赛、政治事件和大型组织都会导致成员去个体化。同辈人的压力促使他们认同群体思维,这也可能在去个体化过程中发挥作用。

个体越是融入群体,他们的自我意识就越少,包括他们的道德、性格和信仰。这些品质开始被群体的身份取代。个体随后开始接受整个群体所持有的道德和风格。抑郁症报道明示或暗示的"象征性现实"对于个体了解和领会现实世界有着复杂的影响,因为报道的某些群体倾向特征与客观存在的实际现实之间存在着偏差。这种群体影响不是短暂的,而是一个长程的、变化的阶段,不知不觉中牵制着个体对病症的看法。

一、群体实体属性抹去个体个性差异

人类社会由许多群体组成,群体是人类生存和发展的前提。社会认同理论认为,内群体为群体成员提供了情感意义和价值意义,群体成员将群体身份内化为自我概念的一部分,认同内群体并通过与相关外群体的有利比较来获得积极的身份满足感和维护积极的自尊。从而,人们给予内群体正面的评价和友好的行为,而对外群体则表现出敌意或贬抑的倾向。因此,群体身份会对个体产生多样化的作用。

去个体化(deindividuation)是社会心理学中的一个概念,通常被认为是群体中自我意识的丧失,指的是个体意识的减弱,这种减弱发生在与个人或社会行为标准脱节的行为上。古斯塔夫·勒庞是这种现象的早期探索者,这位法

国心理学家描述了他的群体心理假设效应,即个体人格被群体的集体心理主导。勒庞认为群体行为是"一致的、情绪化的和智力薄弱的"。1952 年,费斯汀格、佩皮托内和纽康重新审视了勒庞的观点,创造了"去个体化"这个术语来描述当一个群体中的人没有被当作个体来对待时会发生什么。根据这些理论家的观点,无论是什么吸引每个成员加入某个特定的群体,都会导致他们更重视这个群体,而不是个人。[1]

当一个人作为群体的一部分参与进来时,可能会出现对个性和个人责任的丧失。它可以使一个人更有可能向慈善机构捐赠大量的钱,但也使他们更有可能参与暴民暴力。在许多情况下,去个体化的影响可以在真实世界的案例中看到。去个体化可以发生在警察、军队、互联网、运动队、帮派、邪教和社会组织中。虽然这些群体表面上看起来很不一样,但他们有许多共同的特点,这些特点使他们有利于去个体化,甚至取决于去个体化。所有的例子都有强烈的团队凝聚力。警察、士兵和运动队都穿着制服,这在消除个人风格的个体差异的同时,创造了一个独特的群体。尽管帮派、邪教、兄弟会和姐妹会不要求相同程度的身体一致性,但它们也表现出统一外部以巩固其团体的趋势。例如,帮派可能有一个标志,成员们有相同的文身,以表明自己是群体的一员。

《人民日报》在 2017 年 9 月 9 日的微博中写道:

> 抑郁这个词,严格来讲并不是描述一种情绪。我们总说,最近我快抑郁了,但其实,你可能只是过得不开心。不过,抑郁症不容忽视,缓解抑郁你可以:①找朋友倾诉;②做自己喜欢的事;③转移注意力;④找心理医生答疑解惑等。

这里一开始强调的是"我们",作为类似抑郁的情绪出现时所能体会到的一种共鸣;但随后人称代词又变成"你",强化的是一种对话体的文本机制,面对文本的个体脱离"我们"而成为一个被观照的对象。当个体从社会身份显著性转变为个体身份显著性时,个体身份将被凸显;与之相反的是,当个体从个体身份显著性转变为社会身份显著性时,个体身份将被抑制。个体不再认为自己在群体中是独特的,作为社会群体的一员,不再关注"我",而是关注"我们"。经历去个体化的个体通过感知他们的身体感觉、感觉、情绪、行为等,感到脱离了自己,不属于同一个人或身份。经历过去个体化的人经常声称

---

[1] Harbers F, Broersma M. Between Engagement and Ironic Ambiguity: Mediating Subjectivity in Narrative Journalism [J]. Journalism, 2014, 15 (5): 639−654.

事情看起来不真实或模糊。此外，对自我的认知也会崩溃。去个体化会导致非常高的焦虑水平，这进一步增加了这些认知。[1] 去个体化的过程并不意味着个体身份的丧失，而只是自我觉知的焦点从个体转向社会。

自我分类只有在特定的社会结构中被解释时才有意义。个体的多重自我源于个体在社会中扮演的不同角色。整个自我由各种身份构成，这些身份与社会结构的特定方面密切相关。因此，文化的自我反映和个体身份建构了社会结构。由于社会结构的局限性，个体特定身份的凸显取决于情境中是否存在相应的对象。比如，一个人总是在孩子面前展示父母的地位，在情人面前展示妻子或丈夫的地位，在老板面前展示下属的地位。大多数人际交往不仅是个体之间的交往，也是角色认同的互动。符号学家朱丽娅·克里斯特娃在关于母性的论述中指出言语的涵化与母职的再生产的关系，即一个人只有通过一系列的移置合并母亲身份，亦即自己也成为母亲，或者，通过那迂回展现母体依赖所特有的内驱力异质性的诗语言，才可以满足内驱力。[2] 归根结底，社会结构是根据其规律来维持或发展的。个体可以在特定的社会结构中获得或放弃某些角色身份，但社会结构仍然相对稳定。

通过减少个体差异，这些不同的群体变得更有凝聚力。群体的凝聚力会使其成员在群体的压倒性认同中失去自我意识。他们可能开始认为自己是群体中的一小部分，并失去了他们是一个有能力独立于群体思考和行动的个体的意识。出于害羞、个人道德、自我意识或其他因素，他们可以做他们通常不会做的事情。由于责任感降低，从众感增强，这些群体成员可能会以非规范的方式行事。

针对个体融入群体，即抑郁症报道引导去个体化的问题，我们的半结构性访谈对被访谈者提出的问题是"你会因为抑郁症报道更重视群体的症候，而更少地关注个体自身的处境吗？"对这个问题，M 的回答是：

> 我会因为抑郁症报道对群体的刻画，而更多地往群体的层面去想。我会觉得，这样想的话，自己的痛苦也有更多同一群体的人与我分担，我也会觉得我似乎并不是那么孤单了，是有同盟的。比如有统计数据的话，那我可能就是分子之中的某一个，我也为那个统计贡献了自己的存在。这么

---

[1] Lee E J. Deindividuation Effects on Group Polarization in Computer-mediated Communication: The Role of Group Identification, Public-self-awareness, and Perceived Argument Quality [J]. Journal of Communication, 2007, 57 (2): 385-403.

[2] 崔柯. 文本与主体革命——克里斯特娃的文本理论 [J]. 文艺理论与批评, 2012 (01): 37-45.

说可能有点矫情，但我确实会因为抑郁症报道反映出一个群体，而产生这样的感受。但我是个消极悲观的人，我知道即使自己给自己炮制出这样的联想，更多实际的困扰，还是要我一个人去对付。想到这里，我有种从群体当中被打回原形的感觉。

由于抑郁症报道中对群体的描述，M 会更多地考虑群体层面。她会觉得，她的痛苦会被更多来自同一个群体的人分享。然而即使她为自己创造了这样的联想，她仍不得不自己处理更多的实际问题，有一种被群体退回的感觉。

在 J 看来，过去的经历对当下的移情决策会产生影响：

> 如果有反映我们群体的报道，我觉得我会把对自己个人的关注转移到群体上来，至少是很大一部分关注力要挪到群体上来。因为我觉得我身上的问题，是和整个系统联系在一起的，我没有办法孤立来看。如果把我个人的问题解决了，但是影响到我状态的生活背景没有发生任何变化的话，我很难说我以后会不会再回到抑郁的状态。我觉得抑郁症报道应该有这样的效果，就是把个人的处境嵌入大背景的那一面墙里，因为你知道，很多时候，个体真的是太微不足道了。

他认为，如果有反映群体的报道，他会把他的个人注意力转移到群体上，至少大部分的注意力应该转移到团队上。但他认为不能孤立地看待自身的问题，如果他的个人问题解决了，但影响他状态的生活背景没有改变，他将来是否会回到抑郁状态就很难说了。他认为媒体的抑郁症报道应该有把个体情况带入重要背景的效果。

去个体化经常在没有面对面互动的情况下发生，并且是互联网的一个共同特征。由去个体化引起的对行为的通常限制的放松在网络环境中盛行，并助长了网络欺凌行为。互联网扩大了可获取的信息的种类和数量。从积极的一面来看，这可能会创造一种更加多元化的公共传播形式；相反，更多地获取信息可能导致有选择地接触意识形态支持的渠道。在一个极端的"回音室"里，一个信息提供者会提出一个要求，许多志同道合的人会重复、无意中听到，并且经常以夸张或扭曲的形式重复，直到大多数人认为故事的某些极端变化是真实的。

二、角色压力分散诱使个体投奔群体

除了理解去个体化在产生反规范行为中的作用，还需要理解语境线索如何影响去个体化结构的规则。在更具体的情境条件下，个体会受到去个体化的影响。例如，在奖励的环境下，个人有学习的动力来展示个人品质；然而，在恶劣的环境下，个人有一种习得的倾向，即通过融入群体来分散责任。

自我与身份的整合往往也是分散角色压力的过程。角色认同强调个体身份对社会结构的依赖；同时，它并不否认个体的主观能动性。不同的角色认同对个体的重要性不同，社会情境中的角色认同线索往往不是单一的，可以同时或有选择地突出不同的角色认同。人们总是试图理解自己，以保持主观感受作为一个独立的实体，具有跨情境、跨时间的一致性。一些边缘型人格障碍患者可能会出现自我概念整合能力的丧失，或徘徊在各种混乱冲突的自我感觉和完全丧失的自我感觉之间。自我概念的整合对一个人的健康生活具有相当重要的意义。从纵向维度看，自我是相对稳定的，但从横向维度看，不同情境下的个体可能表现出不同的身份，这些不同身份的内容可能不一致，甚至相互冲突。

根据符号学家鲍勃·霍奇的观点，意识形态"识别了一个单一的对象，它将复杂的意义集合与产生它们的社会因素和过程结合在一起"[1]。有社会学家将意识形态定义为"证明特定社会安排合理的文化信仰，包括不平等的模式"[2]。主导群体利用这些文化信仰和实践来证明制度的合理性，这种制度维持了他们对非主导群体的社会权力。意识形态使用一个社会的符号系统来组织等级制度中的社会关系，一些社会身份高于其他被认为是低等的社会身份。一个社会中占主导地位的意识形态是通过主要的社会机构传递的，如媒体、家庭、教育和宗教。随着社会在历史上的变化，为不平等制度辩护的意识形态也在变化。

意识形态发生作用并不往往是在意识形态以内，而经常是在其外的日常生活之中显现功能。研究询唤便也可以不囿于意识形态的窠臼之中，正如阿尔都塞所言，"意识形态永远不会说：'我是意识形态'"[3]，必须走到意识形态以外，即在更为广泛的科学知识里才能更为开放地考察各种复杂的现实情况及其背后的关系。

例如2016年第2期《Vista看天下》以"校园抑郁症反击战"为主题，封面的设计（图4-6）便体现出这样一种个体与情境之间对照的关系：一片笑逐颜开的他者作为黑白幕板，抑郁的个体反而以彩色显得格外突出，抑郁症作为特质深化并标出了个体在校园情境当中的鲜明度。自我归类具有情境依赖性

---

[1] 陶东风. 日常生活的审美化与文艺社会学的重建［J］. 文艺研究，2004（01）：15-19.
[2] 冯建军. 主体道德教育与生活［J］. 教育研究，2002（05）：36-40.
[3] 路易·阿尔都塞. 列宁与哲学［M］. 杜章智，译. 台北：远流出版事业股份有限公司，1990：193.

与可变性。自我归类的概念是社会学家在研究个体与社会的关系时提出的。要有秩序地、内部一致地采取行动,个体必须界定情境:谁是情境中的他者,谁是情境中的自己。

图4—6 《Vista看天下》2016年第2期封面

在格伯纳等学者看来,当今社会的传播媒介明示或暗示的"象征性现实"对于人们了解和领会现实世界有着复杂的影响。因为媒体的某些倾向特征、人们印象中描绘的"主观现实"与客观存在的实际现实之间存在相当大的偏差。同时,这种影响不是短暂的,而是一个长程的、受到熏陶的、涵化的阶段,它在浑然不觉里牵制着人们对现实的看法。[①]

《环球时报》官方微博在2014年6月7日转发《齐鲁晚报》的文章《最大的抑郁症群体是贫困者》,文章的副标题为"农民患者就诊率不到一成,治病需先治穷"(图4—7)。这里的文本至少体现出三类角色身份:抑郁症群体、贫困者和农民患者。然而这三者并不构成绝对的对应关系,这就使得不同的角色身份在同一个文本中的突出显得并不全然一致。文章中写道:

---

① 周庆山. 传播学概论——21世纪新闻与传播学系列教材[M]. 北京:北京大学出版社,2004:52.

第四章　主动归顺：抑郁症报道对障碍者自我归类倾向的建构

当上班族在微信微博上宣泄着压力和不满时，有一个群体仍在默默地承受着病患带来的痛苦。他们是贫困群体，是社会上最大的抑郁症人群。在接受社会救济的人群中，他们的发病率是总人口患病率的三倍。

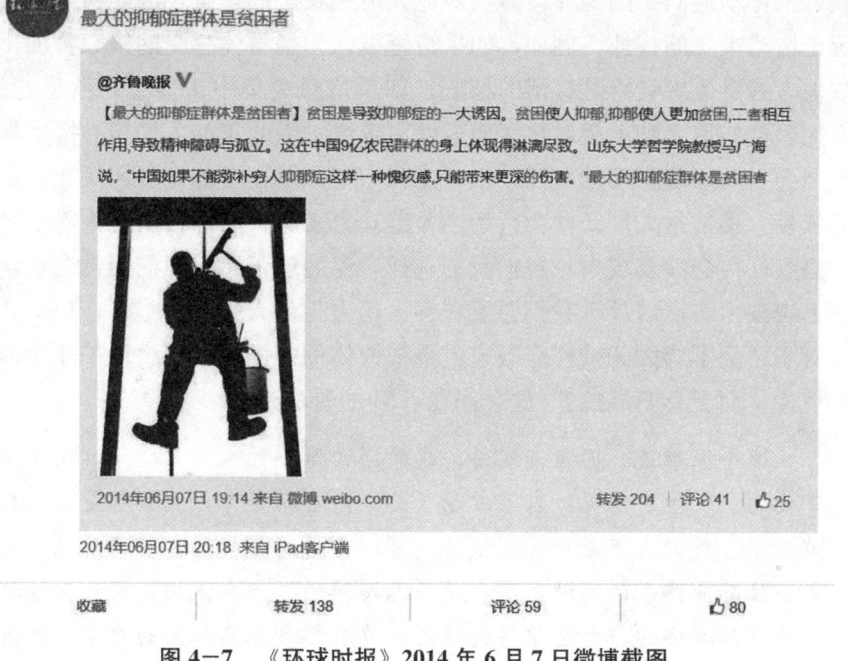

图 4—7　《环球时报》2014 年 6 月 7 日微博截图

这里存在的问题在于，作者又将"上班族"与"贫困群体"分裂开来，主观能动性在试图进行自我归类的时候，却意识到归类本身存在着某种程度上的混乱。文章随后写道：

贫困是导致抑郁症的一大诱因。贫困使人抑郁，抑郁使人更加贫困，二者相互作用，导致心理障碍与孤立。这在中国 9 亿农民群体的身上体现得淋漓尽致。

社会感的增进，是破解抑郁症的法宝。但贫困者多半是被边缘化、孤立化的；同时，又是容易被消声的一族。贫困是抑郁症的一大诱因，似乎常理就可推导出来。根据皮尔斯的无限衍义理论，任何解释项都可以成为一个新的符号，新的符号又会产生新的意义，以此试推、循环。用"贫困"和"抑郁"的对应关系来瞬间辐射到"中国 9 亿农民群体"这样的被阐释社群，这种群体放大，是一种文本的意图定点的突然性失焦。

149

在许多情况下，记者希望让观众产生共鸣，想通过讲述与揭示这个世界的好故事来与受众交流。但问题是，记者们也意识到产生共鸣很困难，因为这需要人们花费通常不愿花费的情感成本；记者们也知道，当面对一个又一个故事、一个又一个图像时，去个体化很容易遭受疲劳，这种疲劳试图用别人的痛苦故事来打动他们。因为移情涉及对他人情感状态的理解，因此移情的特征也来源于情感本身的特征。例如，如果情感被认为是身体感受的核心特征，那么把握他人的身体感受将是移情的核心；如果情感更集中于信念和欲望的结合，那么把握这些信念和欲望对移情而言就更重要。因此正如人们担心抗生素的过度使用会引发细菌耐药性一样，很可能我们应该重新考虑记者们对悲情叙事策略的依赖。移情是人们亲社会行为的关键动力来源，然而移情行为需要付出努力，而且往往会涉及成本，包括我们选择避免的痛苦感；我们通常会在认知和情感上表现出吝啬，计算我们愿意花多少精力与他人交流。

对于"会不会因为抑郁症报道更重视群体的症候，而更少地关注个体自身的处境，从而更有归属感？"这个问题，M 的看法是：

> 这个很难说。因为老实讲，我觉得读博士的人与人之间，还是比较原子化的。我很少觉得，自己隶属于某个博士的群体，大家都是各人自扫门前雪吧，凝聚力不是抑郁症报道就可以生成的；当然，抑郁症报道会让我更关注其他博士的处境，这个是毫无疑问的。但我觉得，我对女性这个群体是更有共鸣的，也会觉得女性之间更有那种息息相关的感觉，尤其是当我们被污名化，或者心理素质被怀疑的时候。如果有抑郁症报道侧重于报道女性患上抑郁症的内容，这会引发我去想，女性所面临的特殊情况是什么，以及别人能为我们做什么、我们自己能为自己做什么。

J 对于这个问题的回应是：

> 多多少少会有一点归属感吧，因为我知道，存在的问题并不是少数，如果有抑郁症报道印证了这一点，我会有种"大家的命运连接在一起"的感觉。这么说可能有点可笑，因为其实我在日常工作当中从来没有过这么强烈的感觉，但是我在想，当看到这个群体被凸显的时候，我一定会感到，这是个很重要的问题，需要引起关注。如果我可以为增强这份关注做点什么的话，我也会义无反顾地去做。对于媒体能把焦点放在群体身上，只要报道得恰当，我还是会很感激的，作为群体的一分子感激。

当媒体工作者局限于通过关注个人的困境来唤起共鸣时，就无法发挥其潜力。当涉及建设性地解决社会不公正问题时，记者应该将其框架转变为"道德团结"(moral solidarity)。

社会学家涂尔干主要感兴趣的是,当社会由具有特殊角色和责任的人组成时,是什么将社会维系在一起。在《社会分工论》中,涂尔干通过求助于团结的外部指标——法律——来揭示两种类型的社会团结,机械团结和有机团结,从而提供了答案。机械团结的社会往往很小,有高度的宗教信仰,机械社会中的人们通常有相同的工作和责任,因此表明劳动分工很低。[①] 换句话说,它不是一个非常复杂的社会,而是一个基于共同情感和责任的社会。然而,以有机团结为特征的社会由于我们每项任务的专业化而更加世俗和个人化。简而言之,随着劳动分工的提高,有机团结更加复杂。涂尔干认为,社会通过分工从机械团结走向有机团结。随着人们开始进入城市,物质密度增加,对资源的竞争开始加剧。像在任何竞争中一样,一些人赢了并保住了他们的工作,而另一些人输了并被迫专业化。媒体的抑郁症报道可以通过强调纠正不公正对所有人的利害关系,记录不平等、歧视和边缘化的系统性原因,呼吁人们不仅关注自己身边的生活遭遇,还要关注更广阔的社会生活,因为实现社会公正需要对超越自身或群体内部利益的更大利益的承诺。

三、利他主义取向涵化主体移情关注

利他主义(altruism)是一种旨在使他者收益、造福他者的行为取向,而利己主义是一种为个人利益而采取的行动。有时候,当个体对另一个人产生移情时,利他主义行为就会发生。情感激发了个体的行为,帮助个体应对公共生活当中遭遇的挑战,并指导由个体所组成的群体做出基于社会交往的重要决策。此外,习惯性感恩的人也更频繁地参与亲社会行为,移情作为一种积极情感能否得以持续,将影响到人们是否会更乐善好施。因此移情的影响不单单与他人的情感有关,还与社会积极发展的取向与人与人之间关系的增进相关联。

移情(empathy)是一种能力,指的是能够从他人的参照框架中理解他人的经历或感受,也就是说,能够将自己置于他人的位置,设身处地地为他人着想。移情的定义涵盖了广泛的情感状态,包括关心他人和有帮助他人的愿望、体验与他人情感相匹配的情感、辨别他人的想法或感受,以及减少自我与他人之间的差异。与此同时,移情还意味着一种感受和与他人分享情感的能力,不仅仅是匹配他人情感的能力,还涉及对他人的温柔。

---

① 埃米尔·涂尔干. 社会分工论 [M]. 渠东, 译. 北京: 生活·读书·新知三联书店, 2000: 66.

不管移情的起点是什么，它的存在预示着受众可能会替代性地体验抑郁症报道中的人物所表现出的情感。[1] 虽然抑郁症被描述为"自我失调"（disorder of the self），但更准确地说，它可以被描述为"关心他人"的失调。抑郁的人通常有正常或更高水平的同理心，然而，他们对他人痛苦的情感导向的、自动的因果解释经常被扰乱，导致无意识的指责，通常归咎于他们自己。移情是一种社会组织神经系统，它允许我们分享他人的感受，在没有意识的情况下模仿他人，并形成我们人际关系和社会学习的基础。

大众传播具备涵化的作用，它是以特定的社会观念和传播理念为根底的。[2] 早期涵化理论的研究者们认为，媒介的使用者作为信息的接受者，是单向度的个体。人们常常借助异彩纷呈的大众传播媒介所构筑的虚拟环境来认识周围的现实世界，人们的思想行为亦根植于通过媒介符号传播所建构的世界。沃尔特·李普曼在《公共舆论》这本书当中指出了陈规定型的内容依赖于社会价值观的观点，即如果陈规定型是由社会价值观定义的，那么陈规定型只会随着社会价值观的变化而变化，人们被社会化后会接受同样的陈规定型。[3]

移情关注（empathic concern）指的是由需要帮助的人所感受到的幸福所引发的、与之一致的以他人为导向的情感。这些以他人为导向的情感包括温柔、同情、怜悯和心软等等。移情是通过体验类似的感觉来回应他人所感知的情感状态，而移情关注不仅仅包括移情，还包括对他人的积极关注或非转瞬即逝的关心。移情关注可能会产生利他动机，以减少他者的痛苦。证明利他动机存在的挑战是，展示移情关注如何以普遍的利己理论无法解释的方式带来帮助，也就是说在特定情况之下，主要驱动一个个体的帮助行为的是对另一个人的利益的关心，而不是对改善个体自身利益的渴望。当一个个体从另一个需要帮助的人的角度去看待问题的时候，他会产生同理心。当从自我的角度去想象另一种情况，或从他者的角度去想象另一种情况的时候所引发的不同的情感，前者通常与个体自身的苦恼，即不舒服和焦虑的感觉相关联，而后者会导致移情关注的出现。移情痛苦（empathic distress）指的是个体感受另一个人所感受到的痛苦，这种感觉可以转化为愤怒、内疚或不公平对待感。移情痛苦可以被视为亲社会的，还可以被视为道德行为的动机。从更积极的方面来说，以移

---

[1] Papacharissi Z. Toward New Journalism Affective News, Hybridity, and Liminal Spaces [J]. Journalism Studies, 2015, 16 (1): 27—40.

[2] 李正良. 传播学原理 [M]. 北京: 中国传媒大学出版社, 2007: 70.

[3] 李艳. "拟态环境"与"刻板成见"——《公众舆论》的阅读札记 [J]. 东南传播, 2010 (05): 86—88.

情的方式被唤起的个体可能会关注长期的社会利益，而不仅仅是那些需要帮助的人的短期私利。以移情为基础的社会化与当前通过塑造、模仿和内化罪恶感来抑制自我中心冲动的做法大相径庭。围绕着通过鼓励换位思考和移情感受来促进利他冲动而建立的举措，可能会使社会发展出更令人满意的人际关系。在社会层面，移情诱导的利他主义可以用来改善对被污名化和受歧视群体的态度，由此产生的利他主义也可以在竞争环境中增加合作。

对于最后一个问题，即"抑郁症报道会引发你对自己所处的群体以外的人的关注吗？"M的看法是：

> 其实老实讲，我是一个比较冷漠的人，我真的觉得能管好自己就不错了。但是得了这个病，我经历了那些痛苦，比如吃不下饭，比如彻夜难眠，比如我的研究计划受到很严重的影响，我会去想的是，肯定也有人在面对同样的窘境。我看过有的抑郁症报道关注到明星，韩国明星自杀之类，我就会想，如果我是闪光灯下的那个人，我的私生活都被曝光，我的身材被人指指点点，我会怎么去想？我会做得比那些明星更好吗？再比如我看过一篇报道，讲的是农民的心理状况，我也会想到的是，农民可能不太善于表达自己的感受，但这不代表他们内心没有丰富的变化啊，那么人们怎么更好地关注到农民的处境呢？所以我觉得，抑郁症报道如果能把视角扩大，我会设身处地去想那些和自己并不相关的人，去想他们应该怎么应对。这么看起来，我貌似也不是一个冷漠的人啊。

如前文所述，移情是一种能力，是指能够从他人的参照系中理解他人的经历或感受，即能够设身处地为他人着想。移情的定义涵盖了广泛的情感状态，包括关心他人和帮助他人的愿望，体验与他人情绪相匹配的情绪，区分他人的思想或感情，减少自己与他人之间的差异。M曾经认为自己是一个相对冷漠的人，认为管理好自己是件好事。然而经历了各种各样的痛苦，她会认为一定有一些人面临同样的困境。比如她读了一份关于农民心理状况的报道，她也认为农民可能不善于表达他们的感情，但这并不意味着他们的内心没有跌宕起伏的变化，那人们怎么能更关注农民的情况呢？因此，她认为如果抑郁症报道的视角可以扩大，她会把自己放在一个位置，去思考那些与她无关的人应该如何应对。

过去的经历对当下的决策会产生影响。破碎的家庭、童年的创伤、缺乏养育以及许多其他因素，都会影响到个体在未来作决定时思维运转的机制。[①] 就像 M 认为，很少觉得自己属于某个特定的博士群体。不过，她觉得她更同情这群女性，也认为女性之间的关系更为密切，尤其是当她们被羞辱或心理素质受到怀疑时。如果有关于抑郁症的报道关注的是患有抑郁症的女性，这会让她想到女性面临的特殊处境，以及其他人能做些什么。个体可能会透过抑郁症报道深深地融入主人公的幸福之中；通过延伸，个体也可能会对这个主人公的困境产生高度的同情。

缺乏移情实际上可能会削弱媒体工作者作为公共利益服务者的工作能力。其中一个主要原因是记者理解和与人联系的能力对于了解故事是至关重要的，而移情让记者能够更充分地了解故事。移情是对他人感受的理解和认可。这让记者更有联系意识。在当前的抑郁症报道经常与悲剧受害的个体打交道的媒体环境中，移情无疑在记者理解新闻人物的能力中发挥了作用。当媒体工作者为报道抑郁症而全力以赴时，他们会变得更加意识到自己所身处的环境，并与环境联系起来。人类的本能不是告诉我们，我们应该与我们所写的东西联系起来吗？作为心灵、思想、精神和身体的主体，我们是复杂的；我们的方法必须反映我们的构成。移情可以与有助于记者深入报道的消息来源建立有价值的联系。移情和其他既定的新闻价值观的结合可能会大大有助于让新闻工作人性化，它有助于将故事与观众联系起来，并引发鼓励公民参与的知情情绪反应。它可能让受众相信新闻不会是不道德的；取而代之的是，它是一种与它所服务的个体相联系的高贵事业。

对此，J 认为：

> 我刚才说过，我觉得媒体的抑郁症报道如果能关注到更多的实际情况，我肯定是会非常支持的。我觉得在我自己健康的时候，我会愿意把情感也放在报道里的那些不幸的人身上。但我现在自己也深陷其中，说句实话，我有种自顾不暇的感觉。我现在尽量看一些能让我快乐的东西，对于别人的苦难，我感到很遗憾，甚至是很难过，但那种无力感还在于我不知道怎么才能真正地帮助到那些和我同病相怜的人们。我希望媒体在对抑郁症障碍者进行报道的时候，也能提供一些其他人力所能及的帮助策略，引导人们怎么去支持，我觉得可能你提到的"移情"的效果会更好吧。

[①] Rosas O V, Serrano-Puche J. News Media and the Emotional Public Sphere—Introduction [J]. International Journal of Communication, 2018, 12: 9.

许多人担心移情关注或富有移情能力的人会成为情感的牺牲品，失去新闻报道的客观性。从传统意义上来说，客观性是指记者不偏不倚，将自己的价值观和信仰拒于工作之外。这些独立和客观的目标几乎没有留下移情能力存在的空间。绝对的客观性给人一种超然的印象，甚至可能与社会脱节。对于一个建立在与受众信任关系上的专业工作来说，这些品质令人不安。但是在今天不断变化的媒体环境中，同理心的原则正在赢得信任。正如 J 认为，如果媒体也能提供一些有用的策略，让其他人在报道抑郁症障碍者时指导人们如何支持，同理心的效果可能会更好。

新闻不应该失去其竞争、批判和独立的优势，它必须告诉人们我们并不总是想听到的事情，但它也应该找到更好的方式来提供背景和促进理解，以便我们关注和接触新闻。利他导向的移情沟通的意义在于，找到更好的方式来创造、传递和消费与他人的福祉更为相关、更为可靠、更能响应受众内心的新闻。

本章小结

情绪传染现象，即情绪状态和相关行为，会在人们不知情的情况下迅速传播。从进化的角度来看，情感进化是为了帮助人类避免伤害，告知我们的大脑，让我们的身体为最直接的利益做好准备，防止伤害。它使人类能够相互合作和理解。它能在群体中传播情感唤起，让人们逃离危险，这也是我们祖先生存的关键。

在今天喧嚣的日常生活中，即使没有面对面的互动，情感传染在数字时代的媒体中仍然活跃而有力。我们关注对我们的生存和成功至关重要的事情。我们的情感一直引导着我们。它们引导我们的注意力，创造意义，并赋予互联网上太多的信息以价值，否则，这些信息会让我们的批判性思维超负荷。

如果情感的存在是为了促进我们的生存和繁荣，那么对我们来说，无论是从人类的幸福还是从生产力来看，对有助于我们进化的事物有最高水平的情感觉醒是有意义的。社会比较理论认为情绪传染需要更多的认知努力和更强的意识。根据这种观点，人们进行社会比较，看他们的情绪反应是否与周围人一致。在这种情况下，接受者使用情感作为一种社会信息来理解他或她应该感受什么。人们对积极和消极刺激有不同的反应。不良事件比中性或积极事件更有可能引发更强烈的情绪、行为和认知反应。因此，不愉快的情绪比愉快的情绪更容易导致情绪感染。当人们下意识地模仿他人的情感表达时，他们也会感受到他人的心理反应。

　　然而，成为一名富有移情能力的记者也是一项挑战。移情也必须是一种知情的情感。如果不与相关信息相联系，它就没有什么新闻价值：智力和情感是相连的。真正的移情需要理解与一个故事相关的一系列思考与补充信息，不管记者的智力或技能如何，如果他们置身于某个环境中，并且只有很短的时间进行背景调查，他们很难像熟悉某个特定背景或环境的人一样富有移情的本领。

　　虽然移情或许应该在新闻业变得更加普遍，但它不能成为其核心价值观。如果是这样的话，新闻业的目的就会落空。为此，尽管移情是必不可少的，但准确性和讲真话是最重要的。许多新闻伦理准则中提出的"最小化伤害"的理念从属于这些准则。"最小化伤害"的理念指的是记者应该同情那些可能受到新闻报道不利影响的人。例如，通过一张抑郁症障碍者的照片来激发同情心，这不利于新闻工作的目标。如果记者想从这样一个故事中唤起同情心，就应该在一个事实的背景下进行，比如为什么抑郁症障碍者会遭受这样的处境，是否存在持续存在的问题，以及如何解决这个问题。在没有这种背景的情况下唤起受众的同情心会让受众感到无助。

　　幸运的是，移情是一种不需要传授的价值观。作为一种人类情感，移情是每个人都认同的——包括媒体工作者。但是一些记者为了传统既定的职业目标忽视了移情。在富有移情能力和运用这种新闻价值观之间必须有一个平衡。"最小化伤害"的原则提醒记者应该同情那些可能受到新闻报道不利影响的人。在处理儿童和没有经验的来源或对象时，要特别敏感；当寻找或使用那些受悲剧或悲伤影响的人的采访或照片时，要保持敏感；认识到收集和报告信息可能会造成伤害或不适；认识到私人拥有比公职人员和其他寻求权力、影响力或关注的人更大的控制自己信息的权利，只有压倒一切的公众需求才能证明侵犯任何人的隐私是正当的；表现出良好的品位，避免迎合浅薄化的好奇心。

第五章　关系再生产：抑郁症报道对障碍者互动寻求倾向的建构

社会学家翟学伟曾经指出，西方社会是一个公民化的、秩序化的社会，而中国社会则是一个充满变通的情理社会。[①] 由个体所组成的社会，充斥着各种各样依据主体性而建立的关系。关系，既可以看成是一种以个体为出发点的、工具性或表意性的主体性联系，也可以看成是个体的责任与义务在社会结构当中的外化与具体化。社会是个体之间有意识的互动过程，正是人与人之间的互动构成了现实社会。当人们的交流达到足够的频率和密度，使人们能够相互交流，形成一个相对固定的群体时，社会就产生并存在了。然而，在新的媒体时代，人们交流的密度和频率远远超过了传统意义上的社会的出现和存在的幅度，甚至走向了常规社会互动的对立面，这对社会关系结构具有双重意义。

荷兰符号学家托伊恩·A. 梵·迪克认为，新闻是一种意识形态话语。这一论述不仅为社会问题提供了政治、经济和文化认知模型的总体框架，而且提供了知识和态度的结构，证明了这些框架是正确和合理的、普遍的和主导的。[②] 无形的社会资本和人力资本通过关系网络和信息渠道转化为有形的物质资本。人们通过各种牵连关系获得信息和信任，深化社会资本以获取物质利益。

抑郁症报道所体现出的媒体符号形式，其产生和接受无疑是一个发生在结构性社会背景中的互动过程，即它是在特定的社会历史背景和过程中产生、传播和接受的。抑郁症报道文本中所包含的话语、图像，及其所指涉的行动与意义，通过许多策略来建立、协调并巩固各种现实存在的关系。新闻媒体不仅可以将抑郁症带入公共话语，还可以以有助于减轻污名、增进社会大众理解和提

[①] 翟学伟. 中国人的关系原理 [M]. 北京：北京大学出版社，2011：12.
[②] 托伊恩·A. 梵·迪克. 作为话语的新闻 [M]. 曾庆香，译. 北京：华夏出版社，2003：87—187.

高心理健康素养的方式来定义和框定问题。不论是强调问题的系统和社会层面，还是强调问题的孤立和个体层面，都可以影响到社会大众的看法与行动。

第一节　假想关系：抑郁症报道生成交流欲望

意动性所体现的是一种意向性交流。意动性往往意味着文本的交互主体性的存在，即意识如何凭借交往关系来对他人发挥作用，因此意动叙述是一种意向性交流，这一点在现象学的创始人胡塞尔的著作中也有所提及。[1] 法国现象学哲学家莫里斯·梅洛－庞蒂把讨论带回人的具体生存情境当中，他将人的生存视作个体的、感性的与动态的存在。意动性便生成于一种"我能"之上，这种能动在于符号文本传受主体间的中介作用，是言语表达能力与身体意向性的表现。[2]

一、主体间性与表意联系：意向性交流奠定关系假设的基础

探讨了镜像复制和主动归顺以后，阿尔都塞仍然在问，在个体被召唤进入主体的过程中，最关键的意识形态机制是什么？如果主体自愿接受服从戒律，那么个体被称为主体的镜像认知的结构关系和运行模式，以及主体之间的相互认知机制又有什么呢？

阿尔都塞认为，这个认识形式当中存在的真相恰恰是生产关系及其他各种社会关系的再生产。阿尔都塞对于文化研究理论，尤其是视觉文化研究所产生的影响，在整个20世纪70年代是不言自明的。例如影视与广告等实务方面，美国媒体学者朱迪斯·威廉森的《解码广告》一书就通过阿尔都塞的询唤理论对广告进行了结构主义的分析。在她看来，广告持续不断地使我们获知，人与人之间的差异并不取决于其社会阶层与地位，而是通过对商品的消费体现出来。广告通过将个体询唤成为主体，再现的是人们与现实的生存处境之间的一种假想性关系，从这个层面来看，广告是具有意识形态属性的。

系统是指由具有特定结构和功能的相互联系、相互作用的元素或部分组成的有机整体。由个体所组成的社会，充斥着各种各样依据主体性而建立的关

---

[1] 王庆丰. 语言与现象学的本质还原 [J]. 社会科学辑刊, 2010 (03): 12-16.
[2] 杨大春. 意识哲学解体的身体间性之维——梅洛-庞蒂对胡塞尔他人意识问题的创造性读解与展开 [J]. 哲学研究, 2003 (11): 69-75.

第五章 关系再生产：抑郁症报道对障碍者互动寻求倾向的建构

系。在物质资料的生产过程当中，人们形成一定的社会生产关系，它们持续不断地再现并随之发展。让一定的社会生产关系能够长期处于再生产的状态，以适应实际情况的需要，这是意识形态及其询唤的本质。这样的再生产并非过去那种强迫性的、教条式的，它正好是自觉的、自发的、自动化的，是被人们追求并愿意投入其中的。[①] 世界卫生组织负责心理健康的部门所编撰的《自杀预防：供媒体工作者参考》中指出：

> 媒体报道时切忌把自杀行为描写成扑朔迷离、引人入胜的悬案，但也不能过于简单地归结于某一件事引发的悲剧。自杀行为通常是许多负性事件堆积的结果，如：精神和心理障碍，滥用物质及物质成瘾，家庭变故，内心矛盾和心理压力太大等。明确自杀的诱发因果有利于保护社会大众的心理健康。[②]

这里所强调的是，媒体工作者在采编抑郁症报道的时候不能忽视语境的复杂性，需要对新闻发生的语境做出清晰、具体的阐释，从而唤起人们对特定语境下潜在的危机的关注与提防。

例如《人民日报》官方微博在2016年5月21日的《女生多次遭舍友欺凌 患抑郁 陌生人靠近蜷身说"别打我"》一文中，报道了一个17岁的女孩小艺，当她看到陌生人走近时会颤抖着、蜷缩着说："不要打我。"她被诊断患有抑郁症，但她的反应只是因为她连续两次在同一个宿舍被五个女孩殴打。在报道这一事件时，人们关注的焦点并不是她的行为本身，而是在抑郁和自杀的背后，校园里普遍存在的欺凌行为。文章指出：

> 学校暴力事件频发，让人叹气。西安市教育心理学会会长尚华说，现在很多孩子都是在父母的关爱下长大的。他们以自我为中心，不懂得感恩，甚至不尊重他人。然而，社会上一些错误的舆论导致了学生对教师的崇敬感逐渐减弱，教师平时也不敢教学生。从另一个层面看，儿童问题更多地反映了家庭教育中的问题。家长的浮躁、争执、错误的价值观都直接影响孩子的行为习惯和行为意识，导致孩子无法容忍他人，无法处理和化解与同学之间的冲突。对此，家长和老师都应该深刻反思。

[①] 路易·阿尔都塞. 哲学与政治：阿尔都塞读本 [M]. 陈越, 编. 长春：吉林人民出版社，2003：356.

[②] World Health Organization. Preventing Suicide: A Resource for Media Professionals [R]. World Health Organization, 2017.

媒体专业人士在撰写抑郁症报道时,应向当地抑郁症预防领域的专家寻求相关建议。这些专家可以帮助解释抑郁症的数据,确保抑郁症的报道能够避免模仿自杀行为的增加,驳斥有关行为的谣言,并提供有用的信息来识别和帮助那些正在考虑结束自己生命的人。显性施为是反思除抑郁症和自杀悲剧症状外更为深刻的社会问题,并在文章最后指出改善问题的途径:

> 国务院教育督导委员会办公室向各地印发《关于开展校园欺凌专项治理的通知》,要求各地各中小学校针对发生在学生之间,蓄意或恶意通过肢体、语言及网络等手段,实施欺负、侮辱造成伤害的校园欺凌进行专项治理。

它不仅指出了事件发生的宏观背景,而且提供了政策层面的应对措施。强化校园欺凌的严重性,唤起人们积极营造未成年人健康成长环境的意识,实现意向性交流。

抑郁症报道在某种程度上反映着生产关系及其他各种社会关系的再生产,即主体自愿接受服从话语的安排,个体在经历了主体的镜像认知的结构关系和运行模式之后,形成主体之间的相互认知机制。笔者选取了两位已经恢复正常生活秩序的前抑郁症障碍者,他们已经通过临床复诊,从抑郁症的阴影中走出。其中C是一位刚参加工作的大学男教师,T是一位供职于房地产公司的女销售专员。就主体间性与表意联系,即意向性交流奠定关系建立的基础,笔者提出的问题是"抑郁症报道的叙述是否让你感受到了社会关系的多样性?"

对于这个问题,C认为:

> 老实说,我觉得所谓的"多样性"对我而言并不是那么明显。抑郁症报道好像更多还是着重于体现人们得了抑郁症以后是什么样子,比如说郁郁寡欢啊,比如说想要去寻死啊,但是好像没有展现出他们之前是什么样子,曾经是什么样子。我觉得如果抑郁症报道能提供一种对比,可能我会更加认为,原来不同的人都有患上抑郁症的可能吧。也有一种可能是我这个人比较……怎么说呢,比较习惯于推己及人吧。即便是抑郁症报道,我看的时候也会觉得,大家和我是类似的,很少把报道当中的人当作某个全新的个体去看待。

对于同样的问题,T指出:

> 我觉得报道里的抑郁症障碍者和我有相通的地方,但实际上也是各种各样的人。比如我之前看过的报道里,有关注过妊娠期的女性患上抑郁症

的，也有关注过很多公众人物的压力。这让我觉得，这个疾病不是专挑什么样的人的，而是每个人都有患病的可能性，都应该要注意。所以我觉得报道不能太聚焦于某一类人，不然的话只会加大那一类人的压力，而不能帮他们分担什么。而且，如果能真正体现出抑郁症障碍者群体的多样性，也才能让更多的人摆脱固化的印象吧，我觉得那种偏见可能给人带来的伤害更大，而这恰恰是多样性表现得不够才造成的。

在C看来，所谓的"多样性"并不那么明显，因为关于抑郁症的报道似乎更多关注的是人们在遭受抑郁后的样子，但是没有展示他们以前的样子。C觉得，如果抑郁症报道可以提供一个比较，也许能够让人体会到不同的人都有患抑郁症的可能性。而在T的眼中，抑郁症报道中的抑郁症障碍者和她有一些共同之处，但这也让她觉得，这种疾病不是特定给哪一类人的，而是每个人都有患病的可能，应该引起注意。如果抑郁症障碍者的多样性能真正得到体现，那么更多的人就能摆脱固化的印象。偏见可能会给人们带来更多的伤害，而这恰恰是多样性不足的结果。

无论是传统媒体还是新媒体，媒体的生存和发展在很大程度上取决于传播关系的产生和交流。媒体生产内容、受众消费内容以及这种生产和消费的关系总是在特定的时间和空间内完成的。这种时空不是物理意义上的，而是社会学意义上的想象。在很长一段历史中，地理这样的空间区域不会消亡，但生活在其中的人们正在经历一场社会空间转型。当人们从一个地理空间扩张到另一个地理空间生活和工作时，他们的社会关系自然会发生变化，这反过来又会导致他们的信息需求发生变化。映射到媒体的范畴，这种变化将反映在传播关系的转变和传播资源关系的分配模式的转变——尽管大多数传统媒体并不乐意接受这种变化。在互联网和人们通过社会关系渠道收集信息的社会市场格局下，如果仅仅采用理性的沟通方式，即使内容本身是有价值的，也不具备通过社会关系渠道渗透的魅力。没有这种魅力，价值就无法实现。因此，要增加这种魅力，就必须在内容元素中注入更多的关系元素和场景元素。使用的主要材料是我们过去忽略的不合逻辑和不合理的信息，需要更多的情感因素、关系因素和心理因素。

二、显性祈使与隐性施为：文本对主体的直接传意与间接说服

随着语言研究的社会学转向，语言与社会的关系逐渐成为语言学家关注的焦点。20世纪90年代，欧洲语言学家开始关注语言与文化、权力和意识形态

之间的关系。① 印度功能主义语言学家卡什叶等人认为，语言的功能是建构人类经验和社会秩序。交际是一个社会意义系统，包括三个元功能：概念功能、人际功能和文本功能。概念功能是指说话者通过及物性在现实世界中的各种体验的表达；人际功能是指语言对人和事物表达说话者情态的功能，这是通过语气和情态来实现的；文本功能是指通过强化主体性实现的文本组织方式。② 英国语言学家韩礼德认为，人们使用语言的过程就是从可用选项中做出选择的过程。选择就是意义，人们从语言系统提供的潜在意义中选择的语言形式取决于他们所实现的社会功能。③

意动性是许多符号表意过程所携带的普遍性质。即使一个句子不是以祈使句的形式嵌入的，它的意动也可以通过与语境相结合来实现。例如，东亚文化包含大量的"点到为止"表达策略，即使没有明确表达，也能达到祈使句的效果。基于意动性的广泛存在，美国语言学家杰罗德·萨多克认为，在某些情况下，在某些情况下，有些传统的暗示以词语的形式存在，这可能被视为词语的间接后效；这也是许多言语交际行为的副产品。④

意动叙述（conative narration）是为了促进特定目的的实现，它以祈使语为主导话语，试图形成言语后的行为，从而起到"言出必行"的作用。这种意向性的叙述可以反映在媒体对抑郁症的报道当中：如果报道善于正面引导，便可以使用询唤策略从"讲述'他者'的故事"优化到"与'你'沟通"，以产生建设性的干预对话。抑郁症报道在某种程度上是媒体能够坚守职业道德的标志，也是从事健康传播的媒体应具备的自觉价值追求。"意动"（conation）的概念源于拉丁语，从哲学意义上讲，它指的是一种"自发的主体性"（voluntary agency），即通过某种努力让自身行动起来。⑤ 在心理学上，"意动"是指"心理过程中趋向于活动或变化的元素，表现为欲望、意志和努力"。⑥

纯文本如何促使接收者一步一步地采取行动？这是符号世界中常见的问题。对意动叙述的本质属性的分析告诉我们，意向性交流与对未来的理解契约

---

① 丁建新，廖益清. 批评文本分析述评［J］. 当代语言学，2001（04）：305-310.
② Kashyap R L. A Visual Query Language for Graphical Interaction with Schema-intensive Databases［J］. IEEE Transactions on Knowledge and Data Engineering, 1993, 5 (5): 843-858.
③ 张德禄. 韩礼德功能文体学理论述评［J］. 外语教学与研究，1999（01）：44-50.
④ 约翰·R. 塞尔. 意向性：论心灵哲学［M］. 刘叶涛，译. 上海：上海人民出版社，2007：46-47.
⑤ Online Etymology Dictionary. Word Origin and History for Conation (n.)［EB/OL］. 2019-10-10.
⑥ Collins English Dictionary. Conation Definition and Meaning［EB/OL］. 2012-12-1.

第五章 关系再生产：抑郁症报道对障碍者互动寻求倾向的建构

是意动性生成的关键。确切观之，媒体对抑郁症的报道是怎样构筑意动性，进而成为信息性社会支持的？一般来说有两条途径。其一是利用具体的语句来说服，即在新闻文本的内部增益对新闻文本接收者采取行动的说服力，使得意向性交流获得强化；其二是利用未来叙述的体裁属性，借由突出某种参与度与代入感来引导接收者对新闻文本进行解读，继而再从解读扩展至务实的行动支持。在雅克布森看来，当符号文本的表意向接收者一方倾斜的时候，符号文本中较强的意动性会脱颖而出，敦促接收者产生某种反应并采取某种行为，其最为典型的例子是命令、呼唤句，以及祈使句。当利用具体的语句说服的时候，有直接与间接两种强化文本内意动语力的方式，一是通过祈使句直接传意，二是借助语境上下文关系来间接说服。

一方面可以通过祈使句直接传意。《韦氏词典》对"祈使"（imperative）的一个解释义项是"表达影响他人行为的意愿的语法性语气，或表达这种意愿的动词形式或动词短语"①。祈使句是一种给出指示、命令、请求或建议的句子，它可能以感叹号或句号结尾，具体取决于它的表达方式。祈使句通常简单而短暂，但也可能长而复杂，这取决于它的上下文。英国文学评论家凯瑟琳·贝尔西的著作《批判实践》是一部颇具影响力的后结构主义文本，为文学研究提出了新的方向。她在书中曾指出，以现实主义小说为代表的陈述语气叙述的特点在于虚构性，而且有结尾，然而祈使语气的叙述则不可能是虚构，而且经常没有结尾，这是为了给文本的接受者采取行动留出空间。②为了印证她的观点，她援引了马克思主义哲学家阿尔都塞对意大利剧作家贝尔托拉齐的戏剧《我们的米兰》的评论，即创作者意欲把看客变成演员，来完成尚未落幕的戏。意动叙述的过程不仅在于接连不断地把事件与问题抛出来，还在于对文本的接收者予以启示，接下来应该如何行事才能获得一个好的结局。

另一方面可以借助语境上下文关系来间接说服。隐性施为（implicit performatives）是指不施用明确的、特定的语句来表达旨意并诉诸行事的语言现象。通常说来，每个隐性施为都需具备其特殊的前提内容，只有在一定的前提下一个隐性施为才能成功。例如要成功地提出一个问题，必须对一定的未来事件做出判断，即需要评估回答者是否有能力回答这个问题，或者提问者认为回答者能够回答这个问题；要成功地完成一个打招呼的行为，打招呼的双方必须符合刚刚相遇的现实条件或者刚刚被互相介绍。语言哲学专家约翰·罗杰

---

① Merriam-Webster Dictionary. Definition of Imperative[EB/OL]. 2019-04-01.
② Belsey C. Reading and Critical Practice [J]. Critical Quarterly, 2003, 45 (3)：22-31.

斯·希尔勒认为,如果一个说话者的言语行为产生意义,则需要让三个条件获得满足:首先,说话者要说出某个语句;其次,语句的表达意向要服从于具体的语境;最后,接收者应当对该言语行为理解并接受。① 这里的"语境"成为达成隐性施为的关键元素,即使语力指向的是接收者,但不借助语境,便也难以形成"因言成事"(perlocutionary)的目的。

例如《中国青年报》在 2018 年 9 月 8 日发布的微博(图 5-1):

图 5-1 《中国青年报》2018 年 9 月 8 日微博截图

与其他叙述类型相比较,意动叙述直接诉诸符号文本接收者的行动;发生在符号文本传受之间的沟通关系是体裁意动性的关键保证。对媒体的抑郁症报道侧重于文本接收者,不单单是在文本内部将接收者视作重点,更重要的是在文本的发送与接收之间形成某种述说与倾听、述说与操作的阅读契约。法国作家兹韦坦·托多洛夫首先提出了内视角的概念,即叙述者从故事中人物的视角和情绪进行叙述。叙述者知道的和故事中的人物一样多。因此,这种视角下的

---

① 约翰·R. 塞尔. 意向性:论心灵哲学 [M]. 刘叶涛,译. 上海:上海人民出版社,2007:46—47.

第五章 关系再生产：抑郁症报道对障碍者互动寻求倾向的建构

叙事将使读者更容易窥探人物的内心，使叙事更具亲和力、可信度和情感感染力。同时，内部视角的叙事往往存在主观意义过多、偏见过多的问题。[①]

语言学家恩德尔·图尔温认为，自我觉知扩展了个人在主观时间的情境记忆，使得在心理时间旅行以回忆过去的事件（情境记忆）和想象未来的事件（情境预见）成为可能。[②] 一般说来，情境记忆（episodic memory）是指人们回到过去去体验个人历史的活动，情境预见（episodic foresight）与个人预见未来可能发生的事件有关。意动叙述的归宿可能在于未来，尚且没有发生，却是被期望发生的，因此虽然事件还未真正发生，可是却不能称意动为"虚构"。意动叙述总体的意向朝向的是未来应然，是对情节将成为现实的预言，只待文本的接收者按命令、承诺或劝说行事，目前的情况便得以改变。意动叙述所具备的极大特征，在于承诺某件事情会发生，当然也存在否定性承诺，即警告、威胁与恐吓，其目的都是希望话语的接收者相应地做出某种反应以取得效果；意动叙述的这种品质是符号文本发送与接收之间对未来的应然指望。

就对媒体的抑郁症报道来说，其中的叙事与健康宣传，是为对潜在的风险恶化状况与企图自杀人群形成宣导与劝慰，避免在未来悲剧进一步发生。基于意动叙述的契约性更要意识到，抑郁症报道的正向意义并不仅依靠媒体单方面灌输，而应该是读者的认知与意识所参与构筑的，他们亟须用报道文本来形成幻想中的未来，从而实现自我效能感的转换。

在这则报道当中，"你离抑郁症有多远？""关于抑郁症，你了解多少？""转给你关心的 TA！"都是直接强调和文本接收者之间的对话感，把潜在受众置于对话的叙述模式当中，并将他们召唤成为主体。这种语势强烈的沟通模式让接收者觉得自己受到重视，跟随文本指导而产生采取积极行动的意识，从而实现意动性的促成。从意向性交流的角度来理解，意动叙述是一种叙述的体裁类型，它以祈使作为主要模态，以应许和宣传为典型，以言后行为作为主导语力，可以理解为为了促使某种意图的达成而叙述。

针对此，笔者提出的问题是"抑郁症报道对你的治疗和康复有情感上的帮助吗？"C 的回答是：

> 我觉得抑郁症报道对于我的治疗和康复的帮助，主要还是情感上的那种抚慰。毕竟是主流媒体把这个问题呈现出来，让我觉得自己的情况好像不是孤立存在的，我也因此更积极地去寻找一些手段和措施去改善我自己

---

① 申丹. 对叙事视角分类的再认识 [J]. 国外文学，1994（02）：65—74.
② Tulving E. Episodic and Semantic Memory [J]. Organization of Memory, 1972, 1: 381—403.

的情况。比如说看到抑郁症报道当中描述有人做公益，去帮扶那些正在遭受痛苦的人，我就会想到，既然有人在做这样的好事，那或许我自己就不应该一直消沉下去，而应该让自己变得越来越好，和那些人的善举相匹配。当然我觉得，可能这也是一种道德上的驱使吧，我觉得通过文字来传递这种道德层面的影响力，好像现在也并不是特别常见了。

就健康传播来说，从信源的角度看，健康传播可以被看成是传者阶层出于获得与健康议程相关的影响与支配，而采取多种方式来建立符合自身利益和秩序的传播活动。在从最初的单向传播向多维传播过渡的过程中，公众作为个人和群体的主体意识和交往理性得到了拯救。在 C 看来，抑郁症的报道为他带来了情感安慰。媒体提出了这个问题，让他觉得自身的处境似乎不是与社会关系割裂开的。因为抑郁症报道的存在与隐性施为，他更加积极地寻找一些方法和措施来改善自身的状况。举例来说，当他看到抑郁症的报道描述一些人做公益事业，帮助那些受苦的人，他会认为，应该让自己变得越来越好，不应该一直沮丧，因为有些人正在做这样的好事，那么也许他应该配合这些人的善行，这是一种道德驱动。

T 对于这一问题的回答是：

> 我觉得帮助还是有的，但主要体现在一种情感上的支持。我觉得现在毕竟是一个比较进步的时代了，从事新闻报道的记者应该也都受过高等教育，知道在报道中不应该抱持偏见，因此报道都还是比较温和的。我的医生经常跟我说，控制抑郁症是一个控制焦虑的情绪的过程，因此不要刻意接触会让人心烦意乱的消息。我觉得在这方面还是比较好的，可能和那些不断颠覆人们想象的其他社会类新闻相比，有关抑郁症的报道还是相对温和许多。从这个层面上看，浏览抑郁症报道至少不会让我的病情产生恶化，我觉得这就已经足够了。

T 认为仍然有一些帮助，但主要体现在情感支持上。现在是一个相对进步的时代，媒体工作者的素质的提高与观念的进步，使得报道中持有偏见的可能越来越少。因此这些报道似乎仍然相对温和，没有破坏力。当前，公众可以通过多样化的媒体面向选择所需的健康信息，并据此做出进一步的健康行为决策。T 认为，控制抑郁是一个控制焦虑的过程，所以不要故意接触令人不安的消息；与其他不断颠覆人们想象力的社会新闻相比，关于抑郁症的报道相对温和。传播者不再局限于媒体、行政机构和卫生专业人员，社会化媒体的意见领袖经常显示出更强大的沟通能力。与此同时，健康传播中传播者的称谓和资格正在削弱他们对受众的说服力和吸引力；相反，传播者的个人特征和他们向个人投射询唤的能力更有可能赢得受众的关注和信任。

三、共同意志与因言行事：主体互动意识被意动叙述框架激活

文化话语下的媒体动员主要来源于语言学、人类学、符号学等人文科学，侧重对人类行为的意义建构和文本解读。该话语下的媒体动员研究，不仅着眼于微观文本分析，而且着眼于对媒介意识形态生产功能的宏观分析，以期了解媒介如何运用文本话语建构社会成员的集体意志，实现社会动员。网络媒体和传统媒体都是通过塑造"共同意志"来完成情感动员的，但网络媒体强调在公众的喧嚣中制定议程，发展"共同意志"。

俄罗斯语言学家和文学理论家罗曼·雅克布森在他提出的符指过程六因素分析当中认为，当符号的表意侧重于受话者时，符号文本会出现比较强的意动性质，换句话说，便是促使接收的一方做出某种反应；最为极端的例子是命令、呼唤，以及祈使句的运用。雅克布森对意动性的概括与法国结构语言学家与符号学家埃米尔·本维尼斯特在《一般语言学诸问题》的模态性分析中提出的祈使语态论相近，后者认为祈使语态品格逾越了文本，可以被看成是言说的一方与受话者之间的某种意向性交流。具有异曲同工之妙的是，英国语言哲学的主要倡导者约翰·朗肖·奥斯汀提出的言语行为理论当中也提到了所谓"言后行为"（perlocutionary act），这是他指出的语力分类中的第三种，意思是"通常一些话语的说出，会对听众、演说者或其他人的感觉、想法或行动产生一定的影响；这可能是出于设计、意图或目的"[1]。积极修辞是根据表达的需要，运用各种材料使语言准确、生动、富有感染力的修辞方法。与消极修辞相比，积极修辞强调形象、具体和情感体验。

新闻话语，甚至包括与其关系暧昧的官方话语，被视为社会权力关系和意识形态的载体。[2] 在传播活动中，语词的选择受到主旨的限制。主旨意味着言说主体和其他传播活动参与主体之间的社会认同和角色关系。在现代新闻话语中，传播双方在时间和空间上是分离的。因此，新闻话语生产者拥有从自己的角度选择话语报道新闻的主导力量。新闻话语中的新闻事件和事实是客观实在，但媒体筛选事件和事实的标准往往反映了媒体的主观能动性。新闻话语通

---

[1] J.L. 奥斯汀. 如何以言行事[M]. 杨玉成，赵京超，译. 北京：商务印书馆，2013：35-36.

[2] 丁和根. 大众媒体文本分析的理论、对象与方法[J]. 新闻与传播研究，2004（01）：37-42.

过对议题的选择和对事实的具体表达来控制信息,而新闻议题的选择和解读反映了言说者的权力视角。梵·迪克认为,新闻话语中的意识形态建构更多地依赖于不同的文本结构以及新闻制作过程中与这种安排交织在一起、勾连在一起的战略选择。[①] 新闻话语重构社会现实,创造舆论,使相关问题的整体舆论适应特定权力群体的利益需求,从而影响或改变受众的价值判断和情感倾向。新闻话语也因主观性较强而与新闻事实有所偏离,这可能导致掩盖真相、加深读者偏见等不良后果。

媒体的确对社会有一定的影响力,但是这种影响力不能用简单的因果反应或"刺激-反应"模型来描述。一种更倾向于认知主义的研究视角侧重于关注意识和社会组织所涉及的机制背后的多样性和复杂性。当代对媒体的研究纳入了一些概念,例如"议程设置"所指涉的是媒体如何帮助界定公共讨论的主题,例如"铺垫作用"所强调的是特定的主题如何因媒体的报道而变得更加突出,又例如"框架"所意味的是媒体报道如何利用隐含的方式来延续某些对社会和政治的假设。情节框架是指通过一个具体的事件或一个人的生活故事来描述和陈述问题,这个事件可以作为一个更广泛的问题的代表性叙事,也可以是一个个体面对这个问题的私人故事。虽然情节框架在影响受众时可能会产生一些例证效应,但它也可能产生一些意想不到的后果,可能会阻碍问题的理解和责任归因。特别是,过分强调事件和个体的遭遇可能会使社会大众不以深层次的社会或经济条件,而仅仅以特殊的结果来描述长期存在的问题,从而导致受众认为个体应对造成和解决社会问题负责。将个体置于话语的中心,关注个体层面的风险行为和生活方式的缺陷和改变,这些行为和生活方式与更大的社会背景无关,情节框架可以转移社会大众对政治、社会和经济环境系统性矛盾的注意力,并淡化社会层面补救措施的重要性,如政策变化、监管努力以及纠正社会不平等和不公正。

在报道复杂议题时,记者往往依靠意动叙述来帮助以易于理解的解释方式呈现大量信息。在这样做的过程中,他们不可避免地突出了问题的某些方面,并使这些方面比其他方面更加突出,通过对问题的系统性原因、趋势和后果的信息来描述和呈现问题。在涉及公共健康问题的时候,意动叙述通常包括对背景条件的专家分析、广泛结果的系统证据、发病率和死亡率的统计趋势、疾病预防、干预和治疗研究报告、风险因素及其社会指标的讨论,以及社区一级和

---

① 托伊恩·A. 梵·迪克. 作为话语的新闻[M]. 曾庆香,译. 北京:华夏出版社,2003:87-187.

基于政策的补救办法的介绍。意动叙述可以影响人们对社会问题的想法和感受，通过提供足够的背景信息、语境条件和对后果的提示，意动叙述有可能强化社会大众对系统性风险因素的理解，鼓励社会大众支持不同层面的解决方案，并减轻通常由责备和妖魔化个体患者造成的和与之相关的污名。

对于共同意志与因言行事，即主体互助意识被意动叙述框架激活，笔者提出的问题是："抑郁症报道是否让你感受到了来自社会的互助行为？"C谈道：

> 我觉得互助在抑郁症报道里体现得并不是特别多。我看到的抑郁症报道，似乎都是把问题呈现出来，但是并没有谈到人们相互之间做了什么，让情况变得比以前更好。我觉得人们既然选择去看、去接触抑郁症的新闻报道，除了想知道客观事实和实际情况，应该还是想了解事情会怎么解决的吧，尤其是对我们这样的患者来说。因为很多人还是像我说的那样，是绝缘的，可能每天接触各种媒体的时间，比接触一个实实在在的人的时间还要多得多。如果人与人之间很难达到一种实际的支持，那媒体就应该在这方面多做一点什么。

和C的反馈相类似，T也认为自己的感受并没有特别强烈：

> 我没有太强烈的感受。我相信社会上肯定会有很多愿意帮助抑郁症障碍者的力量存在，不论是专业的治疗机构，还是民间的互助团体之类的，都会竭尽所能地去改善这个情况。但是，相比患者本身而言，他们在报道当中的可见度太微弱了，甚至没有他们的身影出现。我觉得这不是一件好事，因为比如说有一个政策颁布，这当然可喜可贺，但关键在于患者个体与颁布政策的人之间距离太远，反而和那些能真真正正帮助到他们的人距离更近。如果媒体的抑郁症报道没有体现出这一点，我觉得作为患者个体而言，他对自己的情况进行改善的操作性是比较低的。

中国目前的心理健康政策重点关注的是抑郁症等高患病率疾病，并强调媒体对心理健康问题进行负责任的报道。中华人民共和国国家卫生健康委员会联合中央综治办、发展改革委等十部门制定了《全国精神卫生工作规划（2015—2020年）》，建议加快心理健康相关法律法规的制定，建立政府主导、多部门合作、社会组织参与的心理健康工作机制，完善心理健康服务体系，加强心理健康知识宣传，加强对关键群体心理行为问题的干预，为我国精神卫生法治化、规范化、自觉化发挥重要作用。①

C不认为互助主要反映在抑郁症的报道中，他看到的抑郁症报道似乎提出了这个问题，但它们没有谈到人们为了让情况变得比以前更好而对彼此做了什么。他认为，既然人们选择观看和接触抑郁症的新闻报道，除了想知道客观事实和实际情况，他们还应该想知道事情将如何解决，特别是对于病人群体，许多人甚至是与世隔绝的，并且可能花更多的时间与各种媒体接触，而不是与真人接触。如果人们之间很难获得实际的支持，那么媒体应该在这方面做得更多。

媒体有潜力在提高社会对心理健康问题的认识和态度方面发挥作用。我国正在实施的《全国精神卫生工作规划（2015—2020年）》包括促进和预防活动，重点是提高全社会对心理健康和疾病的认识水平。对抑郁症的描述比其他类型的心理障碍更频繁，但关于抑郁症的症状、原因、治疗和预后的细节只在少数媒体上报道。

T相信，在一个社会中，无疑会有许多力量愿意帮助抑郁症障碍者，无论是专业治疗机构还是民间互助团体，他们都会尽最大努力改善这种状况。然而，与患者本身相比，他们在报道中的可见度太弱。个体患者离政策颁布者太远了，其实更接近那些能帮助他们的人。如果媒体上的抑郁症报道没有反映出这一点，作为一个个体患者，改善他的情况的可能性是相对较低的。未来的媒体战略应侧重于提高有关抑郁症的准确信息水平，这些战略应得到进一步研究的补充，旨在改进媒体对抑郁症的报道的具体方法的影响，特别是在提供适当信息和鼓励寻求帮助行为方面。在评估媒体呈现对个体和社会态度及行为的影响时，应该考虑社会心理学理论如何与媒体影响的概念相结合。

这些对防治抑郁症这一公共健康威胁具有实际意义。就中国媒体而言，报道绝大多数都是主题式的。虽然这种框架方法可能有助于促进对整体问题的理解，减轻受害者的污名，但个体故事形式的情节框架的严重缺乏，包括报道中个体受害者的不可见性，可能会无意中降低与抑郁症相关的沟通的有效性，因为情节框架可以在中介信息的处理中实现例证效果，实现范例介导信息加工的影响。②

然而情节框架通过将慢性问题描述为一系列离散的案例和特殊的实例，而

---

① 新华社. 国务院办公厅转发《全国精神卫生工作规划（2015-2020年）》[EB/OL]. 2015-06-18.

② 庞慧敏，段羽佳. 我国医疗改革的媒介呈现——以《人民日报》2009～2014年医改报道为例[J]. 青年记者，2015 (36): 58-59.

不是在社会和系统层面上根深蒂固的、相互关联的、反复出现的条件和状况，从而促使人们对社会问题的局部化理解。这种有缺陷的理解可能会转移社会大众对社会责任的注意力，影响社会大众对政府项目和其他社会层面解决方案的支持，并导致社会大众将自己的困境归咎于心理障碍患者。一方面，情节框架的出现可能会提高新闻的受众吸引力，进而提高新闻机构在日益拥挤的中国媒体市场中的竞争优势；另一方面，报道中国心理健康问题的记者可能会陷入西方同行所犯的同样的错误，即忽视心理健康问题的更大的社会层面和后果，从而损害社会大众对抑郁症这一关键健康问题的理解。

第二节　整饬关系：抑郁症报道施加理解契约

阿尔都塞认为，孩子们在学校里除了学习技巧和知识，还会在学习专业经验的过程中学习"适当的礼仪"，即社会分工中的每个行动者都应该遵守的态度，并根据自己未来的工作学习遵守道德规范，遵守公民的良心和职业道德：这意味着遵守社会技术分工的"规则"。从根本上说，它意味着找到由类规则建立的秩序规则。此外，他们必须学会讲标准法语，正确管理工人，也就是说，作为未来的资本家，他们必须学会正确使用工人，他们必须学会以理想化和正确的方式向工人说教，等等。更科学地说，劳动的再生产不仅需要劳动技能的再生产，而且还需要与个人服从相联系的现存秩序规则的再生产，即工人对统治意识形态的心理服从的再生产，以及剥削和压迫的代理人适当操纵统治意识形态的能力的再生产，以便他们也能够用话语为统治阶级的统治做准备。

意动叙述的本质属性在于它是符号文本的发送者与接收者之间所达成的对未来的理解契约，这种契约引导着文本的接收者采取受到文本发送者期待的相应行动。一方面，意动性所体现的是上文所提到的意向性交流，即中介于传受主体间的能动性对话，让表达与沟通过渡到身体的意向行为；另一方面，意动是允诺发生，因此意动文本接近于虚构，但对"做什么"的提出是为了尝试改变某种现实，由此可以说意动是一种"预付现实"，是拟纪实性的未来契约。意动叙述具有特殊的形式特点，包括试图改变某种经验现实的非虚构性、清晰的"'我'对'你'说"的人称关系、对未来事件情节的契约等。面向未来的抑郁症报道展现出紧迫感，强化符号文本接收者的代入感，敦促他们采取行动。对话意识体现在对"你"叙述的询唤上，参与意识体现在可供填补的情节留白上，二者共同将积极扭转结局的能力交到符号文本的接收者手里，产生信息性社会支持，实现社会关系的再生产。

一、交互话语：人称代词深化主体文本代入感

"交互话语"的本质是编码者与解码者之间的对话。"传播"的词源是communicare，是分享、告知和交谈的意思。期求对话，并且对于对话的可能性进行了假定，不管是何种层面与意义上的对话。然而在戴维·莫利的阐述当中，"交互话语"首先是在话语层面上的对话，他认同阿尔都塞所指出的，即"主体是一个话语范畴，因此需要将询唤放置于话语层面之上，放置于话语的游戏与斗争的层面之上。行动的界限和描述的界限是一致的。……思维是对可以被利用的符号材料的选取与运用"[①]。这即是认为，话语必须被视为影响人的思维和行为的重要因素，话语的边界也是思维和行动的边界，这也是西方哲学将人定义为理性动物的出发点。

大众媒体是现代社会的一个独特特征，它的发展伴随着社会行动和参与的规模和复杂性的增加、迅速的社会变革、技术创新、个人收入和生活水平的提高以及某些传统形式的控制和权威的下降。因此，媒体对社会所施加的"影响"（influence）是一个极具争议性的概念，尤其是社会利益逐渐多元化复杂化的背景之下，媒体在社会中所起到的作用在很大程度上被认为是消极的而非积极的，很多对媒体研究的兴趣也是由对媒体影响的担忧所驱使的。例如法兰克福学派的理论家们不断发展着批判理论的概念，强调大众传播对受众的负面影响。[②] 媒体对心理健康和疾病的报道引起了政策层面上的关注。然而不难发现的是，媒体对心理健康和疾病的负面描述很常见，例如心理障碍经常与娱乐和新闻报道中的暴力联系在一起；并且媒体对心理健康和疾病的不恰当与不准确的描述可能会导致污名化和消极的信念与态度，而为了平衡媒体的负面描述所呈现的积极或纠正性信息可能对态度影响不大。

《人民日报》官方微博在2018年9月10日（图5-2）写道：

> 【转发呼吁：从今天起，请不要漠视他们的需要】全球每40秒便有1人自杀身亡，每年有近80万人失去生命。在我国，自杀成为15至34岁人群的第一位死因……选择自杀，是生命的自我放弃，更是极度的无助。如果及早干预，许多悲剧都可以避免！今天，第十六个世界预防自杀日，

[①] 戴维·莫利. 电视受众与文化研究 [M]. 史安斌, 主译. 北京：新华出版社, 2005：98.
[②] 曾一果. 批判理论、文化工业与媒体发展——从法兰克福学派到今日批判理论 [J]. 新闻与传播研究, 2016, 23 (01)：26-40.

第五章 关系再生产：抑郁症报道对障碍者互动寻求倾向的建构

用您一点时间，挽救一个生命！转！

图 5-2 《人民日报》2018 年 9 月 10 日微博

这里的人称代词被高频使用。首先是开门见山的"呼吁"一词，指某项主张需要大众的支持，而号召人们去干这件事。其次，"从今天起，请不要漠视他们的需要"，强化当下与即刻的时间紧迫性，通过用于希望对方不要漠视抑郁症障碍者的需要的敬辞，来突出祈使的意图指向。

接着，在"用您一点时间，挽救一个生命！"之前，通过提供骇人视听的数据来实现情感召唤，让人们意识到自己的行为对于抑郁症障碍者而言具有非同小可与不同于一般的价值，对他人是有重大意义的，从而获得自我肯定，这在心理学上无疑符合斯金纳所提出的正强化（positive reinforcement）。[①]

有时"你"这个字并未突出，但镶嵌在抑郁症报道之中的"对话与代入"的人称模式依然是显著的，媒体下意识地尽可能运用这种较为隐晦的人称模式来使文本张力被构筑起来。以体裁为基础来构筑意动性，从实质上来说都是对

---

① 在操作性条件反射中，正强化是指在一种行为之后增加一种强化刺激，这种行为更有可能在未来再次发生。当一个有利的结果、事件或奖励发生在一个行动之后，那种特殊的反应或行为会得到加强。

173

文本的接收者展开应然的行动施行预先引导。对符号文本的接收者"你"的询唤式叙述的主格身份强化，利于形成对话意识，让阅读的对象进入文本语境；引导符号文本的接收者主动完成二次叙述，并把媒体呈现的抑郁症报道的内容与自己的生活场景对接，在情节余留之处想象自身参与或采取行动之后所能起到的建设性意义，这个信息性社会支持的作用机理是介乎文本与接收者之间的意动过程。

人际沟通是指至少两个人之间的信息交流，旨在协调沟通伙伴之间的思维、行为或具体行动。如果人际传播只存在于当前大众传媒报道的表象中，或是在预期未来大众传媒报道的存在中，那么人际传播就被认为是受传媒影响的。大众传媒对人际交往的影响是多方面的。媒体技术使人际交流有了新的方式，改变了规律。媒体报道提供了话题、论点、观点和行为模式，参与者可以在与他人的交流中加以适应。这些媒体效应可能发生在集体媒体接受过程中，也可能发生在后来的不同环境中；它们也可能仅仅是对未来大众媒体提供的期望的结果。针对交互话语，即人称代词深化主体文本代入感，笔者提出的问题是"抑郁症的患病经历与抑郁症报道是否影响了你对人际互动的看法？"C指出：

> 经历了这次患病，我对人与人之间的互动还是有改观的。我之前觉得自己是绝缘的，从来不主动沾亲带故，也没有人靠近我。但是这次治疗的过程当中，我被鼓励和外界的人接触，告诉别人我的情况。起初我有一点抗拒，但是后来我发现，朋友们还是主动过来关心我，尤其是我的家人，为我感到着急。我知道，我不应该让他们替我担心的，但是或许是患难见真情吧，我发觉过去是我太封闭了，别人想要关心我也找不到方法。只要我自己敞开心扉，还是不缺人来关心我的。所以，我对人际关系的看法，比起之前要积极许多。

T对于这个问题，有着差不多的体会：

> 多少会有一点改变吧。但我并不是一个亲戚朋友特别多的人，我很早就离开家，自己一个人奋斗了，所以和家里面的牵绊也并不是很深吧。我也很怕麻烦，尤其是和人打交道的麻烦，很多察言观色的事情我都不懂，估计别人也会觉得我的情商不高，因此不愿意和我有太多来往吧。我觉得我的抑郁症也不是孤独造成的，因为我其实很习惯于独来独往了；我的病更多是因为生活压力导致的。不过虽说如此，我也确实觉得，自己应该要做出改变了，拥抱这个世界。虽然对于不擅长的人而言，这样刻意地改变

自己，也会看起来有些滑稽吧。

大多数人明白心理健康是他们整体健康的重要组成部分；然而，一般公众的心理健康素养仍然很低。C在这场疾病之后与人的互动有所改善。他发现他过去太封闭了，别人找不到关心他的方法。只要他敞开心扉，仍然不乏关心他的人。为了减少耻辱感和鼓励寻求帮助，媒体工作者必须在报道中展示积极而富有建设性的形象，包括管理或克服心理健康状况和自杀意念。通过向观众展示与他们一起生活并真正管理他们心理健康的个体，可以鼓励人们和他们周围的人在管理他们的心理健康方面更加老练，更加能够调动起积极的主体意识。

二、预付现实：拟纪实性提升主体主观能动性

认知主义的媒体理论指出，媒体信息在设定公共讨论的议程方面发挥着作用，并且倾向于以一种延续某些假设的方式来构建信息。[①] 框架是一种快速、规范地处理大量信息的有效方法，因为构建框架的目的是不断地选择、强调和排除大量的信息。每一个叙事都必须有一个框架，而作者的态度往往隐含在这个框架中，因此一旦读者接受了叙述者的叙事框架，他们对文本的解读自然会带有叙述者的个人印记。在目前的研究中，就媒体报道的数量而言，抑郁症比其他特定的心理障碍更受重视；这一重点对于将抑郁症作为公共讨论的主题具有启示意义。鉴于有关抑郁症的关键信息出现在少数媒体报道中，很明显，传达的信息范围有限。然而，同样明显的是，媒体报道提供了相互矛盾的信息。先前的研究表明，负面形象比正面信息对心理障碍的态度有更大的影响，心理健康问题的媒体信息经常以一种不准确或消极假设的方式被构建。[②] 相当比例的人口对抑郁症的适当治疗方案或可获得的卫生服务知之甚少。媒体报道如果提供了不准确的抑郁症治疗信息，可能会延续受众已经持有的假设。

在更大的社会范围中讨论抑郁症时的文化禁忌、社会环境中存在的污名或公共卫生系统中缺乏心理健康保健时，往往强调更广泛的主题和宏观情景。典型的新闻报道在更大程度上涵盖了一般事实和统计数据，而不是来自个别患者的具体报道。当个体故事受到媒体关注时，它们更有可能被报道为关注医疗诊断和治疗信息的未命名患者病例，而不是具有人物、故事情节和情感诉求的个性化故事。集体主义文化倾向于重视集体而不是个体，把个体视为更大的社会

[①] 甘莅豪. 媒介文本分析的认知途径：中美报道南海问题的隐喻建构 [J]. 国际新闻界, 2011, 33 (08)：83-90.

[②] 张晨. 心理障碍话语的媒介呈现及框架变迁 [D]. 武汉大学, 2014.

群体的一部分，强调集体的福祉而不是个体的需要和利益。在组织影响力方面，意识形态议程为了突出问题的积极方面，淡化个体的消极影响，可能会迫使媒体机构采取"看不见的受害者"的做法。因此，抑郁症的报道似乎重复了在现有研究中发现的许多其他公共健康问题的报道中发现的不太偶然和更多主题框架的模式。

抑郁症报道是未来叙述，这里的未来叙述并非表示的是时间纵轴上的未来指向，而是从表意的向度来看，对读者未来行为的期许。其信息性社会支持的功能运作机制便是文本的发送者与接收者形成契约的过程，它是依照并运用客观存在的具体新闻事实这一伴随文本以及文本内部的祈使语态来使意动性得以被建构的。并且，这种意动性是循序渐进累积起来的，最终内化成为抑郁症报道的体裁属性，形成传受双方达成的一种对未来理解的契约。

未来契约体现在情境尚未发生而只是允诺发生，因此意动文本接近于虚构，所谓"意动"，则并非"实动"。从言说的本质观之，它是纪实性的，因为发出意动文本的起始语境是"缺少什么""有什么不满"，或"应该有什么改变"，对"做什么"的提出是为了尝试改变某种现实，由此可以说意动是一种"预付现实"。

名人患抑郁被认为是有新闻价值的，会引起公众的注意。然而，关于名人的报道很容易导致弱势群体的模仿。美化名人的抑郁可能会在不经意间发出一个信号，表明社会欣赏他们的相关行为，从而促使其他人学习这些行为。因此，在报道名人患抑郁症时应特别注意，不应该给他们一个光环，也不应该详细描述自杀的方法。故事的重点应该放在名人的生活上，比如他或她对社会有什么贡献，他们的死亡对其他人产生了什么负面影响，而不是自杀的细节，或者简单地解释自杀原因。

如上所述，涉及公众人物的抑郁症报道都应包括相关内容，这些内容可以为因名人抑郁而有或可能有遭受或自杀风险的人提供支持资源。

描述一个人在应对消极情况和自杀方面的成功可能有助于处境困难的其他人采取类似的积极应对策略。在新闻报道面临看似棘手的困难时，我们应该鼓励整合有关如何获得帮助的教材。这些报告通常侧重于其他人用来克服抑郁的具体方法，并强调当一个人想自杀时，他可以做些什么来获得帮助。

对于预付现实这一点，笔者提出的问题是"公众人物的抑郁症报道给你带来了什么影响？"C认为：

> 对于我而言，有关公众人物的抑郁症报道给我最直观的感受是震撼，震撼在于，突然从一个很私人的角度看到公众人物的遭遇，而不是他们过

第五章 关系再生产：抑郁症报道对障碍者互动寻求倾向的建构

去呈现出来的那种闪亮的样子。我觉得恰恰是抑郁症报道给我带来的那种反差，会让我有这样的震撼的感觉吧。我只是个凡夫俗子，我认为自己和明星的生活相隔比较遥远，但是媒体报道了某名人也在劫难逃，我的首要感受当然是猎奇，其次会觉得，人心真的都是肉长的。再接着我会去想，那么媒体大肆报道到底对明星来说是不是公平的？到底这样写出来，是想说明什么？想达到什么效果？当然，这些都是后话了。

名人的抑郁症被认为是有新闻价值的，会引起公众的注意。然而，关于名人的报道很容易导致对弱势群体的模仿。抑郁症报道中个体的替代性阅读模式仍然很重要，媒体下意识地尽可能多地使用这种隐藏的私人阅读模式来构建文本张力。对C来说，有关公众人物的抑郁症报道给他最直接的感受是震惊，突然从一个非常独特的角度看到了公众人物的经历，而不是他们过去展示的闪亮外表，正是抑郁症的报道给他带来的反差让他感到如此震惊。

T关于这个问题的看法是：

> 公众人物患上抑郁症的报道，我觉得会让我有比较悲观的联想。因为我觉得真正像某著名主持人那样愿意在自己得病期间把情况向社会坦露的，其实非常少；即便媒体想要做更深的报道，估计公众人物会考虑到各种公关，愿意配合媒体的其实也非常少吧。另一个极端就是，通常被报道的时候，名人本身可能就不在了，已经自杀了才会引起媒体的关注。所以我觉得公众人物的抑郁症报道，无非就是增添我的难过，会觉得公众人物的个人影响力，在这一刻能发挥的价值更多的是满足人们的窥探欲，而不是真正为社会带来多么大的建设性作用。当然这个不能归咎于公众人物本身，因为人家已经够难了。我觉得更多的还是需要媒体以及消费媒体的大家一起反思吧。

简单地说，理解他人痛苦的一种方式就是在脑海中形成自己的心理形象。从根本上说，我们的大脑将我们自己和他人的经历交织在一起，因为我们是高度社会化的生物。首先是换位思考（perspective-taking），即自发地接受他人心理观点的倾向；其次是幻想（fantasy），即对虚构的人物与事件产生移情的心理倾向；最后是策略式移情（tactical empathy），即为了达到某些预期的目的而故意使用换位思考。[1] 美国心理学家马文·希姆纳在一项实验中，将婴儿暴露在其他婴儿哭泣的录音环境之中，该实验后来被重复进行多次，证明婴儿的反应是立即痛哭流涕。[2] 这被称为"拟态"（mimicry），希姆纳假设这是人类行为的核心功能。拟态是一个有机体与另一个有机体的相似性，通常是对选择性优势做出反应的进化结果，可能涉及身体或行为特征。[3] 研究所得出的结论是，感知和行为从出生起就在大脑中相互交织，即婴儿听到哭声，感知就会触发他们的行为。认知移情更致力于接受他人的观点，可以让个体更好地站在受害者的角度去思考，而避免在感性的层面上经历不适；而纯粹的情感移情只是在分享受害者的情感，这更有可能导致相应的情绪困扰、无助感与责备心理，最终诱发的是逃避而不是积极的帮助。

如上文所述，在对名人患抑郁症进行报道时，重点应该放在名人的生活上，而不是自杀的细节或简单地解释其自杀原因。例如 T 认为，与公众人物相关的抑郁症报道让她感到相当悲观。愿意在生病期间向社会暴露情况的公众人物其实很少；即使媒体想做更深入的报道，估计公众人物也会考虑各种公共关系，很少有人愿意与媒体合作。通常被报道时，自杀才会吸引媒体的注意。因此她认为对公众人物抑郁症的报道只会增加她的悲伤。她相信此时公众人物的个人影响力在满足人们窥探的欲望方面可以发挥更有爆炸性的作用，而不是给社会带来更多建设性的影响。当然，这不能归咎于公众人物本身，而是需要媒体和消费者更多的反思。

三、行动期待：情节留白调动主体未来期望值

新闻媒体不仅可以将抑郁症带入公共话语，有助于减轻污名、提高心理健康素养。不论是强调问题的系统和社会层面，还是强调问题的孤立和个体层面，都可以影响到社会大众的态度和看法。在不同文化和媒体系统中运作的新闻媒体可能有不同的框架倾向。新闻媒体的框架问题可能是各种宏观和微观层面的框架构建因素的作用，特别是文化价值观和组织约束。例如有的媒体经常使用情节框架来报道社会问题，通过关注孤立的事件和个体的故事，引导社会

---

[1] Gilin D, Maddux W W, Carpenter J, et al. When to Use Your Head and When to Use Your Heart: The Differential Value of Perspective-taking Versus Empathy in Competitive Interactions [J]. Personality and Social Psychology Bulletin, 2013, 39 (1): 3—16.

[2] 王潇，李文忠，杜建刚. 情绪感染理论研究述评 [J]. 心理科学进展, 2010, 18 (08): 1236—1245.

[3] 王潇，李文忠，杜建刚. 情绪感染理论研究述评 [J]. 心理科学进展, 2010, 18 (08): 1236—1245.

第五章 关系再生产：抑郁症报道对障碍者互动寻求倾向的建构

大众走向个性化的原因和解决方案，而忽略了解决社会问题的社会维度和基于政策的补救措施；在心理健康问题上，个性化的责任归因也会强化现有的负面认知和污名化。因此，新闻媒体对包括抑郁症在内的心理健康问题的框架设定可能对社会大众知识、认知、责任归属和舆论对现有问题的各种替代解决方案的支持具有重要影响。

如前文所述，意动是一种"预付现实"。然而，这种符号文本的意义指向并不是模糊的，它需要以"即将到来"作为注解；只有受话者按照祈使或指示有了行为以后才具备检验事实的资格，因此意动又是"拟纪实"的。[①]

召唤结构指的是形成适当的不确定性、空白、陌生化，并在一定程度上否定了读者在文本中形成的思想观念，这将构成一种情况，要求读者完成未完成的意义或完全进入情境。它往往能激发读者的创造性，但也限制了读者对文本的可能意义的超越。读者与文本之间的交流过程恰恰与接受真实信息的过程相反。它不是确认信息和收集信息材料的过程，而是根据现有文本不断扩展和创造自己的新文本的过程。当提到文本的调用结构时，有一个不可忽视的重要概念，那就是"空缺"，它具体指的是在文本的各个片段之间重新聚焦时从背景中退出的片段。它是读者与文本在交流过程中不断出现的一种不连续感，可以理解为文本对读者的"暗示"和"邀请"。借由"我对你说"的询唤推进来构建对话感，这是基于体裁来生成意动性的一种叙述途径，另一种方式是运用情节留白的手法来使一个似乎未必完备的故事得以呈现，将二次叙述的意动机会留待给文本接收者，继而形成参与意识，并把这种意识扩展至最终的健康行为。符号学家赵毅衡指出："仅靠叙述化而缺乏文本接收者的二次叙述化，符号文本就无法完成叙述传达之过程；二次叙述化不单单在于情节的回顾，并且还要追溯出故事的意义所在。"[②] 留白是艺术创作中惯用的一种技法，尤其对于东方美学而言并不陌生。这种手法故意留下相应空白，令整个作品的画面与章法更加别致协调，并且提供想象的余地。情节留白，便是给这里所说的"意义追溯"腾出空间，它对于抑郁症报道的意动性建构而言是重要的，强化了其拟纪实性的品质。

"空缺"可以直接激发读者的想象力，在注意力资源匮乏的情况下，诱导读者填补情节。在填充的过程中，由于个体主要依靠自我的主观视觉，很容易产生自我替代的感觉，而情感自然也很容易被触及。凤凰网在 2014 年 10 月

[①] 赵毅衡. 广义叙述学 [M]. 成都：四川大学出版社，2013：57.
[②] 赵毅衡. 广义叙述学 [M]. 成都：四川大学出版社，2013：106.

15日的特稿《南京长江大桥自杀者 跳桥像是一种"朝圣"》当中记述了一名挽救数百名自杀者生命的志愿者陈某的故事。

在报道的最后一段里，记者写到陈某开办救助工作室"'盛名'之下压力越来越大"，在这一节里引用了他的《大桥日记》，但只引用了寥寥数语便以省略号代替，让人联想到的是陈某所遭遇的、经历的案例太多，并不是三言两语所能统摄的，这更让人意识到潜在的抑郁症社会风险基数之大。随后，报道的末尾写道：

> 11年的救人生涯，陈某压力越来越大，时常感觉喘不过气来。他抽烟越来越厉害。"原来不怎么喝酒，现在常陪着那些想不开的人喝酒，酒也喝了不少。"他压力大时会赤着脚去爬他家附近的小山，把自己埋在深深的草丛中，他说这样是为了"试着让自己变得渺小，这样就不会在意那么多"。[①]

个体化的悲剧动员是指将新闻故事中的主人公定位为弱者和受害者，通过其悲惨命运形成叙事张力，通过情感的注入和内在视角的运用唤起读者的痛苦体验，从而引发情感共鸣。以个体的悲剧命运为样本，深入反思其背后的社会制度和机制，这是一种有价值的深度报道模式。这里并没有直接为陈某这样的人振臂高呼，而是从侧面描写他作为志愿者所承受的精神压力，试图让人感同身受，放在这样一篇报道当中的潜台词是，心理危机干预与救助一方所面临的心理健康问题同样应引起重视。

文化价值观影响着人们的传播与交流方式，反过来又影响着媒体的框架设定问题。传统媒体所浸润其中的集体主义文化往往较少关注细节，而更多地关注语境。因此，将问题置于更大的社会背景下的主题新闻框架可能更受欢迎。相比之下，新媒体背景所驱动的传播活动往往侧重于特定的对象和范畴类别，以具体事件或个案的形式呈现情景有时候更容易成为首选。与此同时，媒体的组织特征，例如政治或业务导向，以及对目标受众的假设，也可能影响问题的框架。例如商业媒体的采编迫于截稿期限的压力，有可能更青睐情节框架，这比主题框架在背景研究和数据收集上需要更少的精力投入。此外，事件报道和叙事形式的情节框架不仅简化了故事情节，还将人性的一面融入这个问题中，通过拟人化和举例说明问题的重要性，情节框架有助于吸引受众，服务于媒体组织的商业利益。

---

① 凤凰网. 南京长江大桥自杀者 跳桥像是一种"朝圣"[EB/OL]. 2014-10-15.

第五章 关系再生产：抑郁症报道对障碍者互动寻求倾向的建构

动员本质上是思想建设的一个渠道，它与身份有着天然的联系。在集体行动中，行动者将利用媒体与观众不断互动，创造一种"归属感"，从而实现特定受众的社会动员。新闻界将利用边界激活机制来促进主体性的认同。在这个过程中，行动者将情感表达和需求建构为特定的集体认同。就此，我们的半结构性访谈设计的问题是"抑郁症报道是否改变了你对自身未来前景的看法？"C表明：

> 我对自身的未来前景其实依然很未知，因为未来的生活不知道还会经历些什么，我也不敢肯定自己做好了应对各种变化的准备。至于你说的抑郁症报道，我觉得报道可能在改变我自己对未来的前景方面，是有心无力的。但我觉得这并不是说抑郁症报道就什么都做不了了，相反，我觉得如果抑郁症报道能多多关注那些像我这样的、已经康复了的抑郁症障碍者，或许可以给那些还处于困境当中的个体一定的示范效果吧，说得俗气一点，就是给他们树立一个榜样吧。我觉得如果抑郁症报道有志于改变更多患者对未来前景的看法，或许可以在树立榜样这个方面再多下点功夫。

就健康传播结构调整来说，从内容层面来看，健康传播内容极其丰富，甚至出现了信息爆炸的情况。在主要媒体平台上收集了大量健康信息，出现了所谓的"买方市场"。然而，与此同时，健康信息同质化现象也很普遍。大量无效细节甚至虚假信息的存在，使得健康传播的内容质量亟待提高。C认为，他仍然不知道自己的前景，因为他不知道接下来还会经历什么，也不确定自己是否准备好迎接各种变化。他认为抑郁症报道可能无法改变他对未来的展望，然而这并不意味着抑郁症报道不能做任何事情。相反，如果抑郁症报道能更多地关注像他这样康复的抑郁症障碍者，可能会对那些仍处于困境的人起到一些示范作用。如果媒体的抑郁症报道有兴趣改变更多患者对前景的看法，或许可以做出更多努力来树立一个榜样。

T对于此问题的见解是：

> 我刚刚从那种不好的状态当中恢复过来，我现在对自己的前景还是比较乐观的。说到抑郁症报道，我觉得抑郁症报道是否能改善我对自身未来前景的看法，关键在于抑郁症报道能不能把我目前的这份乐观保持下去，甚至是把这份乐观传递给更多的人。我的精神科医生建议我可以多做公益，多多益善，我觉得这是一件很好的事情，我也会这样去做。媒体在进行抑郁症报道的同时，是不是也可以提供更多的指引，告诉人们怎么更好地帮助到其他的人，我觉得如果能打造出一种良性循环，那么不仅是我，

还有更多的受到抑郁症影响的个体,都会对未来有更积极的看法吧。

T认为,自己刚刚从那种糟糕的状态中恢复过来,仍然对未来感到乐观。谈到抑郁症报道,她认为抑郁症报道是否能改善其对未来的展望取决于是否能保持她目前的乐观,是否能将这份乐观传递给更多的人。在报道抑郁症的同时,媒体能不能就如何更好地帮助他人提供更多的指导?她认为,如果一个良性循环能够被创造出来,那么不仅是她自身,甚至更多受抑郁症影响的人也会对未来有更积极的看法。由于自媒体时代的特点,许多健康信息是由缺乏资质认证的自媒体发出的,他们也希望与身份识别能力较低的公众接触。对眼球经济利益的追求主导着信息买方市场。虚假和不真实的健康信息和未经测试的秘方或偏方在世界上流传,造成了不良的社会影响。健康信息的传播无疑需要"看门人"的角色。

第三节　胶着关系:抑郁症报道维持情感依附

情感动员所留意的是被机制边缘化的行动者如何在现实生活当中采取具体的行动,这其中包括抑郁症的患者与抑郁症治疗模式在行动层面上的博弈,尽管成效可能甚微。不过,在分析时过多地关注病患的微观行为,这也引起了不少质疑。基于互动论而发展出来的研究取向更多的是对行动的纯粹关注,更致力于观察病患的权宜或抵抗之计,认为病人对疾病的认同并非既定的,而是会对工具本身进行挪用且能够将各种资源组织化运用的活动,调适自身状况进而对自我进行重塑,或是积极地提出更为另类的形构疾病的方案。[①]

抑郁症报道通过构建世界观并切实地帮助更多的人,这背后蕴含着社会支持的价值取向。社会支持,在广义上被定义为个体从至少一个他者那里得到的感知或实际支持,也被证明对幸福感有直接影响。事实上,像各种社会公益性互助组织长期以来一直采用团队合作的方式来鼓励人们改变行为。虽然一些研究已经初步表明社会化媒体干预在对严重心理障碍患者的干预和治疗中具有潜在优势,但对其有效性的探索还很少。目前,对基于现代信息技术的重症心理障碍者干预模式潜在风险的认识仍然非常有限,在推广基于现代信息技术的特定干预方法之前,应首先分析和确定社会化媒体引起焦虑和心理痛苦的因素。

---

① Conrad P. Medicalization and Social Control [J]. Annual Review of Sociology, 1992, 18 (1): 209−232.

第五章　关系再生产：抑郁症报道对障碍者互动寻求倾向的建构

了解社会化媒体干预中应避免这些因素，以促进患者的积极情绪，减少心理痛苦等负面情绪，对于发展和评价社会化媒体干预的有效性至关重要，也是该领域未来研究的方向。

一、特殊危机干预：情境化的媒体抒情与介导

组织心理学与行为科学的先驱克里斯·阿吉里斯在《干预理论与方法》一书里认为，在组织发展的过程当中，有效的干预（intervention）取决于适当和有用的知识，这些知识提供了有一系列明确定义的选择，干预的目标在于让尽可能多的人致力于自己所选择的选项并对其负责。[1]"干预"这个术语的应用面非常广泛，可以用于一系列社会与医疗实践，包括卫生保健、儿童保护和执法等，也可以用于商业研究。在社会研究与社会政策制定中，干预指的是对在一种情况下有效介入以确保预期结果的决策分析。它尝试去回答的问题包括什么时候不干预是可取的，以及什么时候干预是合适的，它还试图检验不同类型干预的效度。

危机干预是一个广泛的心理治疗范畴，它是指当人们遇到突发的暴力或灾难，承受巨大的心理压力，濒临崩溃时，运用简单的心理治疗帮助当事人处理迫在眉睫的问题，恢复心理平衡，安全度过危机。个人不仅会遇到这种"关键时刻"，社会也会遇到严重威胁人民生命财产安全的不可预测的重大灾难。当出现社会危机时，能够迅速影响社会大众舆论的新闻媒体应该扮演什么角色，发挥什么作用，以及如何"行动"，这是新闻专业人士应该关心的问题。有学者认为，2003年广州非典型肺炎疫情的暴发是对站在改革开放前沿的广州新闻媒体的考验，突发事件的发生和消亡也为中国新闻媒体如何应对突发事件，尤其是灾难性突发事件提出了一些思考：无论是事件早期新闻媒体的缺失和失语，还是事件传播过程中政府、媒体和受众链的断裂，都要求在事件中建立科学的新闻报道机制。[2]

就本书所探讨的心理健康领域而言，在护理学理论中，干预被纳入了一个相当大的实践范围。如指导实施特定的护理干预，并提供理论解释以说明干预在解决特定患者护理的方面是如何以及为何有效。[3] 在应用心理学中，心理干

---

[1] Argyris C. Intervention Theory and Method: A Behavioral Science View [M]. Addison-Wesley, 1970: 55.
[2] 禹建强, 刘先林. 危机干预与媒体失语 [J]. 媒体观察, 2003 (04): 20−22.
[3] Burns N, Grove S K. Understanding Nursing Research: Building an Evidence-Based Practice [M]. Elsevier Health Sciences, 2010: 281−283.

预（psychological interventions）指的是为了改变人们的行为而采取的行动，一般来说，它包括任何用来改变行为、情绪状态或感觉的活动。[①] 心理干预有许多不同的应用，最常用的是治疗心理障碍，这些干预措施的最终目标不仅是缓解症状，而且还要针对心理障碍的根本原因。心理干预对于一个人的社会环境与心理功能的相互作用有着更大或更直接的关注。

新闻报道中所谓的心理干预，是指媒体可以通过探究人们的内心气质、个性和环境、面临的困难等具体因果关系，并借助引导、启发、转移、安慰等方法，帮助人们缓解心理压力，能够给予积极的心理重建，稳定情绪，促进心理健康。尽管不乏媒体把挖掘真相、推进职能部门改革作为重大事故新闻报道的重中之重，但由于报道篇幅有限，对事故受害者及其家人的心理干预相对缺乏干预的程度也不够。例如在甬温线铁路事故中，尽管媒体也报道了小伊伊被人道救援的消息，并讨论了她未来的健康成长，包括她的精神健康，这引起了全社会的关注，并在悲伤的气氛中闪现出一丝温暖，但受害者及其家人的心理活动总是被描述为愤怒和不满。这种报道方法当然遵循客观报道的原则，但是在重大事故中，如果缺乏事故报道的心理干预思想，受害者及其家属的情绪很可能不会得到缓解，甚至反而会加剧，这不利于进一步开展事故的调查。[②]

新媒体时代是注意力资源稀缺的时代。为了吸引人们的注意力，新的社会化媒体，主要是自媒体，用夸张的标题和露骨的图片制造耸人听闻的效果并获得经济利益。2017年6月1日，《中华人民共和国网络安全法》生效。《中华人民共和国网络安全法》规定，任何个人或组织不得利用互联网从事侵犯他人名誉、隐私、知识产权和其他合法权益的活动。[③] 但是法律只能处理少数案件，要真正实现互联网空间的净化，还需要媒体倡导真理、人的尊严、非暴力等媒体伦理，以及各监管部门的监督和道德干预。被尊称为"媒体伦理之父"的克利福德·G.克里斯琴斯教授从媒体伦理研究的角度分析了从传统媒体时代到新媒体时代媒体伦理研究课题的演变：虽然新媒体时代媒体伦理面临更多挑战，但仍有必要大力倡导；在新媒体时代基于"每个个体都有发言权"的全

[①] Feldman D B, Dreher D E. Can Hope be Changed in 90 Minutes? Testing the Efficacy of A Single-session Goal-Pursuit Intervention for College Students [J]. Journal of Happiness Studies，2012，13（4）：745-759.

[②] 彭伟步. 重大事故报道中的媒体心理干预 [J]. 中国记者，2011（09）：114-115.

[③] 中共中央网络安全与信息化委员会办公室. 中华人民共和国网络安全法[EB/OL]. 2016-11-07.

第五章　关系再生产：抑郁症报道对障碍者互动寻求倾向的建构

球传播中，真理、人性和非暴力仍然是具有普遍价值的道德标准。① 道德哲学中的问题和争论应该被列入清单：当把道德哲学包括在内时，我们可以确保我们所探讨的是核心和潜在的问题，而不是次要和暂时的问题。在此基础上，她认为数字媒体伦理的三大主题是真实性、人类尊严和非暴力，这一议程将有助于我们形成国际化、多元化和包容性的媒体道德。

新闻职业是一种公共性和社会性并重的职业。记者作为专业人士，既支持和维持决策系统的公信力，又维护其自身的职能。无论媒体的平台与渠道如何，记者的工作基本上是相同的，因为新闻制作和传播信息的共通原则和价值观即便在今天也仍然是有效的。记者最重要的价值观是诚实、公正以及能肩负起社会责任。记者可以提出尖锐的观点，但必须与其新闻报道工作分开进行；否则，记者作为信息传递者的可信度就会受到损害，观众很快就会开始认为记者所做的一切都是有偏见的。记者必须遵守良好的新闻惯例，这主要是通过自律实现的。芬兰新闻学者艾诺·苏霍拉、塞波·图鲁宁和马克库·瓦里斯撰写的新闻教科书《新闻工作原则》非常尖锐地描述了记者的社会地位，该书概述了新闻工作的前提："你是记者，不是明星。你是人民的仆人，不是统治者。你是知识的追寻者，而不是它的死守者。你认识人，但你不是每个人的朋友。你在那里，但没有被看见——你是一个影子。你在场，但你不是新闻的对象，也不是正在发生的事情的对象。你不是这篇新闻文章的主角。你从事的职业是平凡的工作。你是专业人士，根据你的信息，我们大多数人构建了自己的世界观。"②

对于关键时刻的媒体情感介导强化主体情感抚慰，我们对受访者提出的问题是"抑郁症报道有没有让你觉得自己的情感不被冒犯，并且受到了尊重？"C 认为：

我觉得目前的抑郁症报道都还属于那种比较不痛不痒的，所以既不会让我感到备受关爱，也不会让我觉得自己被伤得有多深。我觉得抑郁症的人，应该都是很敏感的个体，抑郁症报道里如果有些措辞，让这些个体觉得自己被贴了标签，可能就会感到被冒犯吧。或者是记者完全站在他自己的角度去看问题，比如记者认为抑郁症障碍者就应该无条件地积极向上，

---

① 宁丽丽. 新媒体时代的媒介伦理倡导与道德干预：对克利福德·G. 克里斯琴斯的访谈 [J]. 国际新闻界，2017, 39 (10)：45—54.

② Laitila T. Journalistic Codes of Ethics in Europe [J]. European Journal of Communication, 1995, 10 (4)：527—544.

强行灌输那些正能量的价值观，我觉得这样的话可能会给人带来很大的冒犯吧。至于维护，我觉得目前抑郁症报道做得还是不错的，至少是在呼吁全社会增进理解和包容，我认为这样的呼吁本身就是一种维护了吧。

语言是有后果的。例如，在增加幸福感的活动中获得的支持可能会给人留下唠叨、居高临下或咄咄逼人的印象，因此会产生适得其反的后果。将社会支持引入积极行为干预所面临的挑战是，让参与者个体感知得到支持，同时又不显得傲慢和专横跋扈，这样可能会削弱个体在活动中的自主意识。记者们越来越意识到这一点，许多人现在正利用他们的才能进行教育和宣传。对于抑郁症存在与社会情境之中的现况而言，这是一个可喜的发展，可能有助于减少对心理障碍者的污名和成见。这一变化可能预示着一种对心理障碍患者的包容、理解和同理心增强的氛围。

在 C 看来，目前关于抑郁症的报道仍然是相对无害的类型，所以不会让他感到被关心，因为这些报道不会让他想到他受到了多么深的伤害。抑郁症报道应该对个体敏感，如果抑郁症报道中有一些词语让这些个体感觉被贴上标签，他们可能会被冒犯。或者记者从他的角度看问题，例如，记者认为抑郁症障碍者的生活应该无条件地、积极地向前推进，并有力地灌输积极的能量与价值观，这样的话会给人们带来极大的冒犯。至于维护，C 认为目前关于抑郁症障碍者的报道还是不错的，至少在呼吁整个社会促进理解和宽容。

然而，需要谨慎对待如何在特殊危机干预中实现社会支持。T 对于这个问题的看法是：

> 如果说抑郁症报道有什么冒犯到我的地方，我觉得是有时候那种正能量的宣导给得太轻松了。比如积极、乐观、向上、豁达、放松……这些词汇其实很容易摆出来，但问题是抑郁症是一种病，不是给几个正面的形容词就可以解决的。当然我知道，媒体报道的出发点是好的，也是希望人们变得更好。但我觉得，这样做不够体贴，至少不是设身处地、将心比心地给建议，甚至含有一点道德绑架的意味，好像抑郁症障碍者达不到这些词所描述的状态，就是一种任性。我觉得如果从这一点上来看，自己的情感会有点被冒犯，可能是我想太多了吧。

T 认为，宣扬积极的能量有时太容易了，例如积极、乐观、向上、思想开放等，但抑郁症是一种疾病，不能通过给出几个积极的形容词来解决。媒体报道的出发点是好的，然而这不够周到，甚至有点道德绑架。仅仅因为幸福可以增加并不意味着它应该增加。然而，追求幸福既不是自私的，也不是享乐主义的。相反，幸福与多重裨益联系在一起，而不仅仅是简单地过上愉快的生活。"追求幸福"意味着幸福是可以找到的，但它也是难以捉摸的。积极行为干预通常会给出具体的建议，而不是简单地敦促人们让自己快乐起来，模仿快乐的人的思想、行为和情感，例如感恩、乐观和亲社会行为。针对心理健康的具体建议而非宽泛或模糊的，尽管过多地关注自己的幸福可能适得其反，但实践特定类型的思想和行为将培养积极的情绪，并最终带来更大的福祉。

二、感性行为干预：抽象化的心绪构建与延展

心理干预也可以用来促进良好的心理健康以预防心理障碍。这些干预措施并非为了治疗疾病而量身定制，它是为了培养健康的情绪、态度和习惯而设计的。即使没有心理健康方面的疾病，这种干预措施也能提高生活质量。心理疗法（psychotherapy）也被称为话语疗法，它指的是受过训练的治疗师与机构通过对话或类对话的方式来促进其与患有心理障碍的人之间的关系。

在健康传播看来，大众媒体是社会心理干预的一支重要力量。与健康议题相关的大众媒体信息可能通过计划内的议程设置与计划外的非预期报道，引起公共卫生服务的利用率的变化。这一事实使得人们进一步关注如何优化撰写媒体信息的方式，以及它们对社会大众和卫生专业人员与机构产生的影响；与此同时，还需要更多的研究来说明大众媒体的报道是否会为患者带来适当的医疗服务与社会支持，让他们受益更多。

抑郁症报道所需要达成的效果是一种积极行为干预。积极行为干预（positive activity interventions，PAIs）也是干预策略在应用心理学当中的典型体现，它帮助求治对象个体专注于好的事物以及未来的自我，让人习得感恩、自我肯定与对他人的友善的主体意识。积极行为干预包括简单的、自我管理的认知或行为策略，旨在反映和提高个体的幸福感。[①] 许多已经被证实了它们在增加幸福感或减少负面症状方面的有效性。积极行为干预包括但不限于写感谢信、给予祝福、练习乐观主义、表现仁慈行为、以新的方式运用自己的力量、肯定自己最重要的价值观，以及思考对自己和他人的积极感受。这些活动是相似的，因为它们都是相对简短的、自我管理的和非污名化的练习，促进积极的感觉、积极的想法或积极的行为，而不是直接旨在修复消极或病态的感觉、想法和行为。积极的活动可以激发人们体验积极情绪、思想和行为的"上

---

① 刘志浩，李小宁. 信息、动机、行为技巧模型在行为干预中的应用研究[J]. 中国健康教育，2016，32（08）：733-735.

升螺旋式"效应。根据积极情绪的"拓展和构建"理论（broaden-and-build theory）表明，积极情绪可以扩充个体的意识与观念，激发并鼓舞新颖的、多样的和探究性的想法和行为。随着时间的推移，这种扩展的行为技能会积累技能和资源。[1] 因此，即使是短暂的幸福时刻也能产生持久且有价值的个体资源。然而，积极的思想、情绪和行为的向上轨迹可能不会立刻被激活，因为人们可能需要继续进行积极的活动来提高他们的日常幸福感。要取得持久的效果，提高幸福感的策略需要持续的实践。

自我觉知的情感能够帮助社会愈合。当个体犯了一个偏离社会规范的错误时，负罪感或是尴尬感不仅会改变这个人的主观情绪，也会相应地改变它们的肢体语言。在这种情况下，个体会发出非语言性的表征信号，这通常更有可能使得自身获得理解。以前，自我觉知的情感被认为是麻烦的，是所谓"内化冲突"（internal conflict）的一部分。当活动或想法在心理上不一致时，人们会尽全力去改变它们，直到它们变得一致。这种不适是由这个人的信念与感知到的新事实相冲突而引发的，在这种情况下，他们会试图找到解决矛盾的方法来减轻他们的不适。然而，关于这一点的看法已然时过境迁。一个个体以适当的方式从主体性层面去调节自身的行为的能力，和他们的自我觉知的情感之间存在着必然的联系。

积极行为干预是如何工作的？参与积极的活动和幸福感的提高之间的关系是由满足感的增加所介导的。需求满足作为积极活动和增进幸福感之间联系的重要中介，表达感激和乐观情绪会增加满足情感需求的需要，比如归属感和自主性，而这反过来又会增加幸福感。积极情绪不仅仅是感觉良好那么简单。许多积极的活动，例如表达感激之情、做出善举等会促使积极情绪和幸福感的增加。然而改变一个人的生活环境（如婚姻状况、职业、地位和收入）并不是通往更大幸福的最富有成效的途径；相反，人们可以在日常生活中使用简单的认知和行为策略来可靠地改善幸福感，这些策略不涉及对人们目前的生活状况做出重大改变。很大一部分幸福可能是在人们的控制之下，通过他们选择的活动，以及他们如何解释和应对生活中的情况。

在积极行为干预的语境下，记者需要传达的一些关键信息是什么？第一，有不少关于抑郁症障碍者的刻板印象是不准确的。例如，当给予正确的服务和支持时，大多数心理障碍患者会实现功能恢复。第二，记者在撰写关于抑郁症

---

[1] 刘宇洁，韦小满，梁松梅. 积极行为支持模式的发展及特点［J］. 中国特殊教育，2012(05)：12-17.

的文章时，应该特别注意小心措辞。例如，"疯狂"和"精神错乱"等词是污名化的，应该避免，因为这些语汇错误地将个体与疾病混为一谈。第三，自杀是一个特殊的精神健康问题，需要非常负责任的新闻报道。我们鼓励记者小心处理自杀事件，只报道有新闻价值的事件，然后利用这个机会教育和告知读者相关的社会问题、自杀预防和有用的当地资源。

对于积极行为干预，即语境式的情感构建与拓展，我们询问受访者的问题在于"抑郁症报道是否为你提供了帮助更多的人的途径？"C的回应是：

> 我觉得并没有。其实作为已经康复的人，怎么能让这种康复的状态持续得更长久一点，我的想法就是把一种调整好的心态传递下去。当然我知道，这种事情得靠人家主动提出需要帮助的意愿，我才能更好地去做些什么。但是我仍然觉得，抑郁症障碍者，无论是个体还是群体，在媒体报道当中的分量都太微弱、太单薄了，形成不了全社会的讨论气氛，也形成不了一种有效的对话。有一个词叫"反刍"，我不希望抑郁症这样确确实实存在的社会问题不断地被反刍下去。我希望社会类新闻能在尊重人们的隐私的情况下，多多把这个问题反映出来，否则的话供需都不容易被看到，更多的人也只能在无声无息当中自我消化。

情感社会学对情感的研究不同于心理学，它超越了个人与社会的二分法，不把情感视为私人的心理事物，而是作为社会结构的产物，从而着眼于对社会的熟悉感及其形成的深层动力机制，从情感的维度切入社会结构问题，探讨社会共同体的建构。C的想法是媒体的抑郁症报道需要传递一种积极调整后的心态。C深知这种事情取决于人们寻求帮助的意愿，这样媒体才能做得更好。然而她仍然觉得抑郁的个体在媒体报道中太软弱无力，无法在整个社会形成一种讨论和积极对话的氛围。C希望社会新闻能够在尊重人们隐私的同时大规模地反映这个问题。否则，真正的现实议题将不容易看到，更多的人只能默默地消化自己。

T也认为抑郁症报道并没有取得应有的成效：

> 我觉得没有。其实我觉得抑郁症报道能提供的信息不单单是情感层面的，或者一个人、一群人怎么面对疾病的故事。抑郁症这个问题如果思路拓展开一点，或许还包括一些客观层面的东西，比如说抗抑郁症药物的研发、生产等供给，还比如说一些和心理健康的法律怎么作用到人们的日常生活当中，这些好像都没有从抑郁症报道里读出来，而这些我觉得也是很值得报道的东西，能给人们解释、给人们帮助的东西。所以我觉得现在记

者们对这个问题的关注面还是太窄了，这种狭窄可能就限制了这个报道本身能不能发挥它本来可以有的更大的意义。

积极的干预可以教会人们增加幸福感的技巧，他们以后可以根据需要调用这些技巧来提高自己的幸福感水平。例如，一个被教导如何表达感激的个体，可能会从定期的感恩中感受到积极的情绪；当个体面对一个艰难的时刻的时候，他可能会记得积极的活动并告诉自己，感恩可能会帮助他渡过目前的困难。积极行为干预不是作为人们可能每天都会用到的东西，而是作为人们意识到并在需要时可以使用的工具。如果积极活动在干预过程中持续足够长的时间，使其成为习惯，那么在以后需要的时候应用它将相对容易和自然。在有压力的时候培养积极的情绪是一种适应性的应对策略，通过积极行为干预增加正向情绪可能有助于改善甚至预防更严重的心理健康问题。

然而T认为媒体的抑郁症报道还停留在感官叙事的层面，即肤浅的描述体现的是片面的事实，这与新闻追求的完整性、充分性和真实性是不一致的。这些方法很容易诱发人们的特定情绪，引导人们对事件做出特定的归因和理解。一方面，人的情感类型会影响事件的归因类型；另一方面，人们对事实的选择性接受也受到情绪的影响：人们会阻止和拒绝接受与他们的感觉相反的事实。这也意味着情绪在事件归因的公众感知的形成和深化中起着更重要的作用。媒体对抑郁症新闻的感官报道，那些吸引同情、让人感动、悲伤或温暖的个人故事，都在强化公众对事件的刻板印象方面发挥了作用。然而，事实上，它们不利于人们对事件的真正理解。情感本身是认知的一部分。情感在人们的认知过程中起着至关重要的作用，如帮助人们选择信息、限制信息、促进理解和记忆等。的确，在一个缺乏霸权文化的社会里，情感是召唤和组织公众的最有效的力量。换句话说，当社会需要集体价值认同，而意识形态未能实现整合社区的功能时，公众最有可能为情感所动员，聚集并形成公众参与。然而，与此同时，也不难发现，依靠情感的公众参与不仅不安全，而且由情感主导的舆论尤其容易陷入民粹主义的泥潭。新闻归因能唤起公众的情感，并对人们的认知过程产生重要影响。但报道激起的情绪越强烈，人们接受不同信息的可能性就越小，接受真相就越困难。

三、日常情感干预：常态化的信息性关系固位

动员是指人们的态度、期望和价值观在持久和重要的社会因素的影响下不断变化的过程。认同在这个过程中起着至关重要的作用，它是行为者意义的源泉，行为者也通过个体化的过程来建构它。只有当行为者将它内在化并围绕内

第五章 关系再生产：抑郁症报道对障碍者互动寻求倾向的建构

在化过程创造他们的目的时，它才能成为一种认同。

增加幸福感的策略并不是以彻底消除负面情绪为最终目标而设计的。然而，对大多数普通人来说，积极活动的实践可以作为"日常情感维护"（daily emotional maintenance）。也就是说，如果感到情绪低落或压力过大，个体也许能够通过积极的实践来减轻或应对自身的负面情绪。已经很快乐的人不需要刻意地实施增加快乐的策略，积极的活动不是针对每个人的；考虑到个体自我管理的性质，每个人都可以为自己选择其意欲实践的积极活动，做多少，多久，以什么方式做。

信息性社会支持（informational support）是指个人能够感知或接受的来自某些社会网络提供的信息和建议层面的关怀或帮助。对重症监护的研究表明，信息性社会支持策略已经显示出有益的效果，例如一些书面宣传手册和积极主动的交流策略相结合，有助于降低病患家属临床上显著的焦虑与抑郁症状以及创伤性记忆风险。[①] 尽管媒体对抑郁症的报道不是针对心理障碍量身定制的治疗方法，但它也是一种信息性社会支持，致力于通过新闻文本引导健康的情绪、态度和习惯，从而提高人们的生活质量。

美国自杀预防基金会（The American Foundation for Suicide Prevention, AFSP）在其发布的《媒体自杀报道指南》"避免错误信息并提供希望"一节当中明确提出：

> 在对抑郁症的报道中加入关于可用的多种治疗方案的陈述、人们克服心理危机的故事，以及可以寻求帮助的资源；包括最新的当地及国家性资源，读者可以在这些资源中找到促进帮助寻求的治疗信息和建议。[②]

《人民日报》在2018年9月10日第十六个世界预防自杀日发布的微博当中展示出包含"多地心理危机干预援助热线"的图片（图5-3），提供了预防自杀热线的电话号码。媒体报道应该在描述所有抑郁症病例后提供支持资源的信息。这些具体资源应该包括预防中心、危机热线、其他健康和专业福利机构以及自助团体，为寻求帮助而提供的信息应尽可能包括社会上能够提供高质量服务的机构，这些支持资源应该为那些正在遭受痛苦或认为自杀是解决问题的

[①] Lautrette A, Darmon M, Megarbane B, et al. A Communication Strategy and Brochure for Relatives of Patients Dying in the ICU [J]. New England Journal of Medicine, 2007, 356 (5): 469–478.

[②] The American Foundation for Suicide Prevention. Recommendations for Reporting on Suicide [EB/OL]. 2019-01-01.

方法的人提供帮助。必须定期检查报道中列出的支持资源的地址或联系信息，以确保信息的准确性。

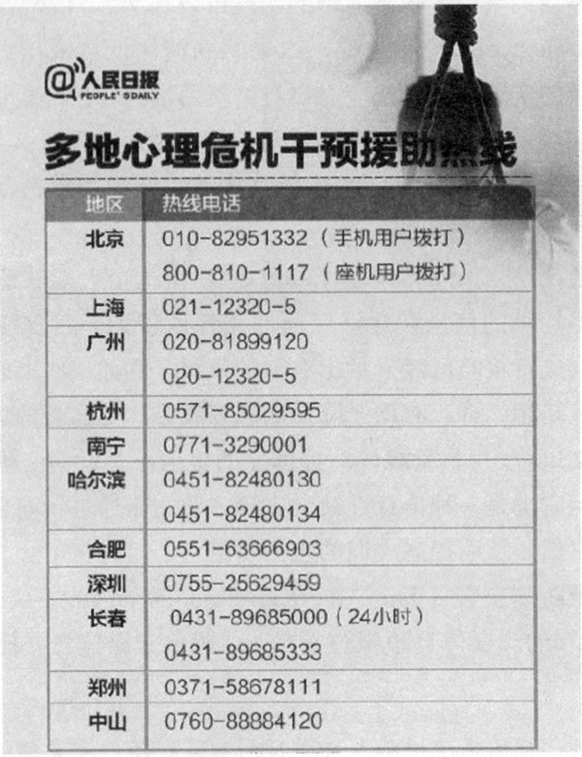
@人民日报 PEOPLE' S DAILY

多地心理危机干预援助热线

地区	热线电话
北京	010-82951332（手机用户拨打） 800-810-1117（座机用户拨打）
上海	021-12320-5
广州	020-81899120 020-12320-5
杭州	0571-85029595
南宁	0771-3290001
哈尔滨	0451-82480130 0451-82480134
合肥	0551-63666903
深圳	0755-25629459
长春	0431-89685000（24小时） 0431-89685333
郑州	0371-58678111
中山	0760-88884120

图 5—3　《人民日报》2018 年 9 月 10 日微博配图

然而，提供太多的潜在资源可能会适得其反，因此应该只提供有限的资源信息。心理危机干预援助热线是由训练有素的志愿者或专业顾问提供的电话服务形式，以支持和帮助处于危机中的人，特别是有自杀危险的人。图片中所传递的信息是可以寻求帮助的资源，读者可以在这些资源中找到促进帮助寻求的治疗信息和建议，提醒人们有针对性与建设性的社会支持是在场的，可以自行采取积极的干预手段。

对于第三个问题，即“抑郁症报道是否为你提供了可以行动起来的支持性资源?”C 表示：

> 我觉得抑郁症报道里没有提供太多我能利用起来的资源。我觉得这方面，好像传统媒体真的太僵化了，反而是很多搜索引擎在这方面做得比较好。比如我曾经在百度上搜索“抑郁症”，在知乎上和豆瓣上也做过类似的事情，我可以立刻看到一些心理援助中心的热线。其实媒体报道完全也

第五章 关系再生产：抑郁症报道对障碍者互动寻求倾向的建构

可以把这个信息补充上去的，因为我觉得这方面的报道一定不是冷冰冰地呈现事实。难道记者就不想帮助可能在看这篇报道的人做点什么吗？如果有一些可以立马拨打的电话，或许把这个信息放在报道末尾，是一个好办法。我觉得抑郁症报道里增加你所说的支持性资源，至少不会给人一种走投无路的感觉。

T对此的想法是：

> 我在微博上看到过《人民日报》分享各地的心理咨询热线电话，我觉得这样做挺好的。关键还在于，要怎么激发人们真正去拨打这个电话。这些机构本身的影响力有限，那么这些机构能不能和媒体开展合作，把影响力扩大呢？包括媒体本身可能还不够权威，那也可以多和当地的三甲医院合作，也可以和一些公益组织加大合作，甚至争取到世界卫生组织背书，我觉得都是可以做的。提供社会支持一定不是媒体单独的责任，应该让更多的力量汇集到一起；但我觉得不可否认的是，媒体是目前来讲最可以施展拳脚的平台。如果我能为此做些什么，我也愿意去贡献自己的力量。

就健康传播结构调整来说，从介质角度而言，在全媒体时代，新媒体和基于移动终端的自我媒体已经取代了传统媒体形式，如报纸、电视和门户网站。在健康传播领域，微信群、直播、健康社区应用等新的健康互助模式也成为日益重要的健康传播媒体，而丁香医生等移动健康应用也在快速发展。媒体平台的互动性也更有利于健康沟通，发挥询唤机制的作用。T在微博上看到了《人民日报》在分享心理咨询热线，但她认为关键还在于如何激励人们打这个电话。她觉得这些机构本身的影响力是有限的，那么这些机构能与媒体合作来扩大他们的受众面吗？媒体本身还可以更多地与当地医院合作，还可以增加与一些公益组织的合作，甚至赢得世界卫生组织的认可，她认为这是可以做到的。提供社会支持不仅仅是媒体的责任，应该聚集更多的力量，媒体是目前最有效的施展才华的平台。

通过访谈可以看出，信息性社会支持的情况并没有让人感到乐观。C作为一个已经康复的个体，他所思考的是这种康复状态怎么能持续更长时间。他知道这种事情取决于人们寻求帮助的主体意愿；然而，他仍然觉得抑郁症障碍者，无论是个人还是群体，在媒体报道中的呈现过于软弱无力，无法在全社会形成讨论的氛围或富有成效的对话。一个真正的社会问题应该被不断地反复思考，他希望社会新闻能够在尊重人们隐私的同时大规模地反映这个问题。

在C看来，他不觉得抑郁症报道并提供了很多他可以利用的资源。传统媒体似乎太死板了；相反，许多其他的介质与平台在这方面做得更好。例如他曾经在搜索引擎上搜索"抑郁症"，可以立即看到一些心理援助中心的热线。媒体报道可以完全补充这一信息，因为他认为这一领域的报道不能冷漠地陈述事实。如果这些信息放在故事的结尾，增加抑郁症报道的支持资源至少不会给人们一种绝望之感。

同样地，T相信抑郁症报道所能提供的信息不仅仅是情感上的，或者是一个人或一群人如何面对疾病的故事。她希望媒体的抑郁症报道能够拓宽对抑郁症的思考，增加报道内容的广度，如抗抑郁药物的研究和开发、生产和供应，以及一些与精神健康相关的法律如何应用于人们的日常生活，等等。她认为，记者对这一问题的关注仍然过于狭隘，这可能会限制媒体报道本身能否发挥比本来更重要的作用。

尽管情感是由内在产生的，但它们并没有就此止步，我们用情感来构建我们的社会现实。社会科学和人文学科中"话语转向"的主导地位已经让位于"情感转向"：不仅通过话语，而且通过经验和情感来理解社会。与以往以政治动员方式或以转变社会观念为中心的健康教育不同，当前的健康传播不仅面临着一个具有模糊性特征的"想象共同体"或"群众"。探索媒体的必要性不仅在于话语和符号，还在于情感和感觉的层面。与此同时，从受众和效果的角度出发，大数据技术下的个性化传播、健康传播效果的精准管理逐渐显现。数字技术的出现，包括交互式虚拟媒体、虚拟现实、传感器和智能触摸设备，引起了人们对媒体身体体验的极大关注。媒体被认为比以前更全面、更具体地包围着我们。

本章小结

由个体组成的社会充满了各种基于主体性的关系，这种联系可以被视为一种工具性的或表意性的主观联系，以及社会结构中个体责任和义务的外化和具体化。抑郁症报道在一定程度上反映了生产关系和社会关系的再生产，即主体自愿接受与服从话语的安排，主体在经历了镜像认知的结构关系和运作模式后，形成主体之间的相互认知机制。抑郁症报道中所体现的媒体符号形式的出现和接受，无疑是一个发生在结构性社会背景中的过程；也就是说，它是在特定的社会历史背景和过程中产生、传播和接受的。抑郁症报道文本中涉及的话语、图像、行为和意义通过多种策略得以建立、协调和巩固社会关系。

第五章　关系再生产：抑郁症报道对障碍者互动寻求倾向的建构

新闻话语被视为社会权力关系和意识形态的载体。在传播活动中，语汇的选择受到主旨的限制，而主旨又表征着言说主体和其他传播活动参与主体之间的社会身份和角色关系。在现代新闻话语中，传播的双方在时间和空间上都是分离的；因此，新闻话语生产者拥有从自己的角度选择对话报道新闻的主导权力。新闻话语中的新闻事件和事实是客观现实，但媒体筛选事件和情况的标准往往反映了媒体的主观能动性。新闻话语通过选择话题和具体表达观点来控制信息，其选择和解读反映了说话者的权力视角。梵·迪克认为，新闻话语中的意识形态建构更多地取决于新闻生产过程中不同的文本结构和与这种安排交织在一起的策略选择。新闻话语重构社会现实，创造舆论，并使相关问题的整体舆论适应特定权力集团的利益，从而影响或改变受众的价值判断和情感倾向。

抑郁症报道主要通过意动叙述促进特定目的的实现，促进关系的再生产。它以祈使式语言为主导话语，试图形成后言语行为，从而起到"言出必行"的作用。这种有意的叙述可以反映在媒体对抑郁症的报道中：如果报道善于正面引导，就可以通过询唤策略，从"讲述'他者'的故事"优化到"与'你'沟通"，从而产生建设性的干预对话。意动叙述具有独特的形式特征，包括试图改变某些经验现实的非虚构性、明确的"我"与"你"的个人关系、未来事件的契约性等。面向未来的抑郁症报道显示出紧迫感，加强象征性文本接受者的替代感，并敦促他们采取行动。对话的意识反映在对"你"叙述的询唤中，参与的意识反映在可以被填充的情节留白中。两者共同将积极逆转结局的能力交给符号文本的接受者，从而产生信息性社会支持，实现社会关系的再生产。意动叙述会影响人们对社会问题的想法和感受，通过提供足够的背景信息和条件，以及对后果的提示，有可能提高公众对系统性风险因素的理解，鼓励公众支持不同层面的解决方案，并减少通常因指责和妖魔化个体患者而造成的污名。

动员本质上是关系再生产思想建设的渠道，它与主体性身份有着天然的联系。抑郁症报道利用媒体不断与个体互动，创造一种"归属感"，从而实现特定受众的社会动员。媒体通过激活边缘群体的认同来促进主体性的识别，通过揭示其命运形成叙事张力，通过情感注入和内部视角的运用唤起读者的情绪体验，从而引发情感共鸣。

抑郁症报道通过构建世界观来帮助更多的人，这意味着其社会支持的价值取向。社会支持，广义地定义为一个个体从至少另一个个体那里得到的感知的或实际的支持，也被证明对主体层面的幸福感知有直接的影响。从健康传播的角度来看，大众传媒是社会心理干预的重要力量。与健康问题相关的大众媒体信息可能会通过有计划的议程设置促使公共卫生服务利用率的变化。这一事实使人们更加关注如何优化媒体信息的写作方式及其对公众和卫生专业人员和机构的影响。与此同时，需要更多的研究来解释大众媒体的报道是否会给病人带来适当的医疗服务和社会支持，并使他们受益更多。

第六章　建设性询唤：对抑郁症报道内容生产层面的讨论

媒体对心理健康问题尤其抑郁症的描述，是塑造社会大众如何理解这些问题以及相关机构如何设计策略来倡导和减少饱受疾病困扰的个体遭受羞辱的一个重要因素。媒体在创造和再现抑郁症等心理健康问题的陈规定型方面的作用，一直是心理健康倡导者关注的问题，过去的学术分析表明，媒体经常对问题的程度和性质提供简单化、不充分和扭曲的表述。[①] 就媒体对抑郁症相关报道及话题的处理来说，媒体倾向于将抑郁症描述为个体所面临的情况或临床上存在的结果，而很少将其归结为深刻的社会变革所造成的失范的表征，并往往将其描绘为令人感到不寻常的。怎样更好地利用媒体来改善对心理健康问题的描述，这是具有前瞻性及挑战性的问题。

在抑郁症报道的媒体建构背后，很大一部分的价值指向在于新闻传播者的道德责任。身份对责任进行了赋予，新闻传播者的责任源自其在社会分工体系之内的身份定位，与此同时，社会大众对于新闻传播者的身份期待在于其是否能够担任公共利益的代言者、社会环境的守望者，以及有效信息的传播者。契约对责任进行了锚定，媒体正是依赖一系列显性或隐性的约定来与社会各个利益主体实现关系的维系，新闻传播的责任基于宏观社会契约所立定的传播主体的自由选择以及理性承诺，以及从社会大众身上取得的诸多传播权利，自然对责任进行了指引，出于人性的尊重人格、敬畏生命，还有互助仁爱等许多形而上学的人本价值体现出与自然权利相对应的自然责任。

---

① Dentzer S. Communicating Medical News—Pitfalls of Health Care Journalism [J]. New England Journal of Medicine, 2009, 360 (1): 1−3.

第一节　抑郁症报道的专业性内容生产：
强化镜像复制的理性反映

除非主修心理学或上过医学院，否则个体关于心理障碍的大部分知识很可能来自其媒体接触。大众媒体是公众有关抑郁症等心理障碍的主要信息来源之一。针对心理障碍刻板的、负面的描述意味着许多人仅仅通过略读几个句子或点击鼠标就对那些患有心理障碍的人产生了不利或不准确的看法。

抑郁症作为一个受到社会广泛关注的公共议题，其失当处理所导致的负面因素以及纠偏预防的话语机制都是极为复杂的，并不容易被彻底地了解。媒体在进行议题建构的操作时，既可以提供关于抑郁症的有益的教育信息，但也可能会助长相关的错误信息传播。媒体建构在增强抑或削弱抑郁症预防方面的举措上，可以发挥出更为重要的作用。

一、专业性的本质内涵：抑郁症报道的价值判断

个体利用易感性作为防御机制来应对外部世界，而主体层面的自我觉知情感可以帮助个体去感知如何更好地融入社会，也继而帮助人们改善社会功能。意识到易感性作为个体的防御机制，以及积极利用询唤调动起主体层面的自我觉知情感，是媒体进行抑郁症报道与建构是最先需要留意的。

媒体对抑郁症的描述和报道在教育和影响公众方面具有难以置信的强大力量。如果做得好，媒体可以成为提高认识、挑战态度和帮助破除迷信的巨大工具。它能给有精神健康经验的人提供一个平台，并能让公众洞察他们可能不太了解的健康问题。然而耸人听闻的新闻报道和制作可能高估风险，助长恐惧和不信任，并扩大对心理健康问题的理解差距。

专业新闻常常被指责为是一种负担不起的奢侈品，或者是一些细节和行话太多的内容生产，对普通受众来说是有价值的，但很乏味。当社会现实重新对专业新闻进行感召的时候，专业新闻提供读者和观众所需要的洞察力和智慧，这一挑战的一部分是设法与主流的、非专业的受众相关，同时向那些已经很了解情况的人提供足够精确的细节和知识。

如何对疾病进行界定，这是一个文化建构的过程。对作为概念的"抑郁症"做一番考证，会发现在中国社会，它经历了一个从"心眼儿小的人想不开的问题"到能够被专业确诊的疾病的过程，而这个过程也不过是最近二三十年

第六章　建设性询唤：对抑郁症报道内容生产层面的讨论

内发生的。"抑郁症"在中国也因此不单纯是一个表面上的医学问题，它其实更像是一个文化事件。无论是在医学界，还是在文化研究领域，甚至大众媒体以及普罗大众的认知层面，对"抑郁症"的定义以及其症状的理解、表述与称呼都具有较为长程的历时连续性，伴随着文化、心理以及道德等诸多维度对身体以及社会的诠释的改变而改变。

在 20 世纪 80 年代之前，很少有中国医生提及"抑郁症"这种疾病。新中国第一所由国家建立的神经心理障碍专科医院叫"卫生部南京精神病防治院"；由于"精神病"这个称谓在当时引发了不少人的忌讳，后来因此改成了"南京脑科医院"。[①] 其他的综合性医院的情况是，对抑郁症的诊断与治疗主要是根据其具体的躯体症状分布在各个科室，例如抑郁症引发心脏方面的问题，便被当作冠心病进行治疗，引发胃部方面的不适，便被诊断为胃炎。直至 20 世纪 90 年代中期，情绪上的忧郁与焦虑致使工作与生活遭受影响，去医院就诊的患者仍然通常被诊断为所谓"神经官能症"[②]，在治疗的方式上主要选取的是贝克（Aaron T. Beck）基于认知研究的基础所提出的认知治疗方式。[③]

凯博文在 20 世纪 80 年代在中国的研究成为一个导火索，在中国的学术研究领域埋下了"抑郁症"在名称转换上的引线。抗抑郁药物进入中国市场之后，医药公司在制定营销策略的时候发现中国社会大众对抑郁症的忽视与排斥，于是针对这个状况设计并组织相关培训项目，一开始对执业医生进行专业训练，教导他们识别抑郁症并对症下药。与此同时，学术准备与医学实践两者遥相呼应，接受过培训的医生在实际的临床诊断中应用一系列专业知识，通过医患互动将"抑郁症"的概念置入人们的日常话语系统。比医生与病人的互动更进一步的是媒体的行动，使得"抑郁症"被更进一步地传播到普通受众的知识领域，试图使其作为一种常识而存在。

从现象学的意义来说，作为个体的病人会通过自己与正常相偏离的状态来重新认识自己的身体，对医学客观的知识系统之中的身体进行质疑，抑或是在一些宗教性质的另类治疗方法中寻找医治的方法，这些病人主观上的认知与感受并不是现代医学的科学知识所能够化约的。从互动论的层面来说，作为主体的病人会借由各种各样的行动并利用各类资源，例如心理咨询、小众疗法、宗教，或者私自从药店购置抗抑郁药物等方式加以调适，与现代医学的精神医疗

[①] 南京神经精神病防治院更名启事 [J]. 临床精神医学杂志，1992（03）：132.
[②] 陈远岭. 抑郁性神经症的认知治疗 [J]. 临床精神医学杂志，1994（01）：54—56.
[③] 唐秋美，曹中昌，曹巧云，等. 一例脑梗塞后抑郁状态患者的认知护理 [J]. 中华护理杂志，1995（12）：735—737.

进行博弈。一方面，与疾病和个人健康相关联的问题被"个人责任化"，即强调健康的主动权掌握在自己手里，健康是个体自身应该负起责任的事，个体应该通过其自由与主观能动性，购买相应的医疗服务，抑或借助其他的方式来自行解决存在的痛苦；另一方面，所谓消费社会的兴起，对大众的医疗消费的欲望也产生了激发作用，与此同时还为社会大众提供了更加多元多样的医疗服务选择。病人主体所采取的实际行动，实际上是在差异化的医疗方法当中游移的状态，而消费社会的出现与发展恰恰为此带来了物质存在上的客观基础。

正如前文所述，大众媒体是公众有关抑郁症等心理障碍的主要信息来源之一。2013年，美联社在其风格手册中增加了一个关于心理障碍的条目，以帮助记者公平准确地报道心理障碍。然而，仍然需要对与心理障碍相关的日常挣扎进行更现实的描绘，这样，人们就可以区分事实和虚构、刻板印象和多样化的个体遭遇，以及屏幕上的媒体景观和现实生活中的真实情况。

由于记者的头衔多种多样，所以有专门的记者专注于研究、调查和报道的特定领域。他们聚焦于某个特定的主题，从而获得该领域的相关知识和专业技能。这增加了一种更深入、更专业的写作类型。大多数专业记者会选择一个他们非常感兴趣的话题，因为他们的职业生涯都是围绕这个话题展开的，一些媒体也更喜欢有几个专业记者在需要时增加更多的见解。

如今，人们接触并获取信息的机会与渠道比以往的任何时候都要多得多。随着媒体融合逐步向深发展，传统媒体与网络媒体的信息也出现了越来越多交叠又相互竞合的局面。互联网已然成为抑郁症报道及相关信息的重要发布与传播平台。然而不容忽视的是，在通过数字化的媒体报道抑郁症以及对互联网上潜在的抑郁症风险内容的管理方面，还存在着诸多的挑战。近年来，也有不少的专业组织制定出具体的指导方针来试图帮助这些问题的解决。

至于挑战，首先，信息的传播和分割使无论是信息的传送者还是接受者都难以筛选信息。一方面，心理健康相关报道的传播者目前还不能完全专业化。在传播者健康素养水平有限的情况下，网络信息的超链接和同质化会给信息筛选带来障碍，甚至给心理健康报道带来虚假信息。另一方面，受众是新媒体环境下信息使用的主体和参与者。大量的健康信息与真实性交织在一起，挑战着受众的判断。新媒体独特的参与模式，如转发、评论和互动，常常促使人们毫无甄别地将更同质的信息发布到健康信息的广阔空间中。其次，营销影响心理健康的公共服务。就像医疗营销内容对传统媒体的影响一样，新媒体也充斥着大量以健康为名的营销内容。相关信息只针对促进医疗产品销售或增加社会医疗卫生机构的页面浏览量。因此，健康传播本身和外部传播环境都受到经济因素的影响，健康传播的公共服务取向在一定程度上受到削弱。最后，抑郁症报道不可避免地面临数字鸿沟的问题。虽然新媒体传播信息的聚合具有明显的优势，用户可以通过搜索健康信息和网络服务来满足自己的需求，但由于受教育程度和媒体技术掌握水平的不同，公众无法理解和参与最高效、最优质的在线健康信息搜索，因此很难通过新媒体获取有价值、相关的健康信息。数字鸿沟的存在使得许多健康类报道不得不关注这些无法通过新媒体群体获取健康信息的受众目标方向，无法在更广泛的层面上满足受众的需求。

二、专业性的实践现实：个体耸动经验与窥探欲充斥报道镜像

大众媒体在人们的生活中起着核心作用。通过大众媒体传递信息是即时的，而且是全天候的。通信技术的普及促成了媒体在日常生活中的无处不在。越来越多的"生活体验"是通过通信技术来中介的，而不是直接体验或目睹。公共卫生和政策制定往往不理解媒体在塑造公众健康方面的重要性力量。更重要的是，媒体组织也很难认为自己是公共卫生系统的一部分或对公共卫生系统有贡献。尽管新闻媒体没有明确告诉我们具体应该怎么想，但它在确定我们应该考虑什么问题上起着至关重要的作用。一个话题在新闻中得到的报道越多，就越有可能引起公众的关注。相反，媒体没有提到的问题很可能被忽视或很少受到关注。然而，正如本书所讨论的，媒体在引导公众了解健康问题方面发挥着多重作用，并有责任向公众报道准确的健康和科学信息。

访谈对象的选择上采用的是非概率抽样的方式，具体而言是目标式抽样与滚雪球抽样相结合。目标式抽样在于依据对研究目的的判断来选择适当的抽样方法，为了与本书第三章的研究内容保持一定程度上的一致性，同时限于研究者的社交范围，笔者根据新浪微博官方发布的"媒体矩阵势力榜"分别于环球网、《Vista看天下》和《成都商报》三家媒体当中寻找适合接受访谈的媒体工作者，再依靠滚雪球抽样的方式，即先收集目标群体少数成员的信息，然后再向这些成员询问有关信息找出他们认识的其他总体成员，这是一个根据既有研究对象的建议找出其他研究对象的积累过程。这里的"合适"在于具备以下三点可以谈论抑郁症报道媒体建构这一话题的资格：首先，以工龄来说，受访者需要具备至少三年的工作经历；其次，以从事的媒体类型而言，受访者需要既接触过传统媒体的新闻生产，也从事过新媒体内容制作；最后，以话题针对性来说，受访者需要具有参与抑郁症报道的实际经验。根据这三点，最终研究确定了六位受访者。

本章对媒体工作者的采访旨在确定如下几个方面：首先，他们用来评估抑

郁症报道的新闻价值的标准；其次，他们在构思和撰写引人注目的故事时所需要认为是重要的因素；最后，他们对其报道所可能导致的负面或正面效应及影响的了解程度。

访谈的问题设计是基于所指出的对媒体工作者的采访确定的三个主旨方面，即用来评估抑郁症报道的新闻价值的标准、构思和撰写报道时所认为是重要的因素和对其报道所可能导致的负面或正面效应及影响的了解程度。基于这三个维度，笔者分别设计了以下三大主要问题：首先，你认为是什么使得抑郁症报道比其他的报道更具有新闻价值？其次，除了通用于所有报道的规则，在有关抑郁症的报道当中，有没有什么特别的规则是你认为必须遵守的？是否对此有过相关的讨论？最后，你是否听说过抑郁症报道可能会引发的负面或正面效应？如果是，这对你的抑郁症报道会有什么影响？

这一章的研究探讨了内容生产的供给侧在表现抑郁症及相关精神健康问题时所面临的制度、文化和实践的挑战。采访通过录音转录成文字，相关人物均匿名。在访谈中，受访者被问及影响他们如何处理心理健康议题尤其是抑郁症的制约因素，包括消息来源、报道背景和方针、媒体内容制作的市场逻辑以及指导他们实践的专业规范和文化，受访者还被问及他们对这些议题的编辑立场和态度。下文所概述的调查结果并不是作为对塑造媒体实践的复杂因素的全面描述，而是作为对特定从业者群体经验的部分掌握。之所以这样说，是因为根据数量有限的、针对具体情况而选择的样本不一定能够进行广泛的推断和一般性的概括。相反，本章的重点是深入了解媒体在现实背景下报道敏感话题的经验及专业知识，通过访谈研究在接近现实方面体现出一定价值。

从访谈当中我们可以看到，尽管基本上受访的记者都不太情愿去报道抑郁症新闻，但是记者对抑郁症相关事件的新闻价值有着明确的判断标准。最有可能被报道的抑郁症事件通常符合三个标准当中的一个或者多个：第一，它发生在公共场所，并且扰乱了人们的正常生活；第二，它涉及社会大众人士，例如有知名度的人、艺人或者官员；第三，它涉及谋杀或自杀等与生命相关联的伦理争议或刑事犯罪。然而我们也可从访谈当中观察到，在应用这些标准的时候，记者们也不断地面临着避免所谓"偷窥的欲望"以及保障社会大众需要获知的知情权之间的矛盾与冲突。

对抑郁症相关事件新闻价值的判断标准在于，由抑郁症引发的新闻事件发生在公共场所，并且扰乱了人们的正常生活。在这里需要进一步探讨的是被报道的对象所指涉的公共性是否存在的问题。记者们往往是根据它们对于"公共空间"的定义来判断与抑郁症相关联的新闻事件是属于私人行为还是公共行

第六章 建设性询唤：对抑郁症报道内容生产层面的讨论

为。记者LJ表示："在新闻编辑室里关于抑郁症报道的讨论，似乎常常集中在报道的这个个体是所谓的社会大众人物，还是说出事的地点是真正的公共场所。这经常是存在争议的，当我们质疑某人是否真的属于社会大众人物，或者时间是否真的是在社会大众场合发生的时候，我们觉得还需要澄清的是，这件事到底是否真的属于公共领域，即它到底有没有关系到所谓的社会公共利益。"

对于一些记者而言，发生在公共场所的事实才使得抑郁症所引发的行为具有新闻价值；然而对于更多的人来说，抑郁症所引发的事件还必须扰乱社会大众的日常生活才有资格成为新闻。《成都商报》的记者DT说："作为以本土新闻为重的地方性报纸，通常这些故事我们不会报道，但如果发生在公共场合，比如说真的有救护车、警车出动，也有很多目击者爆料的话，我们是不得不报的。"他进一步解释说："这是因为在我看来，这件事情已经出现在社会大众视野之中了，甚至有时候它涉及公共场所的运营以及公共交通。譬如两年前有一起事件，是一个患有抑郁症的人在盐市口的路口开着车横冲直撞，这导致警方封锁了商业区的大片区域，并且还有很多警察被召集起来，在那里待了好几个小时。这个人在繁忙的路段闯祸，把其他人的生命置于危险之中，造成那么严重的混乱，肯定会有人想知道更多，这就是我们报道的原因。"

《成都商报》的另一名新媒体编辑ZWL补充道："我们通常不轻易进行抑郁症相关报道，但就像刚才DT所说的可能会有时间发生在公共场合，除此之外我想补充的是，还有很多事情涉及其他人对受抑郁症困扰的个体进行营救，甚至是不惜冒着生命危险，所以可能也会有人停下来观看。这是我用来决定某件事是否有新闻价值的一个典型参数：他是否造成了一些问题，比如当警察试图说服某人从桥上下来时，却让交通堵塞了好几个小时——除非有很多人目睹，它成为公开的新闻，否则我们可能不会写它。"

环球网的记者WYD指出："我们领导提出的政策是，如果事件发生在私人住所的话，我们需要报道得很谨慎，尤其要注意不能把地点写得太明显，因为可能会增加住在附近的人的生活困扰。比如说我，如果我知道自己小区里有人自杀了，我可能晚上回家都会害怕。不过如果发生在大庭广众的话，或者是涉及一个过去在新闻中出现过的人，我觉得报道的时候就不会有这么多的顾虑。"

然而，将公共干扰作为抑郁症报道的标准之一也意味着，新闻不可避免地会呈现抑郁症导致的社会破坏行为的具体形式，如果报道篇幅不成比例，则势必还会加剧影响。这些趋势同样也可能增加其他人模仿的机会，其他个体会被询唤而认为公开的行为可以引起注意并影响到他人的生活，这是具有一定的吸引力的。

在访谈的过程当中，也有记者对于报道抑郁症所导致的负面行为，尤其是自杀行为感到不安。在表示不愿意涉及这一行为的话语中，"个人"或"私人"这样的词汇反复出现。接受访谈的《成都商报》记者DT说："我对待抑郁症相关的新闻，特别是有人因此而想不开，会让我觉得这个报道使得记者成为偷窥者。"环球网的记者ZQ指出："我不愿意写它，这是因为我会认为这个故事背后往往是个人的家庭悲剧，我会联想到很多例如'白发人送黑发人'这样惨不忍睹的画面。"很显然，当抑郁症的病情发展与人的生命抉择紧密相连的时候，这就不仅仅是一个病理学上的问题，它还涉及一系列的伦理考虑，因此这也一直被看成是一个极其敏感的话题。特别是在记者个人的主观意识开始介入报道的时候，有时很难分清自己是在理性地探寻一个客观事实，还是在尝试着满足自己的或假想读者的好奇心。

《Vista看天下》的记者HMT认为："我一般不喜欢报道抑郁症新闻，因为很多情况下这都是一件非常私人化的事情，并且也不能影响社会大众，除非它发生在社会大众非常关心的领域里，例如知名人物和对社会有影响力的人物身上。我通常并不会去揭露太多的信息，因为我觉得比起其他真实存在的新闻，它更倾向于是某种程度上的偷窥或者流言蜚语。当然，如果是社会大众人物，或者是在公共场合发生，我觉得我们还是有义务报道的。"

由此可以看出，抑郁症报道所隐含的个人遭遇与隐私性也是判断新闻价值时记者们不可回避的标准之一。如果抑郁症所引发的事件对公共空间造成了破坏，或者在某种程度上对社会大众产生了影响，那么它的新闻价值就势必会上升。公共空间是由所发生的活动、所支持的文化和社区特点、人们的社会往来以及各种城市规划类别而界定的；一般而言，公共空间没有隐私期待（expectation of privacy）。在法学的范畴里，法律保护人们免于未经许可搜查场所或扣押个人或物品，在这种情况下，人们对隐私有主观期望，这在公共规范中被认为是合理的。在这里通过记者们的评论可以进一步分析的是，这里的"公共场所"的概念与其说是空间上的，不如说是一种"公共视野"，不单单是个体的事，而是很多人同时在场的：有人的生命因为抑郁症而处于危险之中，其他人则停下来观看。当这里的公共性被定义为是他人在场时，相对的私人性就被解读为是在一个人独处的空间里。因此也就有《Vista看天下》的记者LJ会提到编辑部曾经就这一问题进行过讨论："之前我们曾经在进行案例回顾的时候讲到韩国艺人接连自杀，例如她们的自尽绝大多数都是在自己居住的公寓里被发现的，我们有质疑过，如果抛开歌手和演员身份不看的话，发生在某个

第六章　建设性询唤：对抑郁症报道内容生产层面的讨论

隐蔽的卧室或浴室里是否还属于公共区域。不过似乎这样的讨论结果也并不重要，因为她的身份使得这件事本身的被关注度太大了。"这也就是说，当一个社会大众人物在私人场所因抑郁症而采取某种行动的时候，这种行为仍然具有新闻价值，因为社会大众一直在关注这个人的生活，并被认为对其生活状况感兴趣。

这也引出了对抑郁症相关事件新闻价值的第二点判断标准，即对记者而言，抑郁症涉及社会大众人士，例如有知名度的人、艺人或者官员。这里的"社会大众人物"所指的是读者熟悉的人物，例如艺人甚至是官员，以及其他在公共领域以专业身份行事的人。环球网的记者 WYD 说："如果患上抑郁症的不是一位社会大众人物，我们不仅不会特别愿意去费心确认他的身份，我们甚至也不会为了是不是要报道他而感到烦恼。几年前我们遇到过这样一个案例，一个县长因为指标考核的压力想不开，可能他还有其他的精神压力。由于他的公务员身份和社会地位，我们原本打算对这件事进行更深入的报道。但如果他是个没人知道的心烦意乱的人，我们可能就不会选择去报道这件事了。"

一些记者认为如果被报道的个体就其自身而言是有新闻价值的，那么闯入其私人领域也是有一定的正当性的，这样的观点使得区分公共和私人的界限变得不那么清晰。报道艺人或者是公职人员的精神健康出了状况或许意味着即使这个人在私人空间活动，这个人也是令人感兴趣的。《Vista看天下》的记者 HMT 回忆说："去年上海有一名女警察在自己的社会大众号里讲述自己与抑郁症做斗争的经历。我们决定报道这件事是因为她的身份。她并不出名，但是作为一名公务员，她的经历让我们觉得这是应该被关注的。"

尽管通过检索可以看到有关抑郁症的信息文本经常出现在媒体的官方微博上，但更常见的内容是有关健康信息的宣导与科普，而很少出现与抑郁症相关联的具体事件。接受访谈的记者们表示，抑郁症所引发的行为本身是否存在新闻价值并不是第一眼就能发现的。来自环球网的记者 ZQ 说："通常我们不报道与抑郁症相关的事件。总的来说，我认为我们宁可不做报道，也不要做错了事。"

《Vista看天下》的记者 HMT 说："一个不知名的人，或者说是一个在自己家里过着隐私生活的人，往往是不会被报道的。"这里可以看出，记者用来评估抑郁症报道的新闻价值的标准之一是被报道个体的知名度。报道知名人物甚至是公职人员患上抑郁症的这一做法，增加了读者认同受害者的机会。名人对抑郁症采取行动可能会导致更为广泛的模仿，这是因为他们受到更多的曝光，也因为社会大众将这些人物视为示例或范本。让读者更为准确地了解这类

205

心理障碍的前兆，有助于教育社会大众和有抑郁症倾向甚至是自杀倾向的个体如何更好地应对这类情况的风险因素。

上述第三个对抑郁症相关事件新闻价值的判断标准是它涉及谋杀或是自杀等与生命相关联的伦理争议或刑事犯罪。记者们普遍认为谋杀是有新闻价值的，因为它涉及一直没有离开报道视野的犯罪问题。《成都商报》的记者DT指出："作为地区性的媒体，本地发生了严重的罪行，有人报案的话，无论是在公共场所还是私人住宅，我想我们都会引起注意。尤其是有时候抑郁症障碍者行凶，可能还会在伤人之后产生自我伤害的意图。这些事情通常还会引起警方的注意，我们会调动更多资源来尽可能地了解更多细节。我不否认这一定是存在新闻价值的，但我也会觉得，怎么处理这则新闻使其不要显得过于耸动，也是值得考虑的事情。"在某种程度上，因为个体自身的精神健康问题而去选择伤害他者，涉及多重伤害的问题，这虽然无法用数量的角度去衡量，但毋庸置疑也会显得更加值得被关注。

这就使得记者们在处理这样的事件时，会面临一系列的伦理抉择。对记者的采访表明，它们能找到充分的理由来支持自己报道不可避免的与抑郁症相关联的新闻事件，这些事件植根于新闻价值准则和社会大众的知情权当中，特定事件的新闻价值也很难被挑战。由抑郁症引发的新闻事件发生在公共场所，并且扰乱了人们的正常生活，这些报道不可避免的是也可能诱使人们去关注那些不具代表性的和耸人听闻的事件发生方式。对记者而言，当抑郁症涉及社会大众人士时似乎有被报道的价值，然而需要考虑的是他们的遭遇会或多或少地影响到其他人。当抑郁症涉及谋杀或是自杀等与生命相关联的伦理争议或刑事犯罪的时候，也会体现出新闻价值，但这还需要更为具体有效的报道规范和建议来指引，帮助记者在规定的范围内将信息加工得更为恰当、更为可靠。

三、专业性的应然期待：媒体的健康传播角色锚定与责任期望

对抑郁症报道媒体建构背后的传播责任进行价值反思，其重中之重在于为了确保对于抑郁症的更加负责任的报道不会因为不可行而被拒绝操作。因此，了解媒体工作者在面对抑郁症报道的时候所遵循或采取的叙述规范和惯例，及其他们的所思所想，是至关重要的。就询唤视角下的媒体建构来说，我们希望了解的还在于这个由个体所组成的、反映到主体层面的世界，是如何被融入某种毋庸置疑的，甚至是不容易被察觉的报道惯习之中的。

对于抑郁症报道媒体建构背后的传播责任而言，其被研究的必要性主要体现在两个方面。一方面在于失范，即传播责任失范的现象是层出不穷的，并且

不排除造成恶劣的社会效应及影响的可能性;另一方面在于失衡,这体现在新闻传播者自身在信息生产的过程当中所面临的角色冲突甚至是利益冲突,这些责任冲突使其容易陷入行为选择的窘境。对抑郁症报道媒体建构背后的传播责任进行价值反思,有利于信息生产的主体能够更积极地进行责任的判断与平衡,继而形成伦理智慧并作出具备责任感的传播行动。

马克思曾经指出,作为一个确切活在现实当中的人,规则、使命和任务是不可避免的;至于人们是否意识到这一点,取决于人们的需求和人们与现存世界之间的联系。[①] 在他看来,作为个体的人亦是肩负道德责任的主体。所引出的问题在于,同样是作为个体的媒体从业者为什么应该对主体性的行为负有相应的道德责任?就抑郁症报道的媒体建构来说,媒体工作者作为信息生产者与传播者履行和承担责任的依据何在?

角色锚定不仅是社会成员在社会中的地位,还包括具体的权利、义务、责任、忠诚的对象、身份和行为准则,以及存在这些的合法原因。因此,角色锚定是一种区分社会成员的角色和地位的制度,赋予个人在各个部分和工作中不同的权利、义务和责任,最终形成统治和服从相结合的公共生活秩序。这种观点来自古希腊哲学家柏拉图,他在《理想国》中指出,所谓道德"善"是指个人认真履行其应有的责任,这是由社会生活中的主体身份所规定的。在他的时代,社会成员分为三类:统治者、战士和劳动者,每个社会成员都有与其地位相应的责任。例如,统治者需要管理城邦,战士需要保护一方的和平,劳动者需要为社会生产物质和生活资料,不同层次的人应该根据自己的身份履行相应的职责,实现道德"善",即社会正常运行的要求。

在论证行为的合法性和伦理价值时,功利主义伦理学家勃兰特尤其关注公共利益与幸福之间的联系。他认为,从善会得出这样的结论:"同情心驱使我们去牵挂他人的安全,为他人获得幸福和避免不幸是我们的责任。唯有那些绝对理性的人,才会使用道德法则来最大限度地增加有情众生的幸福或快乐。"[②] 勃兰特以伦理原则为基础构建了其功利主义理论,实现了个体理性和合法性,这一道德原则是由道德责任体系构成的。他的道德责任体系的第一个层次和底线是例如禁止谋杀、抢劫、强奸和其他暴行,这几乎是所有社会当中共通的法律法规;第二个层次是各种组织规定的"机构期望"　(institutional

---

① 马克思恩格斯全集(第三卷)[M]. 北京:人民出版社,1991:328.
② Brandt R B. The Definition of an "Ideal Observer" Theory in Ethics [J]. Philosophy and Phenomenological Research,1955,15 (3):407-413.

expectations）或"角色规范"（role norms）。社会规范是关于如何行为的不成文规则。它们为我们提供了在特定社会群体或文化中如何行动的预期想法。符合这些规范的行为被称为一致性，大多数时候，角色和规则是理解和预测人们会做什么的有力方式。

当代语境在一定程度上修正了角色规范理论；也就是说，媒体工作者个体生活在特定的社会和文化环境中，并有自己独特的道德和社会身份。由此，媒体工作者往往是在特定的社会、文化或道德的环境里做出行为的，这也意味着特定的社会习俗必然会限制他们对抑郁症这个报道对象的判断标准。应确保抑郁症报道中的事实陈述既正确又符合语境，谨慎斟酌媒体工作者遇到的主张和带来的假设，将资源和技能用于展现其所能传递的最完整的真相，最大限度地重视其收集和验证的信息。

契约是指由双方的承诺或同意而产生的权利、义务和责任。契约论是研究当代大众政治、责任伦理、经济伦理和法律规范的基本逻辑前提。[①] 根据契约论的观点，责任源于契约。近代以来，随着人权思想的确立，个人的社会联系和社会分工不再以等级和身份为基础，而是以契约为基础。换句话说，无论个人选择社会职业还是从事社会活动，都承认契约，即承认相应的社会权利和义务，无论这种约定是书面的还是口头的，是默示的还是明示的。显性的契约有明确的定义和强制性约束，如各种法律、合同、标准等；隐性的契约是非正式的，没有强制约束力和明确的规定，但依赖于内在的自我约束，诸如各种信仰、习俗和价值观等。在市场经济复杂的社会关系中，媒体依靠一系列契约来维持与各种利益集团的关系。

契约被用来讨论道德责任已经有很长一段时间了。一般认为，它为道德责任提供了必要的条件。作为类似主体之间的自由意志协议，契约规定了当事人的权利和义务，决定了当事人的社会关系。因此，从这个角度来看，契约是指主体所做的承诺，因此，主体必须承担相应的义务和责任。根据社会契约论，媒体为获得各种传播权，与社会和公众先后签订了契约。与此同时，这也意味着媒体对社会和公众做出了相应的承诺，必须承担类似的道德责任。

一方面，媒体的道德责任源于传播者在缔结宏观社会契约过程中的自由选择和理性承诺。在契约伦理中，契约主体的自主性受到重视。是否签订契约，做出什么样的承诺，都是自由选择和决定的。由于契约是理性人自主选择的结果，遵循自己制定的规则是必然的。契约的强制效力不是来自契约本身，而是

---

① 张盾. "道德政治"谱系中的卢梭、康德、马克思 [J]. 中国社会科学，2011（03）：52-68.

第六章 建设性询唤：对抑郁症报道内容生产层面的讨论

来自双方对自己选择与决定的承诺。新闻传播者履行和承担道德责任，意志和行动自由提供了其现实可行的条件。从选择新闻职业的角度观之，个体可以自由地审视这一职业，然后自由地决定是否要从事这一职业来安身立命。从新闻组织的选择观之，个体能够凭借各种渠道了解自己打算服务于的媒体机构，然后决定是否与这些机构签订协议。就新闻传播活动的实践而言，个体可以从各种新闻线索中发现和报道有新闻价值的事件。即使在特定的报道主题下，他们仍然能够从自己的角度进行深入的调查。

在媒体组织中，媒体工作者个体因为他们有可以被调用的职位而被期望做某些事情，因此他们也期望别人能为他们做些什么。媒体工作者个体根据这些立场，与媒体组织中的其他人合作，从整体上为其成员和更大的社会带来利益。从制度的社会存在中，勃兰特推导出了道德层面的"应该"。与媒体组织相关的"职责"和"义务"，是勃兰特提出的道德法规的第二个层次，他认为，正是道德义务或规范为个体行为提供了合理的期望。如果实践符合媒体道德义务或标准，个体会感到满意和自豪；相反，如果行为不符合伦理原则，个人会感到内疚和自责。

另一方面，媒体的道德责任是传播契约实现的具体保证，道德自律是契约履行的保证。互利是沟通契约中必不可少的道德自律，也是信息沟通的前提。只有承认这一前提，契约双方才能进行公平合理的信息传播，不以互利为前提的传播契约是一种变相的欺骗。责任意识和诚信意识是实现沟通契约的必要条件。诚实守信是一种有益的道德品质，是传播契约主体的严格自律，有助于传播契约的履行。因此，诚信和责任意识对于维护信息传播的正常秩序，实现良性传播和绿色传播至关重要，不容忽视。

一旦媒体发现了与抑郁症相关的报道素材的时候，不仅希望报道能够扩大影响并取得一定效果，更希望帮助被报道者摆脱困境，将自己的定位设置成作为关怀者甚至是治疗师，然而真正走进被报道者的世界又绝非易事。有效的心理健康积极举措的一个根本要素就是信任。愿意接受报道的个体对媒体是开放而诚实的，反过来，媒体工作者也要保证它的专业知识之用来提供帮助，绝不会伤害涉事个体，这似乎是一份隐性的契约。

准确性是抑郁症报道的核心。媒体工作者应该尽最大努力确保抑郁症报道涉及的每一件事都忠实地反映现实——从最细微的细节到有助于透视新闻的大背景。错误当然有时是不可避免的，但是专业操守所提供的最好的防御是保持警惕，这也是为什么不少媒体工作者觉得在公开报道抑郁症之前应该系统而严格地回顾他们所掌握的事实。准确性的历史与新闻业的其他核心概念如真实性和可信度密切相关,因为它提出了一个认识论问题,即新闻业是否以及如何能够准确、真实、基于事实地描述现实。准确性对于新闻话语的真实性起着特别重要的作用,因为它迫使记者不仅要根据事实进行报道,还要检查所呈现的事实是否真实——这既反映在将新闻职业描述为核实的工作,也反映在准确性对于媒体自律工具的核心相关性上。

当在一篇报道中对事实做出一般性的断言时,记者和编辑应该能够立即识别来源,并解释为什么某个人或组织是可信的和权威的。确保事实细节是正确的只是专业性体现的一部分。同样重要的是,要确保在抑郁症报道中正确解释了这些事实。媒体工作者的责任是确保其使用所收集的材料的方式符合其预期的含义和背景。

无论什么样的社会制度,无论什么样的身份,无论是党政媒体还是商业媒体,媒体都必须对社会负责,关注社会大众的福利和幸福,这样才能获得存在的合法性和伦理价值。因此,社会大众对媒体广义身份的期望是要求他们充当公共利益的代言人、权力的监督人、环境的观察者和信息的传播者。监督社会和倡导公共利益,是与这种身份期望或角色规范相对应的责任。如果要获得各种传播权利和公信力,实现长期发展,媒体需要认识到自己的身份,切实履行与其身份相对应的职责。

第二节 抑郁症报道的示范性内容生产:优化主动归顺的能动指引

关于何为社会问题,以及如何为这些问题寻找积极对策,人们又提出了新的问题。在抑郁症报道的媒体建构方面,人们往往注重的是集体定义的过程以及背后的历史与政治属性,从而使得文本中的个体常常不是离经叛道者,就是无助的、不幸的受害者,这种过度社会化的形象概括现象常常招致对"贴标签"的批评,从而使得所谓的"意义"被强行依附于有知觉的行动者,并使得他们在社会生活当中进行创造与再创造的时候受到刻板印象的阻碍,作为行动源泉的主体性能动性便难以积极询唤被期待作为行动者的个体。

一、示范性的本质内涵:抑郁症报道的操作规约

对于社会议题的相关个体而言,他们通常希望新闻媒体可以为宣传他们的诉求贡献力量,从而增强他们对社会议题发出声音的合法性。但是媒体的作用

第六章 建设性询唤：对抑郁症报道内容生产层面的讨论

并非单纯地被原告利用，以此来反映所谓的"真实情况"，事实上，它们还明确地依靠自己的框架来塑造所需传达的观点与形象。一言以蔽之，或许新闻媒体才是真实且切实的"新闻制造者"。这不免让人产生更多的疑惑：媒体机构是如何在社会议题当中出现的？它们在社会议题的讨论过程中处于何种位置？相关的权利和主张会发生怎样的调整？媒体会利用建构策略来传递其自身的主张与限定吗？

在对抑郁症报道的讨论当中，结合过去存在的实际情况可以看到的是，一方面，易感的抑郁症个体在媒体对抑郁症所导致的消极行为进行报道之后，会有模仿行为的风险，这一点在自杀的话题上表现得较为突出。尤其当报道的内容传播范围广、影响力巨大、明确详尽地描述过程、对负面行为予以肯定和对刺激性内容进行重复的情况之下，示范性效应会更加明显。不恰当的、不合时宜的和具有误导性的抑郁症报道，有可能引发长期性的渲染与相应模仿行为，这种增加抑郁症相关社会风险的现象被称为"维特效应"（Werther effect）。[①] 这个称呼以德国古典主义文学家歌德的小说《少年维特之烦恼》来命名，这部作品讲述的是一位青年因为失恋所导致的悲伤而选择自杀的故事，曾在欧洲引发现实的自杀模仿浪潮。

另一方面，对抑郁症进行负责任的议题建构可能对于教授社会大众与抑郁症预防相关的知识有所帮助，鼓励处于精神健康风险的个体采取积极的应对策略，并引发全社会对于抑郁症及其预防的更为开放、包容与充满希望的探讨。在抑郁的逆境当中主动寻求帮助的故事可能能够增强对抑郁症障碍者的保护意图或试图阻止相关的高危行为的发生。抑郁症报道的媒体建构过程当中，如果提供了建设性的帮助信息，或者更具体地说，那些公认的可靠的心理健康服务的相关资讯，将有利于把抑郁症有关情况引领至更为乐观的发展方向。媒体有关抑郁症的负责任报道所起到的积极效益在既往的文献当中被称为"帕帕基诺效应"（Papageno effect），这是以奥地利作曲家莫扎特创作的格局《魔笛》当中的角色帕帕基诺来命名的：当怕帕帕基诺害怕失去自己的爱人的时候，他想到了自杀，但在最后一刻想出了替代性的积极策略，后来他选择了更为积极的行为，没有白白牺牲自己的生命。

针对新闻媒体在抑郁症报道的建构问题，国外不乏政府机构与各类公共性卫生组织，包括疾病预防控制中心、各大相关基金会和制定公共政策的部门，

[①] Phillips D P. The Influence of Suggestion on Suicide: Substantive and Theoretical Implications of the Werther Effect [J]. American Sociological Review, 1974: 340–354.

提出了一些共识性的指导建议，借此帮助从事新闻工作的记者和编辑更好地撰写有关抑郁症的报道，使得负面效应最大限度地降低。这些意见包括负责任地报道与抑郁症有关的新闻事件、避免突出性的报道，避免用夸张的写作手法来引起人们的过度与非正常关注。除此之外，如果抑郁症障碍者采取了诸如自杀或伤害他人的负向行为，媒体也不应该将之描述为高尚的或浪漫的举动，更不应该将其解读为解决生活问题的有效途径。相关建议鼓励记者去积极挖掘作为抑郁症产生前提的信息，例如家庭暴力和药物滥用等现实问题。这些共识性的指导意见并非要求阻止媒体报道抑郁症或是为相关报道加以限定，而是提倡利用报道的机会来教育社会大众有关治疗和援助的健康选择。

针对新闻生产背后的责任冲突，给予媒体指导的同时需要适应传统媒体和互联网媒体各自的特征。数字化的互联网媒体具有信息传播速度迅捷的特点，与之相伴随的是信息的检测与控制难度更大。尽管互联网媒体与传统媒体在类型与风格上都存在着差异，但是从既往对于传统媒体抑郁症报道的影响力研究上所获得的发现也对在互联网媒体中开展预防工作很有帮助；反过来看，从对数字化的互联网媒体议题建构对于抑郁症的潜在作用中所汲取的经验与教训，也对在传统媒体的内容运作当中开展信息式干预与防治工作具有参考意义。

化解新闻生产背后的责任冲突，还需要共同的努力，包括引导记者怎样通过撰写既引人注目又具有新闻价值的故事，与此同时负责任地将促进社会大众对健康的认识放在首位，来实现指导建议所设定的媒体建构目标。无论是从共识性的报道规范而言，还是从专业人士的职业伦理要求以降低报道的负面效应而言，都离不开媒体工作者自身对于抑郁症报道的媒体建构的理解。

二、示范性的实践现实：对涉事主体性身份的敏感性考量

我们从对记者们的采访中了解到，如果一个与抑郁症相关的新闻能够被置于一个引人注目的叙述当中，他们会更有可能去报道这个故事。这一部分，我们想要了解的是除了通用于所有报道的规则，在有关抑郁症的报道当中，为没有什么特别的规则是媒体工作者认为必须遵守的？编辑室里是否对此有过相关的讨论？

记者们普遍意识到抑郁症是一个敏感话题，并且声称对此应该采取非常谨慎的态度。正如记者 HMT 所指出的："我想说，我接触的大多数记者都会非常负责任地处理这件事。"记者 DT 意识到他的工作在抑郁症报道中的重要性："这些故事最难报道，因为你必须努力让社会大众知道发生了什么，并对发生事件的独特环境保持敏感，我认为这是复杂和具有挑战性的。"另一位记者

第六章 建设性询唤：对抑郁症报道内容生产层面的讨论

WYD 也印证了他的说法："报道的主要挑战是确保我们所给予社会大众的是适当的和具有敏感性意识的报道。报道是必要的，我们应该注重的是报道的方式。"一位新媒体编辑 ZQ 同意这个话题应该被谨慎对待，他认为媒体对抑郁症和心理健康的态度近年来有所改善，正如他所说："我认为抑郁症是很敏感的心理健康问题。人们会理解，这对于一个家庭来说可能是一件不幸的事情，也是一件很难去应对的事情。我相信在过去的几年里，这样的共识程度有所提高，人们对此给予了更多的、更仔细的考虑。"他接着说："我认为围绕抑郁症的话题应该有更多的敏感意识，人们可能会容易受到它的影响。我们必须尊重个体的隐私，尊重他的家庭，并且意识到人们会如何谈论它。"

对于媒体工作者来说，所谓"框架"往往意味着将纷繁复杂的社会现实按照某种惯例或常规进行简化，以最高的效率将大量的事实包装在一篇报道当中，用某种特定的形式来组织已经发生了的新闻事件。记者如何判断、分类和选择事实，以及进行采写工作，这样就建构出了一套新闻框架。根据加拿大社会学家欧文·戈夫曼的阐释，框架是一套关于个体、群体以及社会怎样将现实由感知到组织再到传播的概念及观点的集合，是理解与应对现实所依赖的认知图式与解释模式的集合。[1] 可以这么说，人们借由文化的影响在心理层面建立了一套过滤系统，然后再利用这些过滤系统来解读自己身处及面对的世界，与此同时所作出的判断与选择也会受到框架的影响。[2] 框架的存在，涉及对于社会现象的构建，即借由政治或社会运动、意见领袖和不同行为者以及大众传播来使得社会现实得以被呈现和解释。作为生成话语的机构与组织，媒体和广告存在着竞争的格局，框架也可能在这样的竞合局面当中潜移默化地使得文化产生有机演变。传播过程中的框架可以被看成是积极的，也可以被看成是消极的，这种价值判断取决于受众个体本身以及所呈现的到底是什么样的信息。

出于不同的利益或目的，框架常常通过暗示应该解决的问题的方式将现实予以呈现。[3] 紧扣议题的框架能够改变读者的观念与看法而不必改变客观存在的事实，因为修辞与写作策略可以使得某些解释更为突出而阻止其他的解释。个体持续不断地向周遭的世界投射解释的框架，但只有当某些东西逼迫人们用

---

[1] Goffman E. Frame Analysis: An Essay on the Organization of Experience [M]. Harvard University Press, 1974: 86.

[2] Druckman J N. The Implications of Framing Effects for Citizen Competence [J]. Political Behavior, 2001, 23 (3): 225-256.

[3] Van der Pas D. Making Hay While the Sun Shines: Do Parties Only Respond to Media Attention When the Framing is Right? [J]. The International Journal of Press/Politics, 2014, 19 (1): 42-65.

新的框架替代旧的框架的时候，人们才意识得到自己一直所习惯的框架。这里的框架并非议程设置，前者是通过选取一个问题的某些方面，并使其更为凸显，以便引导出对这个问题的内涵解读与价值评估，而后者则是直接将人们引入某个主题，以增加主题本身的重要性与可接近性。[①]

受访者明确表示，他们在报道抑郁症时需要保持敏感，但他们也深刻意识到，在详尽地、明确地报道与保护个人和家庭隐私之间存在两难的选择境地。这种困境体现在语言上，一些受访者认为，有时候运用委婉的语言来进行报道会更为恰当，比如用"悲剧"来代替"死亡"这个词。但是也有记者提出了自己的困惑，认为委婉语的过分使用，可能会增加围绕抑郁症甚至是死亡本质的污名化。这种情况之下，记者更习惯于被消息来源的语言引导。正如记者 LJ 解释的："当我们报道韩国明星具荷拉的葬礼时，我注意到有媒体提到了她的'抑郁症酿成了悲剧'，我和编辑谈了谈，他说我们应该直接说她'自杀了'。葬礼上的主持人也用了这个词，她的好朋友也用了这个词，我们却在报道的时候表现得不够开放。我们总是试图将语言归因于他人，然后我们会很自在地说出来并使用它。选择直接表达发生了什么，我认为并不是一件可耻的事。"

正如受访者 DT 所说，平衡公共和私人利益也是一个问题："作为一名记者，你总是想把自己引向负责任的一方，并就所发生的事情提供些什么意见。"一部分的考虑是，抑郁症所导致的不同类型的行为会导致不同的平衡报道的方式。新媒体编辑 ZWL 所解释的是："假设一所学校里发生了类似抑郁少女自杀的事件，我们会小心对待；但是对于刑事案件，我们会把它看得更像一起谋杀，因为犯罪已经发生，所以我们会寻找更多关于这件事的细节，更多关于这个人背景的信息，尤其是这个人遭受精神健康问题的经历，会成为故事的重点。"另一部分的考虑是，报道要从人性的角度考虑到与报道对象相关的人。记者 WYD 指出："有很多故事我们想讲，但是我们不能讲，因为要么是当事人的家庭认为他们的故事不适合被公开，要么是他们害怕产生反效果。对应地，我们会去想的是，我们能不能肩负起保护那个患者的责任，或者可能会让他们在某些方面变得更糟。"然而，也有记者如 HMT 认为："我不觉得这有什么挑战性，这归结于你的直觉，甚至是你的正直、你的良心。我相信，我们只是借用了他们的故事，以提高社会大众对心理健康的理解。"

平衡公共和私人利益也是以记者对其受众履行职责为框架的，受访者普遍

[①] Weaver D H. Thoughts on Agenda Setting, Framing, and Priming [J]. Journal of Communication, 2007, 57 (1): 142—147.

将他们对故事的态度与受众的期望联系起来。正如记者LJ指出的:"我认为上级没有对我们施加什么耸人听闻的压力,受众或者市场或许期望媒体在报道尺度上能走得更远,但我们选择不超过尺度,我觉得这样更能赢得所谓'中间受众'的信任。"在不同的平台上,人们对假想受众的期望其实也并没有太大的不同。在采访中,小报或者商业媒体的记者并不承认他们在处理抑郁症报道的问题上采取了更不负责任的态度,这可能是因为现在所有媒体几乎都倾向于在社会化的互联网平台上进行报道。新媒体编辑ZQ指出:"如果你看看大多数媒体的官方微博,你会发现他们都在说同样的话。所以现在其实大报和小报非常相似,在网上做的东西没有太大不同。"记者DT指出,受众的卷入度也影响了他们的报道方式:"我们收到过一封关于我们报道的故事的私信,我们要倾听受众的心声。我认为我们服务的城市是一个小社会,每个人其实离任何特定的人都不远,这就带来了更大的责任感。"

应该认识到一些与抑郁症相关的自杀行为是有新闻价值的,不仅会而且应该被报道,但是不鼓励对其进行美化、浪漫化或给读者以自杀是解决生活问题的方法这样的误解。此外,这些建议鼓励减少抑郁症迷思的报道,帮助社会大众了解抑郁症的可治疗先兆,以便采取预防措施。许多建议强调不鼓励对抑郁症导致的负向行为进行突出的、频繁的报道,这样的建议是否现实?在采访当中,许多记者表明他们不认为详细描述消极行为是必要的;但是许多记者也承认,行为个体,尤其是死亡的个体的显著性将决定故事本身的显著性。一些可能对社会大众科学认知抑郁症产生误导的论点,有时也会被记者采用。这类报道的一个典型例子是在年底假期前后,关于假期期间患上抑郁症的风险增加的报道在大众媒体中根深蒂固,并在媒体中频繁出现,但在年底假期期间患上抑郁症的风险增加基本上是一个没有经过证实的说法。记者可以纠正这一错误观念,让读者更准确地了解抑郁症的季节性影响,同时帮助有抑郁症倾向的人应对他们的危机。

报道框架的建构与媒体工作者的职业规范和文化环境的关系密不可分,它假定多个报道框架竞相设定同一个议题,而一个框架最终收获影响力,原因是它既符合媒体惯例,又与社会大众形成共鸣,甚至得到意见领袖或精英阶层的支持。一方面,就内容生产的实践来说,更为宏观的社会价值观与规范、新闻机构的组织约束、外部决策者与利益集团的压力、职业惯习与记者个人的意识形态都可能影响其对于某一议题的看法;另一方面,社会的文化背景也在其中发挥着巨大作用,正如戈夫曼所指出的,框架本身的含义当中存在着隐含的社会文化根源,这种框架建构的语境依赖性被他形容为是"文化上的共鸣"

（cultural resonance）。① 当受众用媒体工作者所创造的东西来谈论他们在文化中观察到的有意义的事物时，文化共鸣就实现了；然而文化总是在不断变化。因此，为了让意义能够被保持下去，报道本身也必须随之改变。

简而言之，媒体工作者们意识得到平衡公共利益和个人隐私的必要性。但也就像新媒体编辑 ZWL 所指出的那样："我认为社会大众的利益是必然存在的，比如对心理健康的积极关注等。但有一个老问题就是，社会大众感兴趣的并不总是所谓的公共利益。"虽然受访者明确表示，他们容易受到这一主题的影响，并试图仔细平衡公共利益和私人利益，但他们在充分报道这些问题的时候还是会面临许多实际的挑战。留给记者完成一篇报道的时间很短，所以他们能提供的叙事框架深度也是有限的。此外，因为它们依赖于机构性来源，例如警察或事故地点的随机消息来源，所以他们的内容输出通常不能或将其与更为广泛的社会成因联系起来。

三、示范性的应然期待：媒体的健康传播语境营造和行动参考

人们淹没在关于这个世界的故事的海洋中。尽管媒体行业的某些部分面临商业模式危机，但每天都有大量新闻通过互联网新渠道与传统媒体相结合，规模比以往任何时候都大。新闻消费者比以往任何时候都更容易接触到更多的新闻。随着新闻业和社会的变化，情感在新闻的生产和消费中变得更加重要，这重新定义了新闻客观性的传统观念；事实上，它也正在重塑新闻本身的概念。因为随着信息、数据和社会化媒体变得越来越无处不在，影响力越来越大，新闻在我们的生活中发挥着越来越重要的作用。记者们需要将自我觉知情感作为一种现象进行专业探索，为了更好地理解这一点，需要思考围绕情感、理解和行为之间关系的科学。

早在 20 世纪 80 年代，就有学者试图对生成疾病的社会性原因进行探索，对中国特定的历史文化情境之下的政治与法律问题、家庭纠纷、职场困境与其他经济因素对疾病的影响进行考察，认为社会问题对于个体的人格、自我评价以及生理状况可以产生质变。② 改革开放以来，经济结构的变化与社会发展速度的加快无疑创造了不可胜数的工作机会，与此同时对劳动力的需要与要求也

---

① Goffman E. Frame Analysis: An Essay on the Organization of Experience [M]. Harvard University Press, 1974: 86.

② Kleinman A, Anderson J M, Finkler K, et al. Social Origins of Distress and Disease: Depression, Neurasthenia, and Pain in Modern China [J]. Current Anthropology, 1986, 24 (5): 499–509.

第六章 建设性询唤：对抑郁症报道内容生产层面的讨论

使得社会流动性增大，本来相对稳固的社会支持系统，即建立在血缘或是地缘基础上的共同体被冲击，这使得经济发展与对速度和效率的要求，与个体所承受的压力和精神上的负担呈正相关的关系。

20世纪80年代，"抑郁症"作为一种特殊的心理问题从类似"神经衰弱"的躯体化诊断范式之中脱离出来。20世纪末，中国社会在从计划经济体制转入市场经济体制的过程当中所面临的巨幅震荡，也很难不被认为是对个体的精神健康产生影响的重要原因之一。有学者认为，经济与社会结构的变化会致使一些心理健康方面的疾病相比于过往浮现得更加明显。[①] 在资本市场化与经济全球化的宏观背景之下，无情的竞争格局愈发激烈，这在某种程度上鼓动了能够使得生产效能增长的心因性动能。也就是说，极具竞争力的经济社会体系要求生产士气达到高昂的状态，继而使得劳动强度与效率也同样处于较高的水平，这都需要心因性动能的强势渲染；然而心因性动能在上扬与波动之后又会难以避免地下沉，情绪被反降至谷底，从而缺乏工作的效能感。[②] 在竞争机制与流动格局下耗竭精力的个体若患上了抑郁症，便成为缺乏动力的"失能主体"，没有生产与消费欲望，不但退缩而且对有所作为感到焦虑。在竞争机制高度要求绩效体现的背景之下，生产与积极进取的竞争力的缺失自然会被体系视作严重的偏差行为，在效率不断被强调的过程当中，与之相伴随的压力与情绪问题更为尖锐。[③]

虽然中国社会与西方社会的个体化发展有着不尽然相似的脉络，然而从整体上来讲，个体化已经是一个无法被否认的趋势。一方面，市场经济与全球化对个体提出了诸如"竞争力""进取心""冒险精神""人才流动"等等概念及要求；另一方面，市场经济与全球化也影响着所谓弹性积累，致使产品日益多样化，并且鼓励人们更进一步地消费，再加上信息技术与移动互联网技术的出现，使得对欲望的炮制大幅跃进，介入更加强化了现代社会的个体化。在一定程度上，这些因素皆使得当代社会的图景得以塑造：一方面是社会的个体化愈发普遍，各种形式的询唤策略使得个体作为主体成为一个需要反思的事物，每个个体都被各种话语鼓励实现所谓的"自我"；另一方面在于个体又面对着无处不在的竞争压力，被迫使进行较大幅度的自我转变。由此，当市场经济与全

[①] Martin J K, Pescosolido B A, Olafsdottir S, et al. The Construction of Fear: Americans' Preferences for Social Distance from Children and Adolescents with Mental Health Problems [J]. Journal of Health and Social Behavior, 2007, 48 (1): 50−67.

[②] 何春蕤. 研究社会性/别：一个脉络的反思 [J]. 社会学评论, 2013, 1 (05): 45−53.

[③] 何春蕤. 研究社会性/别：一个脉络的反思 [J]. 社会学评论, 2013, 1 (05): 45−53.

球化的运作方式与存在于社会内部的自我意识和文化潜质两相配合，使得如果对主体性自我的筹划过于用心，一旦失败，那么个体便会对以往所认可的自我产生极端否定，失去意义感继而对自我进行哀悼，增加罹患抑郁症的社会风险。[①] 由此可见，外在环境与个体化所造成的双重变化会令个体心理层面所面临的冲突越来越明显，这也从社会建构的角度为抑郁症的产生提供了一种解释的可能性。

就健康传播的定义来说，任何涉及健康内容的传播活动都是健康传播。就健康传播关注的对象来说，它不仅包括健康知识的传播和健康文化的传播，还包括健康行为的传播，关乎传播的情境、媒介和关系等诸多方面。就健康传播的目标来说，它看重健康信息的科学性、受众需求的紧迫性以及传播活动本身的艺术性，并寻求三者之间的平衡，以健康信息来促进人们健康素养的提高。

新媒体对健康传播的影响主要体现在传播方式上。新媒体收集了大量的信息，具有很强的信息聚合能力。大多数传播者利用新的传播渠道来展示健康信息和传递健康价值，进一步完善传播渠道，优化用户对信息的选择和使用，达到传播健康信息的效果。新媒体技术能够充分发挥其在信息传播方面的优势，这在现代社会促进健康信息传播中得到了深刻的体现。毫无疑问，新媒体在健康传播中发挥着不可替代的作用。从新媒体给健康传播带来的机遇和挑战来看，传统媒体已不再是健康传播的唯一健全渠道，每个人都可以成为健康传播的主体。人们经常用"信息爆炸"等词来形容当今高度发达的媒体结构。对公众而言，获取健康信息和健康知识甚至成为一项顺畅、轻松、便捷的工作。如果仅仅从供求的角度来看，媒体提供的健康信息量已经大大超过了标准或通常的限度。然而，它也给人们利用自己的辨别力来处理信息带来了许多挑战。由于新媒体的自由发展和信息交流平台的多样性，卫生信息传播的公信力危机和调整机遇并存。

面对如此有利的发展形势，新闻媒体需要优化传播的内容和过程。随着信息技术的飞速发展，传统的受众角色——被动的信息接收者、消费者和目标受众——将被许多新的角色终止或取代，如搜索者、询问者、观众、反馈者和演说者等。进入新媒体平台后，健康传播将进一步整合大众传播和人际传播的优势，传播机制的深化创新将使其成为健康传播的有力手段。在优化传播内容和过程方面，传统平台上健康传播的内容和操作由发送者主导，新媒体与人的互动增强了接收者积极讨论和交流健康需求的意识。评论和转发机制可以通过公

---

① 何春蕤. 研究社会性/别：一个脉络的反思[J]. 社会学评论，2013，1 (05)：45—53.

众参与扩大交流范围,并使公众能够通过互动过程更好地权衡信息的利弊。最后,以互动为特征的各种新媒体正在改变人们的生产、生活、思维和交流方式,提供了理解公共卫生需求的多样化方式。通过新媒体赋予的发言权,人们可以参与信息的收集和传播,参与讨论,并表达自己的观点。这些个性化和富有成效的信息使约翰·弥尔顿的"观点的自由市场"(marketplace of ideas)成为现实。"观点的自由市场"指的是一种信念,即对真理的检验或对思想的接受取决于它们之间的竞争,而不是取决于审查者的意见,不管审查者是由政府还是其他权威机构提供的意见。新媒体的互动可以帮助媒体抓住受众对健康问题和实际需求的关注,进而在报道内容和议程设置方面做出合理的规划。

健康传播涉及对公共信息源和信息结果的信任。信任是一种心理依赖和社会导向,在健康的传播中起着至关重要的作用。在健康传播的过程中,新媒体环境下的发展有利于建立社会大众对健康传播的信任,从而促进社会成员身份的提高和价值共同体的构建,这需要政府和公共部门的共同努力。一个健康的传播环境是至关重要的,随着健康知识的发展和卫生教育的普及,政府部门需要发挥主导作用,建立必要的健康传播控制措施。政府部门应加强对新媒体环境下健康传播的引导和监管,树立切实可靠的健康传播方式,倡导正确科学的健康理念,建立严格的网站管理标准和优质的信息搜索操作索引和规范来管理健康传播信息。同时,建立权威的健康信息来源,通过官方认证发布可靠信息,提高人们的情感信任度。在构建公共信任的过程中,我们应该认识到健康传播在公共卫生生活中的重要作用,建立完善的普适信息传播体系,坚持公共卫生导向性定位,构建利益共同体。

第三节 抑郁症报道的关怀性内容生产:
深化关系再生产的共情意识

人们从未像今天这样拥有如此多的信息,然而人们也从未对正在发生的事情有过如此低水平的了解:这似乎是一个有关于现实的悖论。我们一方面可以接触到大量的、庞杂的信息,但这在另一方面也使得我们在某种程度上远离知识,远离事实,进而加深我们的困惑,媒体工作者对此是难辞其咎的。

信息的全球化和瞬时性也造成了信息责任的某种松散性。全球化的传播活动常常让我们更加关注千里之外正在发生的事情,而在我们周围发生的事情面前,我们却视而不见。当下新闻业的特点是能够有限的时间与空间当中解释发生的事情，与此同时，它也反映着现实，观照着现实，甚至建构着、重组着现实。概念往往最终是强加于人的，很多时候，记者既没有足够的素材也没有足够的时间来比对这些信息，然而这些却无不迫使着我们去构建信息，重视那些被认为是值得关注的事件。抑郁症报道所折射的就是这样一个既定的、信息丰富的议程。

所有的工作都有明确的社会责任，新闻实践是一种具有社会超越性的工作，它的超越性必须与它所应该履行的社会责任并行不悖，新闻工作必须对社会和社会大众舆论负责。对新闻业而言，信息需要被理解为一种社会利益，而不是纯粹的、单一的产品。这意味着记者对所传播的信息负有责任。因此，考虑到社会利益的多样性，记者不仅要对那些控制媒体的人负责，而且最重要的是要对社会大众负责。

一、关怀性的本质内涵：抑郁症报道的动态性影响

随着像素和屏幕越来越多地取代墨水和纸张，我们体验阅读的方式可能正在发生着深刻的改变。屏幕恐怕会缩短我们专注于深度阅读的时间，而深度阅读能够培养抽象的创造性思维。在屏幕上处理文本的认知图式甚至会影响到人们对所读故事中的人物的移情程度。作者尼古拉斯·卡尔甚至写道，互联网可能正在"改变我们情感和思想的深度"。[1]

讲故事的力量激励着许多记者，让他们相信通过他们的叙述可能实现将对个人的同情延伸到群体中，纠正不公正现象并激发变革，或者至少是意识到这一点。学者们通过所谓的"传输理论"（transportation theory）来解释这种叙述效果，虽然人们可能不太熟悉这个术语，但人们通常知道这种感觉：当专注于、沉浸于一个文本当中的时候，会觉得自己仿佛置身于那个时空，与角色之间的联系如此紧密，以至于他们的喜怒哀乐都会在自己身上激起一种生理反应。[2] 精心设计的抑郁症报道叙述可以让读者产生代入感，认同和同情角色。叙述性非小说类故事可以引发移情，就像身体互动一样。但是，随着我们与文本的互动急剧变化，那些精心构思的叙述会失去它们的力量吗？

叙述传输理论认为，当人们沉浸于一个叙述当中的时候，他们的态度和意图会发生变化以反映这个叙述所存在的效果。叙述传输的心理状态可以被解释

---

[1] Carr N. Is Google Making us Stupid? What the Internet is Doing to our Brains [J]. The Composition of Everyday Life, Concise, 2015：355.

[2] 严进，杨珊珊. 叙事传输的说服机制 [J]. 心理科学进展，2013, 21 (06)：1125－1132.

第六章 建设性询唤：对抑郁症报道内容生产层面的讨论

为故事对人的说服作用，每当叙述的接受者因为对故事人物的移情核对故事情节的想象而体验到进入由叙述所唤起的世界的感觉时，叙述传输就发生了。叙述邀请文本的接受者参与它所描绘的行动之中，从而使得他们在故事里迷失自我，因此预见了叙述传输的建构。美国作家理查德·格里克是第一个在小说文本当中创造这一概念的人，他利用"旅行"作为阅读的隐喻，将叙述传输概念化为故事的接受者（即"旅行者"）全神贯注于故事而经历的脱离原本世界的状态。[1] 对叙述传输的研究大多遵循的是对建构的最初定义，该领域的学者们不断地重申三个特征的相关性。首先，叙述传输要求人们对故事本身进行处理，即接受与解释的行为并存。其次，故事的接受者通过两个主要部分被"传输"，一方面是移情与移情，另一方面是心理意象的生成。共情意味着故事的接受者试图去理解故事人物本身的经历，也就是说，以同样的方式去认识和感受文本所营造的世界；心理意象上，故事的接受者会对故事情节产生生动的形象想象，这样他们就能感觉自己正在经历事件本身。最后，当叙述被传输时，个体对故事人物产生共鸣的程度，而故事情节则激发了个体的想象力，这使得个体在接受故事的过程中体验到了一种"被暂停的现实"。[2]

叙述传输在本质上似乎是一种无意识的情感传输，而非有意识的认知传输。这种处理方式会带来潜在的、不断增长的和持久的说服效果。语言学家阿佩尔和里希特用"睡眠者效应"（Sleeper effect）这个术语来描述叙述传输随着时间推移而产生的这种看似悖论的性质，它包括态度和意图发生更为明显的变化，以及更为确定这些态度和意图是正确的。"睡眠者效应"是这样一种心理现象，通过这种现象，一条极具说服力的信息，加上一个折扣提示，会使一个人更容易被这条信息所说服，而不是随着时间的推移而变得不那么容易被说服。[3] 当受众接触到极具说服力的信息，他们对信息宣传的态度会显著增加，然而随着时间的推移，他们新形成的态度似乎又回到了收到信息之前的位置，几乎就好像他们从未接触过信息一样。对于睡眠者效应的合理解释在于，根据后结构主义的研究表明，语言的叙述性表达不仅具有反映现实的功能，而且还具有建构现实的功能。正因如此，作为人们逐渐内化的结果，叙事可以引起被运输的文本接受者深刻而持久的说服；当故事传输给接受者的时候，它们不仅

---

[1] Bezdek M A, Gerrig R J. When Narrative Transportation Narrows Attention: Changes in Attentional Focus During Suspenseful Film Viewing [J]. Media Psychology, 2017, 20 (1): 60-89.

[2] 严进, 杨珊珊. 叙事传输的说服机制 [J]. 心理科学进展, 2013, 21 (06): 1125-1132.

[3] Appel M, Richter T. Persuasive Effects of Fictional Narratives Increase Over Time [J]. Media Psychology, 2007, 10 (1): 113-134.

呈现了一个叙事的世界，而且通过对接受者语言的重新构建，也在传输体验之后持续地改变了文本接收者折返归来的世界。人们对叙事的分析与记忆，与其他的信息格式不同，例如分析性的广告刺激认知反应，而叙述性的广告可能更刺激情感反应。

我们获取信息的速度比历史上任何时候都要快，问题是我们的大脑能否跟上时代的步伐？读者能适应新的语境吗？在这个过程中他们会失去什么吗？叙事对人们有着强大的影响力，人们对新闻报道当中的人物有同理心，就像人们对任何有血有肉的人产生移情一样，阅读他们的故事甚至可能让人们在现实生活中更加善于移情，改变自身的观点，促使自己采取行动。时间和经历是影响移情的因素。我们需要一些关于另一个人的信息，在我们开始感觉到我们之间的关键相似性之前，这些信息是随着时间的推移积累起来的。一旦被一个故事吸引和传输，读者就更有可能改变他们对世界的信念来匹配这个故事。然而这种阅读群体可能正在减少，因为略读和分心是数字阅读体验的一部分。如果这是真的，那么我们现在所知道的关于时间、注意力和信息如何支持移情的所有事情，似乎都会失去它原有的强度。因此，也许我们对叙事的移情反应已经变得更浅，而我们甚至没有注意到。叙事不太可能对他们的信仰产生影响，也不太可能让他们付诸行动。换句话说，如果屏幕降低了读者通过叙事传输的能力，新闻的影响将会更小。读者可能会对他们想读的叙述更加挑剔，他们可能会刻意避免被误解和代表性不足的故事，而倾向于他们已经习惯的群体和叙述。然而，我们也有理由对这种悲观主义情绪保持警惕。毕竟，新技术几乎总是引起人们对其对人类破坏性影响的担忧。或许人类的大脑从来就不是用来阅读的，而是随着我们越来越多地使用符号而进化的。也许我们的大脑也会以某种令人惊讶的方式适应数字阅读，我们的移情能力也会保持不变。

二、关怀性的实践现实：社会关系中仍然存在结构性歧视

"污名"（stigma）这一概念自社会学家欧文·戈夫曼于20世纪60年代提出至今，它的定义与特征都经历了不同程度的转变。对于所谓污名的讨论侧重于心理学方面，还需要更进一步地纳入对存在于道德语境的污名以及其相关个体的理解。污名到底囊括些什么，这不单单是一个理论层面的问题，还涉及经验性的探索与打击污名化所付出的努力。在戈夫曼看来，现代意义上的污名概念实际上基于一个与身份有关的社会建构过程。由此，那些和被污名化的情况与处境所产生关系的个体，就从所谓"正常的"（normal）社会地位被贬损至某种"不可信的"（discredited/discreditable）社会地位。在戈夫曼的论述当

中,"discredited"是指那些有明显污名的人,如因种族/民族、性别或身体残疾导致的污名;相比之下,"discreditable"是指那些有着可以隐藏的耻辱的人,例如心理障碍者、艾滋病病毒携带者等。[1] 他在一开始有关污名的探讨当中运用了心理和社会层面的双重视角来审视,主要侧重于分析污名化对于个体所造成的心理影响,聚焦在污名的内在化过程以及它是如何塑造个体的行为的。但是他并没有考虑到社会生活以及社会关系是怎样因为污名化而发生调整的。

污名是一个包括知识(无知或错误信息)、态度(偏见)和行为(歧视)在内的总括性术语,这些问题在许多方面影响着抑郁症障碍者的日常生活,例如,被孤立、就业困难、亲密关系的减少、寻求帮助方面的困难或延误以及更差的卫生保健条件等。总体而言,污名是精神健康问题患者社会康复的主要障碍之一。包括新闻媒体在内的大众传播提供了基本框架,人们通过这些框架来认识和理解当代世界。不幸的是,当新闻媒体以负面的眼光来塑造一个群体时,它会传播偏见和歧视。因此,无论是有意还是无意,大众媒体都成为使污名永久化的社会结构。如前所述,这种形式的偏见和歧视是结构性的。社会学领域继续对污名展开更为广泛的解读,继而为这个话题的探讨做出新的贡献,即发生在社会文化环境当中的污名化,其影响可以在个体表征当中被观察到。社会学家科里甘与马科维茨提出了"结构性歧视"(structural discrimination)这一概念,将污名描述成一种引发个体面临制度化劣势的遭遇,由此阐明社会、经济甚至是政治的权力层面在人类的生存语境当中塑造污名的路径。"结构性歧视"是对特定种族或性别的个体的一种制度偏见,其效果是限制了他们的机会;这种制度偏见对受影响人口的严重和长期有害影响包括自杀率上升、财富获得受到抑制以及获得医疗保健的机会减少。[2]

抑郁症报道媒体建构是否会在操作层面强化道德体验当中的病耻感以及作为具有道德身份的个体所承受的污名化程度?群体之中的个体所具有的道德身份,很大程度上是由身处的社会文化环境所决定的,然而保持道德身份又取决于社会义务是否履行、社会规范是否服从,具有污名化条件的个体事实上难以达到这些水准。由此,污名化对处在社会当中的普通个体而言,削弱了它们获取诸如财富、人际关系或生活机遇等事物的能力。试着去理解那些个体被污名

---

[1] 王晴锋. 正常的越轨者:戈夫曼论污名 [J]. 河北学刊, 2018, 38 (02): 188−194.
[2] Corrigan P W, Markowitz F E, Watson A C. Structural Levels of Mental Illness Stigma and Discrimination [J]. Schizophrenia Bulletin, 2004, 30 (3): 481−491.

所困扰的特殊的社会文化过程，具体于本书而言，即对抑郁症报道内容生产环节及媒体建构进行价值反思，是进一步抗击污名化负面影响的关键。

许多记者指出，他们在报道新闻时面临的主要压力来自变化的速度。在过去十年里，由于社会化媒体的移动互联网化和即时性，以及其普遍性和全天候的内容流通，变化的速度有所加快。正如新媒体编辑 ZQ 所解释的："我们虽然没有去'炒作'的压力，但压力在于要尽快获得信息。当然，我们肯定会犯错，但我认为问题不是在于哗众取宠，而是社会化媒体的速度太快，可能我们报道的消息在一些人看来只不过是在证实他们已经听到了的事情。"社会化媒体在平衡社会大众利益且保护故事主题的同时，必须解决的另一个问题是评论对媒体受众的作用。正如受访者 HMT 指出的："处理评论和互动也是很有挑战性的。一般来说，在线评论基本上都是尊重的表达。但是当有冒犯性、攻击性的评论比较突出时，我们会注意，这一点的审查不应该放松。"

除了将评论作为内容管理的一个方面，媒体工作者们还清楚地意识到，他们的报道可能会通过数字化的手段被搜索、复制和永久保存，这是他们在报道敏感新闻主题时所面临的另一个微妙的压力。正如记者 LJ 所说："互联网时代的一个问题是，我们报道的任何有关于抑郁症的新闻都将会永远存在，而且不是删除了就会消失的，比如百度快照什么的。当意识到这个文本会成为某种'案底'的时候，我会重新考虑故事里包含了多少细节，这会给我的决策带来压力，这也就更需要有经验的头脑。"

记者们承认，他们在这类报道中面临的一个关键挑战是，他们对心理障碍的了解有限。理解心理障碍的复杂性，保持对与故事相关信息的意识，把握主体的情感本质，对于完成抑郁症报道来说都是至关重要的。有记者如 DT 说道："我认为这当中仍然有一些东西是难以启齿的，因为人们不明白，人们多多少少有点儿害怕它，即使是解释这些情况也是困难的。揭开面纱，还需要对相关知识有更多了解。"另一位新媒体编辑 ZWL 所描述的可以看作补充："我觉得人们对抑郁症的认知是这样的，除非你身边的人有这个困扰，或者你自己有这个困扰，否则其实是很难共情的。人们通常只会看到那些随之而来的行为，而不是看到那些行动的人。单从我的观点来看，我并不觉得自己能够完完全全地理解它们，但是如果手头上有更多材料的话，我会更加理解它是如何发生的，以及究竟是什么驱使这些患者采取某些行为。一旦我进入分析，它会变得异常复杂和模糊，因为关于这些事情是否是精神问题所导致的结果，有相当多的争论。这就是我所面临的挑战。"受访者认为，知道如何写一个关于抑郁症的故事是一个巨大的挑战，因为这个故事当中的各个细节都应该准确，信息

第六章 建设性询唤：对抑郁症报道内容生产层面的讨论

丰富，对当事人的处境要保持敏感。

同样，除了对心理障碍的了解有限，记者们还认为，抑郁症报道还存在议程设置上的偏见。即在许多情况下，只有成功的故事被讲述，而正在进行的努力与挣扎却很少被报道。正如记者WYD所说："你只能通过采访那些已经突出重围、脱离苦海的人来报道，这当然是值得报道的，而且也很有积极意义。但是还有很多人并没有变得那么好，他们正在经历的脆弱没有被关注，我觉得这是还可以完善的地方。"尽管报道抑郁症的话题存在挑战，但记者们仍然表示愿意进行更多和更好的报道。例如记者HMT所说："虽然人们不免带着误解，甚至是羞耻心，但好处是这个议题本身是吸引人的，也是能被利用好的。我们应该多报道一些患有严重心理障碍的人，不要侵犯他们的隐私，也不要妖魔化他们。"

总之，记者非常清楚他们对抑郁症等心理障碍报道的态度比对其他报道更敏感。原因是出于对个人或家庭成员的尊重，以及试图减少病耻感和避免潜在的情绪传染影响。记者们指出，他们面临着一个两难的选择，是实实在在地报道抑郁症本身，还是用委婉的表达来保护人们的隐私。对于哪种选择更为合适，记者们没有明确的"规则"：在某种程度上，这种选择是由特定的环境决定的，报道的推进也是基于对社会大众利益和个人隐私之间平衡的理解。记者们将这种平衡与他们对受众感受和看法的期望联系起来。移动互联网与社会化媒体的发展趋势也对抑郁症报道的平衡产生了影响。

值得注意的是，媒体融合的大趋势下向移动互联网的转移，这给媒体工作者们带来了更多关于特定平台的独特挑战的问题，其中最重要的是"永远在线"的数字化内容生产方式。受众以评论的形式参与到抑郁症报道当中，这也使得记者更容易受到批评，他们对抑郁症报道变得更加慎重。对于意识到自己的报道可以在任何时间、地点和语境当中抓取到的记者们来说，在线发布的文本具有可复制性、可搜索性和持久存在性，这些也都成为抑郁症报道的考虑因素。

关于报道规范，受访的记者们指出，他们应该更加注意报道的各种细节。包括对抑郁症导致的负向行为的描述要有所取舍，并且要相应地提供人们可以获得干预或帮助的途径。针对这一点，记者们指出，他们对这些话题的了解程度是有限的。媒体希望和更多的机构加强接触，以应对抑郁症报道不断变化着的复杂性质，很多记者都表示愿意和心理健康方面的专家或组织建立更频繁和更持久的联系。为了实现这一目标，专家、机构和组织也需要弄清楚他们是否相信与媒体接触能带来更大的价值，以及他们是否理解媒体想要什么，以及这么做的理由。慈爱，关于抑郁症的报道经常呈现的是康复叙事，聚焦的是已经摆脱抑郁症的人，而很少留意那些仍然处在与疾病的斗争当中的个体。

尽管存在一些负面的报道案例，但通过访谈得知，媒体工作者在抑郁症的社会建构方面并不比其他社会群体对这一议题采取更为疏离的态度，他们也不认为在心理健康方面存在困扰的个体比普通人更加危险。有必要理解为什么一些负面报道会以某种方式出现，也许消极报道的持续产生是由于普遍存在的行业压力，这样的压力要求记者采用耸人听闻的角度或故事情节来获得竞争优势。然而值得注意的是，媒体在内容生产方面也在做出积极的改善，例如更多地呈现出抑郁症患者患病经历的个人叙述，让他们分享自己生活的故事，这些第一人称叙事是通过询唤来提高对内外部群体成员之间差异的认识、增强社会认同以及将这种共鸣转化为社会正义，来促进更为广泛的宽容和理解，从而减少污名。这些探索表明，在媒体专业人士努力提高报道质量的同时，更多的经验反思是很有必要的。

三、关怀性的应然期待：媒体的健康传播情感传达与人性呼唤

自然论认为，责任源于人性。作为人格和真正人性的体现，人类自然被赋予特定的责任，这些责任是与自然权利相对应的基本责任。与基于身份或社会契约的角色和责任不同，一个人必须承担一些主要的日常道义，如尊重人格、相互关心和帮助、尊重生命、保护自然等，不论他是何种身份、职业，以及属于哪个群体。这是基于人类赋予的自然权利的自然责任。中国传统文化中与自然状态最为接近的词是"道"，它作为一种独立于人类的客观存在，有着自己的规律，要求人类理性地追求和探索。"道"可以被粗略地认为是宇宙的流动，或者是自然界背后保持宇宙平衡和有序的某种本质或模式。它与气的概念有关，气是行动和存在的基本能量。它类似于西方学者的消极神学，但"道"很少是直接崇拜的对象，被视为更像印度教因果报应或佛法的概念，而不是神圣的对象。"道"通常被描述为自然的元素，特别是类似于水的元素。像水一样，它是无差别的、无休止的自我补充，柔软而安静，但非常强大，慷慨大方。道家哲学主要关注自然界的循环连续性，以及它与人类线性的、以目标为导向的行为的对比。在西方文化中，"自然"是一个含义丰富的常用词，意味着事物的完美状态、客观存在、事物本身的目的等。随着时间的推移，西方文化中的"自然"演变为自然法，自然权利和自然责任的理论也随之产生。自然责任的起源在于个体的人格，即一个个体作为人的资格。人性是个体本性的体现，如果个体的行为违反了人性，这意味着他做人的资格在一定程度上面临着丧失。

第六章 建设性询唤：对抑郁症报道内容生产层面的讨论

人类天生就被赋予特定的责任，这也被作为人格和真正人性的体现。

西塞罗在《责任论》中提出，世界上一切事物都是周而复始的，自然规律的必然性决定了连续的自然过程，具体目标是通过自然手段实现的。他称这种至高无上的力量为"自然"，相信它给人们理性，并指导人们的行动。[①] 因此，每个人的生命都与自然息息相关，是由自然规律的必然性所决定的。道德是使人的心灵与"自然"保持一致的力量，道德的善是根据"自然"而存在的，他还结合罗马社会的现实，强调人的社会责任和道德义务：善良、慷慨、同情、同情、体谅他人是人的自然美德责任。人类应该和睦相处，善待他人。西塞罗认为，自然赋予人类两个特征：一是普遍性，一切道德和尊严都源于普遍性。只有这样，我们才能清楚地界定我们的责任；二是分配给每个人的独特性质。西塞罗进一步阐明了大自然赋予人类的责任：自我保护和避免危险；社会共存需要相爱和互助；遵纪守法；不伤害他人和保护公益的正义。

这让我们回到抑郁症报道中移情的困境。当一个关键的叙事策略可能引发与预期相反的反应时，记者们该怎么办？对大多数优秀的记者来说，很明显：一些好的故事不是通过强调情感，而是通过冷静和巧妙地整理事实和细节来引导参与。

情感移情指的是用适当的情感对他人的精神状态做出反应的能力。我们在情感上产生移情的能力是建立在情感传染的基础上的，即被他人的情感状态所唤醒并影响。情感移情又可以细分为两个等级：首先是纯粹的移情关心（empathic concern），即对他人遭受的苦难表示同情和怜悯以回应他人的痛苦；其次是反身式的苦恼（personal distress），即以自我为中心，对他人的痛苦感到不安与焦虑。婴儿对他人痛苦的反应是使自己感到痛苦，只有当他们两岁的时候，才会开始以其他的方式回应他人的痛苦，例如帮助、安慰或分享。[②] 认知移情指的是理解他人观点或精神状态的能力，也被称作"心智化"（mentalizing）。心智化是一个过程，通过这个过程，我们在主观状态和心智过程方面，含蓄而明确地理解彼此和我们自己。这是我们头脑中一个深刻的社会结构，我们关注和我们在一起的人的心理状态，无论是身体上还是心理上。情感和认知层面上的移情是相互独立的，即一个在情感上能够强烈移情的个体，不一定擅长去理解他人的观点。

[①] 齐延平. 论西塞罗理性主义自然法思想 [J]. 法学论坛, 2005 (01): 140-144.

[②] Zahn-Waxler C, Radke-Yarrow M. The Origins of Empathic Concern [J]. Motivation and Emotion, 1990, 14 (2): 107-130.

媒体工作者可以通过在采访和叙述事实中融入心理技巧，发挥移情的作用。精神病学教授卡尔·汤姆谈到了治疗性访谈（therapeutic interview）是如何推动改善偏见认知的建设性工作的，这使得他提出的主张成为媒体工作者们推动建设性变革的理想选择。治疗性访谈侧重于心理咨询的微观技能，包括如何开始和保持一段咨询关系，如何通过解释和反思技能来培养同理心，如何使用问题来设定适当的干预目标，如何有效地结束谈话，以及需要利用访谈对象的优势来加强心理咨询的效果。① 根据治疗师的意图和假设，他提出了四种不同移情程度的话题导向。

最基础的是线性导向（lineal），指的是所谓的还原论和因果关系问题。当进行新闻报道的时候，媒体工作者的行为就像一个侦探或调查员。例如为了详尽地报道抑郁症产生表面所包含的案例性问题，媒体工作者可能会以传统的"5W"进行发问，即"是谁？""发生了什么？""什么时间？""在哪里？"以及"为什么？"这种提问方式有一种比较保守的效果，通常会强化现有的信念，它能唤起个体的防御意识，使得信息来源变得至关重要，也促使人们更容易做出负面判断。

其次是反身性导向（reflexive），和线性导向相比，这是一种更不直接的方式。当媒体工作者对故事提问的时候，他们就像人类学家那样充当向导，目的在于鼓励个体调动解决问题的各种资源。新闻报道所提出的问题是指令性的，但是以一种更为微妙而非控制性的方式呈现。例如："如果你和你的朋友们分享你的苦衷，你觉得他们会怎么做？"这种设问方式可以使得个体能够重新去评估问题，并且接受新的看法指引。这些新产生的可能性或者是潜在的解决方案，也成了媒体工作者在报道当中收集和使用的信息的一部分，并因此传递给新闻的受众，使得更多的人有机会接触到这些想法，从而促进更多的合理意识以及潜在的积极行动生成。

第三种是循环性导向（circular）。当对事件进行探究的时候，媒体工作者表现得像一名科学家，想要有所发现。在这种导向之下，问题的选取更加不带有偏见也更容易接受，目的是寻找阐述的模式或事件相关元素间的联系。例子可能是："过去发生过类似想寻求轻生的冲动吗？""后来发生了什么事？"这样的问题设置方式有一种解放的效果，在这种方式下媒体工作者可以促进对话和交流，让个体能够作为参与性的主体意识到事件个元素彼此之间的联系和模

---

① 刘志浩，李小宁. 信息、动机、行为技巧模型在行为干预中的应用研究 [J]. 中国健康教育，2016，32（08）：733-735.

式，并从一个新的角度去审视自己的处境。

移情程度最高的是试图对受众施加影响的战略性导向（strategic）。当媒体工作者进行报道的时候，他们表现得像一位船长尝试着确定并引导航向，设为意图在于持续地影响每一个人，例如："你能看到现在的心理危机是如何影响到中产阶级的吗？""在这样的社会处境之下，作为普通人可以为抑郁症做些什么呢？"这种风格导向会产生一种约束性的效果，在这种情况下，个体能够被调动的资源是受到控制的。

在中国社会还存在对心理障碍的污名化现象。2012年，世界精神医学协会在中国对年龄介于26岁到45岁之间的13000人进行了访谈，其得出的研究结果认为有超过45%的人选择不主动接受相关的治疗，即使他们患上了抑郁症；即便是在那些愿意接受治疗的样本当中，也仅有18%的人会选择求助于专业的精神科。人们对于被诊断为抑郁症的这件事还存在病耻感，甚至在对医生做出最终判断时仍然还有自我怀疑和继续周旋的意图。[1]

当个体的疾病经历融入文化的建构与想象当中的时候，疾病就作为一个隐喻出现了。疾病与治疗的主题已经成为爱情和死亡之后的永恒主题，书写疾病也不仅仅是对个体的生活经历与痛苦的陈述，也与人们对社会现实的想象相对应。疾病作为一种隐喻正日渐渗透知识精英的话语表达，并转化为一种文化实践的行为。

从整体上来看，在抑郁症产生的社会结构方面，中国社会和西方社会面临着相类似的时空变迁与个体化的处境，甚至在经济发展的进程当中还需要面对更大的压力，依然具备了抑郁症生成的社会基础。然而在对抑郁症的社会建构方面，其生成的条件还不充分，抑或被隐藏。如果医疗供给一侧与需求一侧的社会建构符合了条件，势必会有更多的抑郁症障碍者被去隐蔽化，其社会可见度将进一步提高。

我们不得不思考，在心理学和病理学的话语建构中，"抑郁症"作为一种心理和生理状态，是如何被简化为一种简单的"疾病"，使参与其中的个体逐渐失去权力。一方面，在现代社会的结构变化下，人们逐渐放弃了对情感和精神状态的主动，这就相当于放弃了一部分时间来对抗生活的复杂性和丰富性；另一方面，当人们在疲惫的状态下寻求医疗，不惜一切代价保持健康时，这种健康崇拜也会带来另一种疾病和死亡——因为简单化的生活缺乏活力和目的。

---

[1] China Daily. Survey Reveals Overwhelming Susceptibility to Depression Reluctance to Seek Help [EB/OL]. 2012-07-13.

毕竟，生命的内涵远远超出了生物学的功能，它也超出了医学或心理学的论述范围。无论我们是从自我管理的角度还是从社会批判理论的角度来看待抑郁症，我们都必须承认"公共"和"私人"仍然是两个最终难以联系在一起的领域。现代社会的变化或压力，以及每个人的真实经历、家庭关系以及生活过程中不可预知的因素都在发挥着影响。

从印刷媒体到数字媒体的介质转变，真的会影响我们对于新闻当中的人物产生移情的能力吗？这又将如何改变新闻业？研究表明，人类的大脑天生具有移情的能力，当我们攫取到更多关于他人的信息时，移情反应会增强。叙述在很大程度上以同样的方式激发起人们的同理心，这就是为什么叙述具有影响人们的思想并激发人们付诸行动的力量。同样也有研究表明，随着人们的阅读习惯逐渐转移到屏幕上，阅读时间和注意力的投资可能相应地会减少；最终，时间和注意力的减少会影响到人们对于故事中人物的移情程度。在这一节中，我们将从结合移情、行为和大脑的科学研究开始，然后展示叙述是如何激发共鸣的，最后将探讨数字阅读可能带来的效果，阐明数字媒体对移情的潜在影响，这可能对新闻业的未来产生深远的影响。

本章小结

对于抑郁症报道媒体建设背后的传播责任，研究的必要性主要体现在两个方面。一方面，传播责任失范现象层出不穷，这并不排除产生不良社会影响的可能性；另一方面，新闻传播者自身在信息生产过程中所面临的角色冲突甚至利益冲突也反映了这种不平衡。这些责任冲突是他们行为选择的困境。反思抑郁症报道媒体建设背后的传播责任价值，有利于信息生产主体更积极地判断和平衡责任，从而形成伦理智慧，做出负责任的传播行为。

至于挑战，首先，信息的传播和分割使得发送者和接收者都难以筛选数据。一方面，精神健康相关报告的传播者还不完全专业。在传播者健康素养有限的情况下，网络信息的超链接和同质化会给信息筛选带来障碍，甚至给心理健康报告带来虚假信息。另一方面，受众是新媒体环境下信息使用的主体和参与者。大量的健康信息和真实性交织在一起，挑战着受众的判断力。新媒体独特的参与模式，如转发、评论和互动，常常促使人们向健康信息的广阔空间发布更同质的信息。其次，营销影响心理健康公共服务。就像医疗营销内容对传统媒体的影响一样，新媒体也以健康的名义充斥着大量的营销内容。相关信息

第六章　建设性询唤：对抑郁症报道内容生产层面的讨论

仅旨在促进医疗产品的销售或增加社会医疗卫生机构的页面浏览量。因此，健康传播本身和外部传播环境都受到经济因素的影响，健康传播的公共服务取向在一定程度上被弱化。最后，抑郁症报告不可避免地面临着数字鸿沟的问题。虽然新媒体传播信息的聚合具有明显的优势，但是用户可以通过搜索健康信息和网络服务来满足他们的需求。然而，由于教育水平和媒体技术掌握水平的差异，公众无法理解和参与最高效和高质量的在线健康信息搜索，因此很难通过新媒体获得有价值和相关的健康信息。数字鸿沟的存在使得许多健康报道不得不关注那些无法通过新媒体群体获得健康信息，也无法在更广的层面上满足需求的受众。

被采访的记者不愿意报道抑郁症的新闻，但是他们有明确的标准来判断抑郁症相关事件的新闻价值。最有可能被报道的抑郁症事件通常符合三个标准中的一个或多个：首先，它发生在公共场所，扰乱人们的健康生活；其次，它涉及公众，如名人、艺人或官员；第三，它涉及谋杀或自杀等与生命有关的道德纠纷或刑事犯罪。然而，我们也可以从采访中观察到，记者在运用这些标准时，也不断面临着回避所谓"窥视欲"与保护公众知情权之间的矛盾和冲突。

记者在处理此类事件时将面临一系列道德选择。对记者的采访表明，他们可以找到足够的理由来支持对抑郁症相关的新闻事件的报道。这些事件植根于新闻价值标准和公众知情权，具体事件的新闻价值难以质疑。这些报道不可避免地也会引起人们对不具代表性和耸人听闻的事件的关注。对于记者来说，当涉及公众时，抑郁症似乎具有可报道的价值，但需要考虑的是，他们的经历或多或少会影响到其他人。当抑郁症涉及道德争议或与生活相关的刑事犯罪时，比如谋杀或自杀，它也反映了新闻的价值。然而，它也需要更具体和实用的报道标准和建议，以指导记者在规定的范围内更适当和可靠地处理信息。

在古代社会，信息是封闭的，媒体是唯一的精英特权。在当今媒体社会，教育的普及和信息获取的便利导致了新闻媒体的异化。一方面，为了提高阅读水平，新闻媒体制造了"世界上无时无刻不在发生大事"的假象；另一方面，公众发现可以利用新媒体让其他人听到自己的声音，甚至改变事件的方向。结果，压倒一切的痛苦、恐惧和新奇最终被公众消费，留下了越来越麻木的道德意识。

个体媒体工作者生活在特定的社会和文化环境中，有自己独特的道德和社会身份。因此，媒体工作者通常在特定的社会、文化或道德环境中行动，这也意味着特定的社会习俗将不可避免地限制他们判断抑郁症作为报道对象的标准。专业性确保抑郁症报告中陈述的事实是正确的和符合语境的，使媒体工作者严格质疑其遇到的意见和假设，使用资源和技能来展示他们所能传达的全部真相，并高度重视他们收集和核实的信息。媒体工作者应该尽最大努力确保抑郁症报道中的每件事都忠实地反映现实——从最小的细节到有助于看穿新闻的重要背景。当然，错误有时是不可避免的，这就是为什么许多媒体工作者认为他们应该在公开报道抑郁症之前系统地、严格地回顾他们所掌握的事实。准确性在新闻话语的真实性中起着特别重要的作用，因为它迫使记者不仅要根据事实进行报道，还要检查所呈现的事实是否真实。

鉴于新闻制作背后的责任冲突，媒体指导应适应传统媒体和网络媒体各自的特点。数字网络媒体具有信息传输速度快的特点，伴随而来的是信息检测和控制难度较大。尽管网络媒体与传统媒体在类型和风格上存在差异，但以往关于传统媒体对抑郁症报道影响的研究结果也有助于网络媒体的预防工作。从数字网络媒体建设的潜在作用中吸取的经验和教训，对于在传统媒体的内容运作中开展信息化干预和预防也具有借鉴意义。

解决新闻制作背后的责任冲突需要共同努力，包括通过撰写既引人注目又有新闻价值的报道，指导记者如何实现指导建议设定的媒体建设目标，同时，负责任地将提高公众健康意识放在首位。无论是从共识性报道标准还是从减少报道负面影响的职业道德要求来看，都离不开媒体工作者对抑郁症报道的媒体建构的理解。

媒体对抑郁症的不当报道会降低有精神健康问题的人的自尊水平，阻碍寻求帮助的行为，从而对他们产生不利影响。媒体可能会通过强化常见的刻板印象来增加抑郁症障碍者的耻辱感。此外，媒体对心理障碍的描述加剧了普通大众的恐惧、敌意和不容忍。然而，必须认识到，媒体也可以成为抑郁症障碍者的强有力的盟友，帮助挑战偏见，发起公共辩论，传播关于精神健康问题患者的积极故事，这符合人类的利益。因此，媒体专业人士的反污名干预努力可能会显著改变这一困境。

结 论

在过去的几十年里，新闻媒体已经成为一个急需树立道德准则的专业场域。尽管新闻与传播本身在不断发展，一个多学科的移情指引也在不断发展，这个指引包含了优秀的抑郁症报道必不可少的要素和原则。媒体工作者应该在他们的工作中反映出一种任何制度都尊重且依据的原则与伦理：许多人的生命、自由和幸福必须得到保护。询唤理论对人类进化至关重要，对媒体也至关重要的基本真理是：这个世界需要更多的见证人，人们必须缩小个体与他者之间的距离，个体在任何交流中所带来的个体特征和主观能动能力都会影响我们所创造的东西以及我们成为什么样的人。作为心灵、思想、精神和身体的主体，我们是复杂的；当每一个个体全身心接触媒体的时候，我们会更加意识到我们所处的环境并与之紧密相连。我们的方法必须反映我们的构成。

当媒体工作者努力追求有同理心的抑郁症报道时，讲故事的人和故事的主题都会升华。一个没有同情心的媒体工作者是一个冷酷的从业者，就像一个技巧可疑、对病人态度恶劣的医生一样。将同理心作为一种工具，打开沟通的管道，让数据有足够的灵魂，并以应有的方式讲述故事。站在悲剧的边缘，同情那些受影响的个体，最好的媒体工作者都会努力陷入这种境地，利用他们的同情心，让原始的情感通过他们的文本传递。这并不容易，也不总是令人愉快的，但它带来了一种理解的叙事方式，不仅能吸引受众，而且让他们和其他个体在一起，沉浸在故事中。同理心并不意味着被内卷化或成为偏激的一分子，受众个体必须发挥其主体意识，能够将作者的解释以及自己的解释与可证实的事实、有力的来源和未经过滤的观察联系起来，促成信念、目标和希望的融合。见证的需要，即一个个体应该对另一个个体有感觉的义务，驱使着许多媒体工作者。媒体工作者现在和将来都应该是人道主义者，他们能够通过自己的工作减轻他人的痛苦，促进全社会的观念变革。

一、总结性结论：抑郁症报道通过询唤强化主体身份，促进行动干预

意义交换是抑郁症报道健康信息干预的传播本质。传播是人类交流和交往的核心，这是我们交换信息的方式，它也意味着我们的表征能力。传播学者詹姆斯·凯瑞认识到传播具有一种工具性的作用，例如它帮助一个人获得知识；但它也履行着一种仪式性的功能，一种反映人类作为社会群体成员的功能。因此，传播可以被定义为共享意义的符号交换，所有的沟通行为都有某种传递和仪式的成分。

询唤，在阿尔都塞看来，即意识形态把个人呼唤或传唤为主体。意识形态最根本的范畴——其他所有意识形态范畴及概念都建立于该范畴的基础之上——就是"主体"。在每一种意识形态中，主体被预设为一种模型或典范，意识形态国家机器中的个人在此基础上理解自己并行动。根据先于他们的想象性主体建构他们的自我理解，个人开始像这个主体一样思考自己并且行动。从作为话语结构的受众这点来说，意识形态的主体或话语的主体未必是真正意义上的主体，"个体"概念更多强调人的自然性，而"主体"则是在主控阶层的意识形态询唤下具有自我统治意味的、更符合社会规约的人。话语所建构出的是虚幻的，或者说是拟真的主体，建构出的更是一种成为主体的感觉。

基于询唤理论作用机理的三个元素，我们认为，抑郁症报道对障碍者主体性的建构主要体现在三个方面：抑郁症报道通过镜像复制、主动归顺和关系再生产，对个体疑病及自诊倾向、个体自我归类的倾向和个体健康动员倾向三个方面进行了建构。

抑郁症报道通过镜像复制对个体疑病及自诊倾向进行建构，具体体现在激发疑病意识的主体点化、提供测量指标的符号强化和诱导业余诊断的现实变异这三个环节。

第一个环节是激发疑病意识的主体点化。首先，抑郁症报道对易感性个体与患者的概念进行了形塑，使得疑病的主体产生；其次，抑郁症报道通过对症候进行模糊化处理，以刺激人们的信息检索诉求，使得疫病的感知泛化；最后，抑郁症报道利用障碍者的自恋式投射强化主体层面的自我实现预言，令能指放大。

个体在镜像的反射之中看到自己的主体形象，这一点在抑郁症报道当中，可以体现于障碍者通过抑郁症报道产生疑病和自我诊断，将自我投射于报道的话语之中做对照。在镜像复制的阶段，将视角置于抑郁症报道中的疑病与自我

诊断，需要注意到的干预应对措施在于重视作为个体防御机制的易感性。开启询唤的这个过程也构成了人们后来确认主体性的认同模式，也就是说不仅仅是对于自我的认同，主体对任何对象的认同都是一种期待的、想象的与理想化的关系；个体有时会在后来发现，之前的认同是一种误认，于是主体性的认同与破灭就构成了一种不断重复的轨迹。模糊地提到了问题但丝毫没有讲清楚，反而容易使个体将自身的焦虑泛化，运用非常不具体的解释策略来对自己的思维方式作出判断。个体要想成为一个成熟主体，其意识行为和生活经验必须与一些象征性的和真实的事物在某种程度上相协调。在镜像复制的询唤阶段，真实的自我与想象中支配自己的幻影，往往是一体化的。这个时候，本真的能指成为他者，而主体的无意识则成为他者的话语。镜子中的那个像，可以被看成是主体在形式上的定格，即实体的对象事实需要去认同一个异化的形象身份，并在认同的过程当中发生对真实的自我的意识；自恋式的投射，也就使得能指不断地放大。自我实现预言意味着某人"预测"或期望某事的社会心理现象，而这种"预测"或期望之所以成为现实，仅仅是因为人们相信它会成为现实，并且他们最终的行为与实现这些信念相一致。

第二个环节是提供测量指标的符号强化。首先，抑郁症报道通过描述个体对自身状态的未知唤起个体自我归因的需要，使得先验期望作为测量的前提；其次，抑郁症报道通过描述可能存在的迹象唤起个体自我表征的需要，使得躯体对应成为测量的实质；最后，抑郁症报道通过激发侵入性思维唤起个体的自我防御需要，使得强迫复检作为测量的后果。

抑郁症报道通过将健康与疾病作为理由，对人类行为做出规范，以符不符合规训的事物来判断是否被贴上"疾病"的标签，继而被强制接受医疗介入。还有一些具体的情况是，人们无论是资源，抑或被医师即医疗体制所迫，最终要接受一种患者的认知，即自己原来并非患者却成为患者，或者说是自己有可能成为"潜在的"患者，这种认知引导着人们自愿接受医治行为。疑病被归类为一种个体将其主体性的躯体放大的障碍，甚至可以说是一种感知和认知层面上的紊乱，包括对身体或精神状况的高强度警惕，以及对其最为初始的器质性感知做出消极反应的倾向，而这种反应又会进一步地削弱人的身心体质。这表现在许多方面，有些人会产生很多强制性的想法与身体感觉，促使他们产生更多的自我表征需要。许多疑病的个体会经历一个侵入性思维的循环，从而诱使强迫性的检查。一些个体则非常害怕任何关于疾病的提醒，以至于他们会因为一个看似很小的问题而避开专业的医疗人员和医疗信息，有时候甚至会在一个严重的疾病可能存在且未被诊断时有意忽视其自身的健康状况。还有一些个体生活在绝望和沮丧当中，他们确信自己的生命受到了不可估量的威胁，没有资源可以对他们产生帮助意义，甚至认为疾病是对过去的不端行为的惩罚。

第三个环节是诱导业余诊断的现实变异。首先，抑郁症报道将个体从镜我观照引入社会审视，确立自我诊断的合理性；其次，抑郁症报道可能引发的判断偏差会动摇自我诊断的准确性；最后，抑郁症报道可能削弱医嘱，对专业治疗的依从性带来挑战。

标签化如同有人告诉个体正在感觉或体验的事物是有名字的，它以一种权威的象征使之合理化，在某些情况之下通过提供一种"清晰性"来给予安慰。从这个角度来看，抑郁症的媒体报道似乎使个体对自己的理解变得复杂。媒体的抑郁症报道为有好奇心的疑似患者个体提供各种疾病的简要概述，或者提供更为详细的信息，以帮助需要被诊断的个体理解疾病。然而，媒体的抑郁症报道文本中提供的诊断指标通常不考虑发病率、患病率或相关的风险因素，这可能会导致用户怀疑相当罕见且不太可能的疾病是他们感到异常状态的根源所在。普通个体缺乏基本的医学知识，仅通过判断和利用媒体和互联网上的健康信息很难做出准确和正确的诊断，特别是对于以抑郁症为代表的精神健康障碍，因为它们通常具有高度的主观性和模糊的症状。所以一方面，通过对症状和病史的肤浅分析而获得诊断与治疗建议，这个过程的科学性与全面性是有待商榷的；另一方面，媒体的议程设置对于可能存在的患者个体而言又有很强的导向性，这种询唤虽然提高了个体对自身予以关注的积极意识，但也很有可能会导致误诊和误治，贻误了病情从而造成不同程度上的损失。

抑郁症报道通过主动归顺对障碍者自我归类倾向进行建构，具体体现在促使身份指涉的个体觉知、划分群体范畴的群体招募和引导个体融入群体的去个体化这三个环节。

第一个环节是促使身份指涉的个体觉知。首先，抑郁症报道通过凸显障碍者与其外化的意识形态身份来生成身份框架；其次，抑郁症报道通过强调障碍者与其内化的自我身份认知来生成自我图式；最后，抑郁症报道通过将意识形态身份与自我身份认知杂糅来生成一种存在性焦虑，促进个体自我归类。

身份突出是指不同身份和个体之间的关联程度，社会状况会影响身份的突出。由于权力地位、职业特征、性别差异等的不同，个体在社会中扮演不同的角色。这些不同的角色将内化为不同的自我身份，而这些不同身份的整合构成了个体的完整自我。抑郁症报道通过以不同的话语形式呈现自我概念的身份建构行为来实现这种角色的突出。在抑郁症报道当中，身份往往成为文本当中极为突出的人设指称。个人在社会中扮演不同的角色，因此，个体将不同的部分内化为他们自己的身份。随着个体角色的增加，他们会形成相应的身份。所有身份的整合构成了个人的整体自我，这反映在各种人格的功能过程中。个体感知到的安全感来自对社会环境的熟悉和认同以及持续的行为。然而，抑郁症报道也让个体意识到，社会的快速变迁产生高度的不确定性，一些不可抗拒的环境更替以及行为调整都增加了个体产生存在性焦虑的可能性，甚至继而引发生活失序的状态。

第二个环节是划分群体范畴的群体招募。首先，抑郁症报道通过描述某种共通的日常生活依归来构建群体实体性；其次，抑郁症报道试图对群体进行特定描述来建构群体类属感；最后，抑郁症报道通过提供某种群体社会比较来建构群体的聚合力，促进个体自我归类。

个体需要属于或依赖群体是人类社会性的表现。个体对群体的归属感，属于构成群体凝聚力的基本要素。这种体验使话语机制的正确运作不仅停留在想象的层面，而且存在于日常生活中最琐碎的事物之中。当抑郁症与特殊群体挂钩的时候，出于各种考量，问题本身会产生更深一层的敏感度，因而使得该群体被视为不同于其他群体的独立实体；这种变异性所反映的是群体实体性可以理解为该群体所感知的相对独立性，这种相对独立性决定了一个群体及其成员被人们的印象所表征的基本情况，从而影响了人们对该群体的理解和判断，在群体认知中起着更为关键的作用。抑郁症报道继而通过这种类型分类，使得群体的刻板印象在个人的头脑中变得更加突出。这导致个人根据群体规范思考和行为，从而产生对整个群体的吸引力。

第三个环节是引导障碍者融入群体的去个体化。首先，抑郁症报道通过强化群体实体属性来抹去个体的个性差异；其次，抑郁症报道通过分散角色压力来诱使个体投奔群体；最后，抑郁症报道通过增强利他主义取向来涵化主体对群体内他者的移情关注。

抑郁症报道明示或暗示的"象征性现实"对于个体了解和领会现实世界造成着复杂的影响意义，因为报道的某些群体倾向特征与客观存在的实际现实之间存在着偏差。这种群体影响不是短暂的，而是一个长程的、受到熏陶的、涵化的阶段，它在浑然不觉里牵制着个体对病症的看法。当个体从个体身份显著性转变为社会身份显著性时，个体身份将被抑制。个体不再认为自己在群体中是独特的，而是作为社会群体的一员，不再关注"我"，而是关注"我们"。经历去个体化的个体通过感知他们的身体感觉、感觉、情绪、行为等，感到脱离了自己。媒体的抑郁症报道可以通过强调纠正不公正对所有人的利害关系，记录不平等、歧视和边缘化的系统性原因，呼吁人们不仅关注自己身边的生活遭遇，还要关注更广阔的社会生活，因为实现社会公正需要对超越自身或群体内部利益的更大利益的承诺。不管移情的起点是什么，它的存在预示着受众可能会替代性地体验抑郁症报道中的人物所表现出的情感。移情是一种能力，指的是能够从他人的参照框架中理解他人的经历或感受，也就是说，能够将自己置于他人的位置，设身处地地为他人着想。移情的定义涵盖了广泛的情感状态，包括关心他人和有帮助他人的愿望、体验与他人情感相匹配的情感、辨别他人的想法或感受，以及减少自我与他人之间的差异。

抑郁症报道通过关系再生产对障碍者健康动员倾向进行建构，具体体现在促使身份指涉的个体觉知、划分群体范畴的群体招募和引导个体融入群体的去个体化这三个环节。

第一个环节是抑郁症报道通过折射交流意向来建立主体性关系。首先，抑郁症报道通过在个体间建立具有表意联系的意向性交流来奠定关系基础；其次，抑郁症报道利用文本对主体的直接传意和间接说服来形成显性祈使与隐性施为；最后，抑郁症报道通过意动叙述框架激活共同意志，增强主体互助的意识，建立主体性关系。

抑郁症报道所体现出的媒体符号形式，其产生和接受，无疑是一个发生在结构性社会背景中的过程，即它是在特定的社会历史背景和过程中产生、传播和接受的。抑郁症报道文本中所包含的话语、图像，及其所指涉的行动与意义，通过许多策略来建立、协调并巩固各种现实存在的关系。抑郁症报道在某种程度上反映着生产关系及其他各种社会关系的再生产，即主体自愿接受服从话语的安排，个体在经历了主体的镜像认知的结构关系和运行模式之后，形成主体之间的相互认知机制。意动性便生成于一种"我能"之上，这种能动在于符号文本传受主体之间的中介作用，是言语表达能力与身体意向性的表现。媒体的抑郁症报道来说，其中的叙事与健康宣传，是为对潜在的风险恶化状况与企图自杀人群形成宣导与劝慰，避免在未来悲剧会进一步发生。基于意动叙述的契约性更要意识到，抑郁症报道的正向意义并不仅依靠媒体单方面灌输，而应该是读者的认知与意识所参与构筑的，他们亟须用报道文本来形成幻想中的未来，从而将自我效能感的转换付诸实现。抑郁症报道有可能提高社会大众对系统性风险因素的理解，鼓励社会大众支持不同层面的解决方案，并减轻通常由责备和妖魔化个体患者造成的和与之相关的污名。

第二个环节是抑郁症报道通过构筑理解契约来协调主体关系。首先，抑郁症报道利用人称代词深化主体的文本代入感，形成交互话语；其次，抑郁症报道借由一种拟纪实性来提供某种预付现实，提升主体的主观能动性；最后，抑

结 论

郁症报道通过一定程度上的情节留白调动主体对未来的期望值。

抑郁症报道对符号文本的接收者"你"的询唤式叙述的主格身份强化,利于形成对话意识,让阅读的对象进入文本语境;引导符号文本的接收者主动完成二次叙述,并把媒体呈现的抑郁症报道的内容与自己的生活场景对接,在情节余留之处想象自身参与或采取行动之后所能起到的建设性意义,这个信息性社会支持的作用机理是介乎文本与接收者之间的意动过程。个体化的悲剧动员是指新闻故事中的主人公定位为弱者和受害者,通过其悲惨命运形成叙事张力,通过情感的注入和内在视角的运用唤起读者的痛苦体验,从而引发情感共鸣。以个体的悲剧命运为样本,深入反思其背后的社会制度和机制,这是一种有价值的深度报道模式。"空缺"可以直接激发读者的想象力,在注意力资源匮乏的情况下,诱导读者填补情节。在填充的过程中,由于个体主要依靠自我的主观视觉,很容易产生自我替代的感觉,而情感自然也很容易被触及。对话意识体现在对"你"叙述的询唤上,参与意识体现在可供填补的情节留白上,二者共同将积极扭转结局的能力交到符号文本的接收者手里,产生信息性社会支持,实现社会关系的再生产。

第三个环节是抑郁症报道通过强化情感抚慰来巩固主体性关系。首先,抑郁症报道在一定的特殊时刻进行行为干预,充当媒体情感介导的角色;其次,抑郁症报道通过语境式的情感构建和拓展倡导更有利于心理健康的积极行为;最后,抑郁症报道借由提供寻常化的信息性社会支持维护个体的日常情感。

抑郁症报道通过构建世界观并切实地帮助更多的人,这背后蕴含着社会支持的价值取向。社会支持,在广义上被定义为个体从至少一个他者那里得到的感知或实际支持,也被证明对幸福感有直接影响。新闻报道中所谓的心理干预,是指媒体可以通过探究人们的内心气质、个性和环境、面临的困难等具体因果关系,并借助引导、启发、转移、安慰等方法,帮助人们缓解心理压力,能够给予积极的心理重建,稳定情绪,促进心理健康。媒体报道在描述所有抑郁症病例后提供支持资源的信息。这些具体资源包括预防中心、危机热线、其他健康和专业福利机构以及自助团体,为寻求帮助而提供的信息应尽可能包括社会上能够提供高质量服务的机构,这些支持资源为那些正在遭受痛苦或认为自杀是解决问题的方法的人提供帮助。尽管媒体对抑郁症的报道不是针对心理障碍量身定制的治疗方法,但它也是一种信息性社会支持,致力于通过新闻文本引导健康的情绪、态度和习惯,从而提高人们的生活质量。

健康传播作为一种干预措施,旨在通过一系列有组织的传播活动,在特定时期内引导社会大众产生具体健康行为结果。寻求改变行为的大规模健康传播运动最早出现在18世纪的美国，其形式是尽可能地教育公众了解传染病和免疫接种的好处。1721年，在波士顿天花流行期间，科顿·马瑟牧师利用小册子和个人呼吁来推广疫苗接种。公共卫生运动的另一个说明性例子与新发现的知识有关，即结核杆菌引起结核病：结核病具有传染性，但可以预防。1896年，纽约市卫生部针对赫尔曼·比格斯提出的结核病报告，发布了一项禁止在人行道上吐痰的法令。卫生部门通过在公共区域张贴告示，警告随地吐痰传播疾病，帮助推动个体层面的行为改变。随后医院也加入了这项工作，张贴了宣称"吐痰=投毒"的标语。

改变行为的干预努力是传播行为。在采用传播学的观点时，有理由仔细考虑传播干预信息的渠道、该话语属于谁、受众如何反应以及影响最大的信息的特征等等。这些考虑反映了传播过程的基本组成部分，即渠道来源、接收者和信息本身。然而，在仪式观中，目标受众被概念化为社会化网络的成员，他们相互交流，参与社交仪式，并从习惯行为的制定中获得意义。

对抑郁症媒体报道干预的考虑来自这种传播的双重观点。首先是认识到传播干预不会陷入社会真空。取而代之的是，信息是通过个体和社会的视阈来接收和处理的，这些视阈不仅决定了人们通过选择性暴露的过程会遇到什么，还决定了他们从被称为"选择性感知"的交流中获得的意义，这取决于个体先前经验、信念、知识等多方面的因素，以及宏观社会人际关系、文化模式、社会规范水平等等。第二，预期传播效果和实际接收的信息之间存在差异是合理的。它们的出现不仅仅是因为干预方式本身的不同，还由于解码信息的解释不同。因此，仔细研究消息发送和接收时的对应关系对于避免意外，即更糟糕、更适得其反的影响非常重要。第三，传播是一个动态的过程，在这个过程中，信息的来源和接收者不断地交换他们的角色。健康传播干预的核心原则之一，是需要进行广泛的形成性评估、受众需求评估和信息预测等，这些还有待进一步探讨。

二、反思性结论：抑郁症报道应注重建设性报道属性，避免同情疲劳

媒体生态系统的无处不在及其伴随的文化，并不意味着人们的生活是由技术所决定的，但可以肯定的是，这表明人们对社会和新闻在其中的作用的理解，必须从日常生活入手。这一点尤为重要，媒体在日常生活中无处不在、无孔不入的本质，恰恰也使它从我们的主观意识当中逐渐消失，正如美国传播学者约书亚·梅罗维茨所指出的："具有讽刺意味的是，当媒体的影响最广泛的

时候，它所处的环境几乎是无形的。"① 梅罗维茨这句话基于对人们使用媒体方式的观察，尤其是媒体作为活动可以延伸到对媒体作为一种人工制品的考虑，即媒体在日常生活中无处不在的性质是它们从我们的积极意识中消失的直接后果。这种影响是极为深刻的，因为人类与技术，尤其是与媒体之间的关系越来越密切。

抑郁症报道既可以看作人们的媒介化生活的一部分，也可以看作人们作为个体的信息领域与周围和远方的其他人联系的一个主要组成部分。在这种背景之下，询唤理论作用机理下的抑郁症报道一方面从个体出发，注重于人们的个性定位与个体偏好，以及带有控制性质的算法设置，另一方面也在不断感召人们的主体意识，提醒着人们如何归属并适应自身周围更为广阔的世界。这一切的核心是情感，它激发了一种联系，情感驱动着人们与技术的关系越来越密切，也促进着人们与新闻和信息的接触，并激励专业人士在一个对出色工作没有可靠回报的行业当中追求职业发展。在不断变化的文化背景之下，随着人们的生活日益与媒体相融合，技术在日常生活中的无处不在，以及新闻与传播本身愈发不似曾经那般稳如磐石，我们认为这对于抑郁症报道来说既是挑战，也是机遇。

我们需要将抑郁症报道放置在一个充满情感的网络化环境当中。随着媒体和社会的变化与发展，情感在抑郁症报道的制作与消费中显得越来越重要。强调高质量的新闻报道和采编人员，始终以情感为核心，我们也意图阐明如何在抑郁症报道采编当中做好情感把握，并提倡与提供富有前景的理论化途径。

目前有三个因素促使媒体工作者将情感作为一种工具。一是经济层面的问题。竞争从未如此激烈，互联网意味着竞争对手无处不在，无穷无尽。对抑郁症报道的注意力转移比以往任何时候都更加直接。抑郁症报道总是伴随着情感，只不过如今的不同之处在于，情感的风格日益多样化，新闻参与的可接受性也日益增强，以及让受众参与进来的尝试变得越来越明显。随着广告收入的大幅度下降，媒体工作者们不得不比以往任何时候都更加努力地去争夺每一个眼球或耳朵。牵动心弦是一种久经考验的吸引注意力的方式，由于营销环境热衷于探讨所谓"品牌"与潜在的消费者之间的触点，媒体也应该将情感纳入考虑的范畴之中并创造与新闻消费相关的体验。

二是技术层面的问题。使用情感暗示有助于吸引受众的注意力，并延长他

---

① 何梦祎. 媒介情境论：梅罗维茨传播思想再研究[J]. 现代传播（中国媒体大学学报），2015，37（10）：14—18.

们的参与时间，例如一个有着画面感的故事会收获更多的流量，用会话语言所采编的文本也往往会提高询唤能力。一些公众号的标题也积极善用所谓"好奇心缺口"（curiosity gap）的策略来完善自己的文本。"好奇心缺口"指的是"人们所知道的"和"人们想要或者甚至需要知道的"之间的空间。如今，越来越多的抑郁症报道不再由媒体或公关机构发布，而是直接通过社会化媒体发布。媒体工作者不仅有责任上传和推广他们的抑郁症报道，而且还要学会用地图、信息图表或时间线等功能来丰富他们的故事。挖掘受众数据，创建内容创作的体例，战略性地识别特定的叙事类别以匹配读者的个体身份、意识形态和行为导向。从广义上讲，情感是在经过计算后所凝结而成的一种关系，是在交流当中产生活力的因素。

三是优化抑郁症报道与如何更好地理解人们的行为息息相关。我们从政治传播当中知道，人们是对情感作出反应的，而不是想法或事实，这激发了所谓"无事实政治"（fact-free politics）的兴起，例如特朗普等政界人士便巧妙地运用了这一点。"无事实政治"是一种政治文化，在这种政治文化中，公共讨论主要是由与政策细节无关的情感诉求构成的，以及对事实反驳被忽视的谈话要点的重复断言构成的。虽然"无事实政治"被描述为一个当代的问题，但一些观察家认为它是政治生活中一个长期存在的部分，只是在互联网和相关的社会变革出现之前不那么引人注目。[①] 抑郁症报道也不例外，在媒体工作者试图向人们推送新闻之前，需要了解到究竟是什么使得关心抑郁症问题的人们活跃起来。理解个体如何在个人及公共层面上与抑郁症报道产生联系，对于任何试图在新闻与用户建立关联的媒体工作者来说都是至关重要的。有时人们会有实际的或是专业的理由来寻找与抑郁症相关的新闻，但这也是一种情感反应。对于媒体工作者来说幸运的是，现在有了技术和数据可以测量这一过程。这不是让新闻选择受制于算法的请求，但其中的一个问题是，社会化媒体的算法与分享和互动中的情感相结合，往往会强化信息茧房和回音室效应，网络本身也是被编程的，遵循着人们的偏见。人们更青睐于和喜欢的人与事进行交流，而非那种充满挑战性的交流。在社会化媒体上参与高影响力的新闻，往往会强化一个非常特殊的观点，即对用户偏好建模建得越好，所构建的推送机制就越精准，越能吸引用户的注意力。在某种程度上，人们正在建立个性化的宣传类引擎，为用户提供让他们感觉良好的内容，并把令人不舒服的部分舍弃。

这是新闻从业者们的一种议程设置，他们所寻求的并不是对这种算法背后

---

① 胡泳. 后真相与政治的未来 [J]. 新闻与传播研究，2017，24（04）：5-13.

的情感驱动力,而是利用它的传播潜力。分享抑郁症报道素材有其功能上的原因,但对媒体工作者而言,人们消费抑郁症报道主要是因为它有用、信息量大且娱乐性强。在社会化媒体空间内消费和分享抑郁症报道的一个关键动机当然更多是个体层面的,个体在与他们所处的社会或更为广阔的网络进行联系,以一种充满感情的方式行事。虽然社会化媒体不能等同于社会本身,但媒体工作者通过社交网络与社会大众进行接触,也说明了这一职业的核心功能之一,即将新闻视为社会与自身对话的扩音器。

一些抑郁症报道通过耸人听闻、不断的"坏消息"、缺乏背景和缺乏解决社会问题的方法,助长了某种"同情疲劳"(compassion fatigue)的产生。"同情疲劳"是指那些帮助处于困境中的人或动物的人所经历的一种状态:这是一种极度紧张的状态,对那些正在被改善的个体的痛苦全神贯注,以至于会给帮助者造成二次创伤压力。许多抑郁症报道都被冲突和消极的框架所主导。从抑郁症报道的内容供给侧来说,新闻服务于许多传统目的,这些目的包括媒体工作者有责任提醒社会大众注意威胁,例如揭露腐败和社会不公,这些目的解释了为什么新闻故事往往是负面的和基于冲突的。此外,媒体工作者也更容易被戏剧性冲突吸引,新闻机构把冲突视为常规的、预期的,或许也是必不可少的,冲突和消极已经被确定为某种新闻价值,加上邻近性、影响力和及时性等其他价值,用来训练媒体工作者识别有新闻价值的信息。从抑郁症报道的内容需求侧而言,个体更容易沉溺于坏消息,因为负面事件或情绪对个体的影响比正面事件或情绪更强烈、更持久。美国传播学者卡伦·麦金太尔指出了消极性新闻的一些潜在弊端:"消极性报道会减少帮助行为,降低容忍度,降低对社区仁慈的认知,降低对陌生人的评价,并导致抑郁和无助。此外,消极性报道会导致对领导人的不信任。具体来说,与正面新闻相比,消极性报道会让观众感到情绪不那么稳定,更担心对自己的潜在伤害。"[1] 媒体社会学家迈克尔·舒森也指出,个人对报纸、新闻杂志和电视上的"严肃"新闻的兴趣正在下降。即使是那些仍然选择消费新闻的人,也因为感受到同情疲劳而脱离了新闻内容;在不断听到人类遭受的苦难后,受众会无动于衷。[2]

我们已经在许多抑郁症报道的负面案例当中看到了没有专业指引的报道如何利用人们的恐惧、焦虑和对稀缺性的敏感,甚至激起人们的愤怒和不公正

---

[1] McIntyre K. Solutions Journalism: The Effects of Including Solution Information in News Stories About Social Problems [J]. Journalism Practice, 2019, 13 (1): 16-34.

[2] Schudson M. The Objectivity Norm in American Journalism [J]. Journalism, 2001, 2 (2): 149-170.

感。我们也在社会化媒体上看到了它的作用，定向营销的力量导致模因的产生，这些模因是专为通过人们的情感来操纵他们而设计的。所有这些正在创造一个比以往任何时候都更加分裂、更加部落化的世界。这给媒体制造了一场危机，因为人们难以信任媒体工作者及其所做的工作。

情感可以帮助询唤人们的世界观，并借此影响他们的主体认知。也许在一个支离破碎、部落化的世界里，作为媒体工作者必须做的不仅仅是报道事实、理性地分析论点，并帮助传达情感上的理解，还在于需要提供移情即服务的新闻。有人可能会认为这是一件坏事，因为与媒体的力量相结合，情感似乎与理性不一致；它们会导致歇斯底里。然而，情感不一定意味着无知的暴民在论坛上匿名表达自己的偏激看法，情感也可以指那些参与讨论的个体，他们不仅仅是争论关于抑郁症的事实——他们显示出为什么他们对某一个话题感兴趣，他们害怕什么，他们希望什么。情感吸引注意力，并创造个体角色和读者主体性之间共享情感的相关性。然而，情感和抑郁症报道之间的平衡是微妙的。媒体工作者们一直在以客观的名义努力控制自己的情感，或者寻找合适的方式将情感融入故事中。一个好的故事不是告诉读者如何感受或利用媒体工作者的感受来代表自己的想法，而是提供细节，作为个体的读者可以用这些细节来做出判断，与抑郁症报道当中的人物建立主体层面的情感联系。

关于情感在抑郁症报道中所扮演的角色的争论也不是当下的时代所特有的。将危机戏剧化呈现，一直是大众媒体进行内容生产的一部分。传统的新闻价值观总是把独特的、不寻常的和引人注目的内容挑选出来，使得新闻本身作为一种奇观被呈现出来。如果抑郁症报道让人不觉得有趣、可怕，或是令人振奋，它也很难引起人们的注意。在这种情况下，抑郁症报道要想维持其不同于一般信息流的社会、政治和经济附加值，就必须重申其批判性、独立性和建设性的新闻价值，并以重新概念化的人类利益为核心，它必须建立在准确、真实和专业的新闻理念之上。这里的关键是媒体的核心功能之间的联系，即抑郁症报道、语境化和促进有关于心理健康与情感的公共讨论，即讲故事的动机是否建立在"积极的"或是"基于解决方案的"，成为新的考量。随着媒体的自我重塑与革新，它还必须提出这样的一个问题，即在这种环境下，如何才能最好地培育社会大众对于心理健康的客观性的渴望？这并不是让人们去知道什么才是最好的，而是把抑郁症报道与情感联系起来，与社会联系起来，运用积极心理学去创造建设性的抑郁症报道，并与社交网络上的分享文化联系起来。抑郁症报道必须摒弃"精英化"与"大众化"之间的错误二分法，而选择倾向于将公共社会的概念和精神与人们的日常生活与情感结合起来。

结 论

虽然抑郁症障碍者个体的世界观并不完全由传统媒体塑造，也可能由社会化媒体等影响因素塑造，但传统媒体在个体和社会利益方面仍然发挥着重要作用，媒体工作者也认为他们有责任准确地描绘世界。然而，纯粹以问题为导向的新闻生产风格时常与媒体工作者公平、负责任和尽量减少危害的道德责任不一致。因此我们建议通过引入和定义"建设性新闻"的跨学科概念来扩展抑郁症报道新闻生产的边界。建设性新闻（constructive journalism）是一种新兴的新闻形式，它涉及将积极心理学技术应用于新闻生产过程，以努力创造富有成效和引人入胜的报道，同时忠实于新闻的核心功能。

建设性新闻并不等同于所谓的"正能量新闻"。人们可以从许多媒体上看到振奋人心的乐观故事，但阅读正能量新闻更多的是为改善价值观念和情绪，而不是为了获得客观全面的信息。正能量新闻可以是高度感性化或娱乐化的，但缺乏一些新闻的核心功能，例如对客观存在的矛盾与实际影响的关注，这些通常是主流新闻所固有的东西。缺乏对传统新闻核心功能的超越，是所谓的"正能量新闻"与建设性新闻有所区别的关键之处。建设性新闻是将积极的元素带入传统的报道中，保持对准确性、真实性、平衡性和在必要的时候批判性的专注，但以一种更吸引人、更有力量的方式进行报道。例如，媒体工作者不纠结于一个回溯性的问题，而可以问一个侧重于解决方案的问题，这类问题倾向于促进合作而不是冲突。尽管相关领域的技术可以为建设性的新闻工作做出贡献，但积极心理学领域是建立在这样一种认识之上的，即心理学家传统上关注心理障碍的治疗，或者理解人们如何在逆境中生存和忍受现实，而忽略正常人如何在更良性的条件下茁壮成长，过着充实的生活。积极心理学的目标是研究、测量和应用促使个体和社会繁荣的条件，这个目标符合建设性新闻的最终目标——通过将积极心理学策略应用于新闻工作来改善个人和社会利益。

希望更有建设性地报道抑郁症的媒体工作者应该致力于在正面和负面事件与新闻报道之间进行更平衡的报道。美国传播学者哈罗德·拉斯韦尔曾将对威胁和机会的披露视为传播的核心功能。媒体工作者忽视了社会中出现的许多机会，这对社会大众是一种伤害。重要的是要指出，建设性的媒体工作者应该通过披露消极和积极的事件和问题来更准确地代表世界。丹麦学者凯瑟琳·吉尔登斯特将积极心理学引入新闻创新，缺乏积极心理学介导的新闻报道由负面情绪、糟糕的人际关系、冲突、异议、创伤后应激和受害等负面因素构成；相反，比如成就意义、良好的人际关系、参与、积极的情绪、创伤后的成长和恢复力能够为传统的抑郁症报道补益与赋能。[①] 传统上，媒体工作者们关注的是那些代表疾病的要素，他们通过选择问题来诱导偏见，从而歪曲了世界本应存在的样子；问题就像聚光灯一样，根据媒体工作者将光线导向的位置，人们可以看到并导航穿过灯火通明的区域。建设性新闻点明的是那些经常被蒙在鼓里的领域，这增添了更多的亮点，因为采访者的目标是同时看到一种情况的消极和积极的面向，而传统的抑郁症报道采访关注的是冲突和异议。

传统的抑郁症报道所强调的是冲突和消极倾向，这可能导致他们的判断激化对立的情感。随着新闻报道的风格已然变得愈发具有批判性或愤世嫉俗，这本来是一件好事，因为媒体工作者由此变得越来越挑剔，可信度也不断升高，但也存在走得太远而忘记为什么要出发的趋势。建设性新闻要求媒体工作者的行为更符合科学家或向导的标准，这可以使得他们更为全面地进行报道，对新的观点抱持更为开放的态度。这些采访和写作的方式可能会令媒体工作者和他们的消息源及受众能够从一个推动富有成效的变革的角度来看待已经存在的问题。当然，媒体工作者们已经在采取一些循环性和反思性的方式来制作他们的新闻报道，但大多是无意的或是随机的，少数的主流媒体工作者正在有目的地使用这些报道策略，这值得系统地加以解释并对其影响进行实证经验的考察。

提供关于社会问题的潜在解决方案的信息，是一种可以用来编写一个建设性抑郁症新闻故事的积极心理学技巧。虽然一些媒体专业人士可能会辩称说，考察社会问题的解决方案不是媒体的本职工作，但建设性新闻的主张建议，媒体在向受众提供关于矛盾与冲突等负面信息的时候，也应该及时向个体提供有效的方式，让他们参与阅读、聆听或观看的内容当中并且就此采取积极而有效的行动。此外，探索社会问题的解决方案的想法，也符合新闻所秉持的社会责任理论。该理论认为，媒体工作者在作出报道决策的时候，有义务考虑到社会的最大利益。媒体工作者在撰写报道的时候可以扪心自问这样几个问题：这个故事解释了作为社会问题的抑郁症的存在根源以及产生原因了吗？这个故事对抑郁症这一问题有没有相关的回应？问题解决过程是叙事的核心吗？

媒体工作者可以通过在报道抑郁症的过程中加入积极的情感（Positive emotion）、参与度（Engagement）、良好的关系（Good Relationships）、意义（Meaning）和成就（Achievement）来进行更有建设性的报道。心理学家马丁·塞利格曼提出了这五个可以被简称为"PERMA"的前提要素：关于积极

[①] McIntyre K, Gyldensted C. Positive Psychology as a Theoretical Foundation for Constructive Journalism [J]. Journalism Practice, 2018, 12 (6): 662-678.

结 论

情感，塞利格曼认为个体需要更多的积极情感而不是消极情感；关于参与，塞利格曼谈到找到自己的优势并加以利用，尤其是在困难或被动的任务中；在人际关系方面，塞利格曼建议关注个体如何一起感恩，而不是他们如何纠结于冲突；关于意义，塞利格曼指的是属于或服务于比自我更宏大的东西，他指出，当个体经历一个有趣的活动时，快乐的感觉不会持续超过那个有趣的活动，然而当个体经历利他主义时，从中获得的积极感觉是持久的；最后谈到成就，塞利格曼建议个体多为自己做些贡献。[①] 为个体和社会利益作出贡献是建设性新闻的一个目标，而积极情感是实现这一目标的核心。积极情感的运用是一种积极心理学技巧，可以应用到抑郁症报道中，使其更具建设性，新闻机构也有意使用这种技巧。但是，在讨论新闻机构如何使用积极情感之前，首先需要了解支持使用积极情感的心理学理论。前文所述的"扩展与构建"理论中提出，积极情感不仅是成功的指标，而且实际上可以产生和延续成功；即积极的情绪可以促进接近行为，开阔思维，甚至建立个体资源，以备日后使用。例如快乐可以激发创造力、挑战极限和玩耍的欲望；兴趣可以产生探索和吸收新信息的冲动，而自豪可以产生与他人分享成就和展望未来成就的冲动。积极的情绪还可以抵消消极情绪的负面影响，增强心理弹性，并引发向上的螺旋走向更积极的意义。如果在一次经历的高峰期和末期感受到积极的情绪，可能会产生更大的影响，因为个体会利用他们对一次经历的高峰期和末期的感知来评估整个经历。这些发现表明，积极情感可能是帮助建设性新闻故事实现激励和吸引读者目标的关键因素，在新闻报道中发挥更为积极的作用。例如，在一个既定的消极性报道故事中加入一线希望，会让读者感觉比只读消极性报道要好得多。这表明媒体工作者可以保持他们的监督功能，报道负面信息，同时通过加入一线希望来避免坏消息的一些负面影响。当媒体工作者选择在新闻报道中唤起积极情感时，即使是在报道固有的负面事件时，他们也能吸引读者。

关注各五个要素所构成的结构的媒体工作者可以接受一种建设性的新闻风格。具体地说，媒体工作者在构思抑郁症报道时可以运用这种结构。例如，当两个相互竞争的利益相关方在如何解决抑郁症问题上存在分歧时，可能会产生一个故事构思：一位不了解"PERMA"架构的传统媒体工作者可能会撰写一篇报道，聚焦于呈现利益相关方之间的不同观点；相比之下，考虑"PERMA"架构的媒体工作者可能会选择撰写一篇聚焦于利益相关方在哪些

---

① Abramson L Y, Seligman M E, Teasdale J D. Learned Helplessness in Humans: Critique and Reformulation [J]. Journal of Abnormal Psychology, 1978, 87 (1): 49.

方面达成共识，以及他们可能如何合作的文章，这将推动故事向前发展，并可能让观众感到比可预测的聚焦问题的文章更有希望。如果媒体工作者根据个人的优势和合作，而不是他们的弱点和冲突来发展抑郁症报道的理念，他们就可以分享进步和富有建设性的故事，而不是聚焦于灾难和绝望的故事。需要强调的是，为了使报道成为建设性的新闻，而不是纯粹的"正能量新闻"，报道应该具有很强的社会关联性，并坚持新闻的核心功能：充当监督者，向社会大众传播重要信息，准确地描述世界。

多方配合是抑郁症报道健康信息干预进一步发展其建设性价值的基础。大众媒体通过传播健康新闻、医学研究和健康政策，在传播健康新闻、影响公众的知识和健康信念以及最终促进公众健康方面发挥着主导作用。媒体对大众观点的影响如此之大，以至于有时人们会因为通过媒体了解到的最新的健康新闻而采用新的治疗方法。此外，媒体深刻影响医生、决策者和卫生专业人员的决策。健康行为尤其与更广泛的社会、政治和经济环境相关。建立在健康传播基础之上的媒体报道旨在改变健康的社会决定因素，不仅仅是个体的习惯或行为，还包括公共政策。如何更具有战略性地利用大众媒体及其工具，结合社区组织，推进健康的公共政策，为社会改革发出响亮的声音，使其与作为公共卫生假定基础的社会正义价值观产生共鸣，这些都是值得进一步思考的事情。鉴于媒体传播在人们生活中的突出地位，将公共卫生资源集中在媒体战略上是有利于公众健康的。这些战略利用媒体传播来塑造公众舆论和促进健康置于其活动的中心，通过使用媒体传播，可以以具有成本效益和可持续的方式发展公众健康。

在这当中，抑郁症报道可以试图去做的，包括将公共卫生和社会问题联系起来，而不是单纯与个体的缺陷联系起来；更多地去接触意见领袖和决策者，而不仅仅是那些公共卫生宣传运动的传统受众；与团体合作增加参与和扩大他们的声音，而不是单方面地提供改变健康行为的信息；试图去缩小权力差距，而不仅仅是填补信息差距，等等。

尽管新闻媒体的报道有助于将特定的健康问题列入政策议程，但在新闻媒体工作者和公共卫生专业人员寻求向公众传递健康新闻和信息时，他们之间存在某种疏离的关系。公共卫生专业人员和媒体工作者特别应该了解彼此的态度，以及他们对通过媒体向公众传播和转译科学信息的看法。公共卫生专业人员抱怨说，媒体工作者不了解他们方法的许多基础知识，包括对统计数据、概率和风险的正确解释；媒体工作者们认为公共卫生专业人员过于沉浸在深奥的行话中，无法解释他们的工作，也无法令人信服，而公共卫生专业人员认为新闻媒体对复杂的问题过于简化了。这些暗示了公共卫生界和新闻界之间的许多疏离关系，这种疏离关系是由于在界定什么是有新闻价值的问题上的差异、沟通方式的差异以及对媒体作用的看法的差异而产生的。

新闻媒体通常关注受害者的困境，而政策倡导者则强调造成受害者的社会条件。健康倡导者利用能引起广泛受众共鸣的公共健康价值观来制定政策问题。其中一些步骤包括将个体问题转化为公共问题；强调社会责任和个体责任的结合；确定必须为解决问题承担更大担当的个体和组织；提出清晰简明的政策解决方案；通过结合关键元素来包装故事，如视觉效果、专家声音、那些对问题有经验的个体的真实声音、媒体评论、研究摘要、概况介绍、政策文件，等等。在确定有新闻价值的话题时，媒体工作者通常会寻找那些可能吸引注意力的故事。新闻价值的原则包括广泛兴趣、地方的贴近性、个体视角、季节性、名人效应以及可以使故事更为有趣的视觉效果。例如，为了创造兴趣点，媒体工作者可能会寻找个人故事和个案，尽管这可能会扭曲只有在更广泛的统计背景下才有意义的研究结果。加剧这种疏离关系的是，公共卫生专业人员和政策专家很少接受公共传播方面的培训，媒体工作者也没有受过科学、医学和统计学方面的良好培训，也通常都没有接受过风险传播方面的训练。

媒体和公共卫生专业人员可以相互学习很多东西，这将有助于改善他们对公众的服务。第一，媒体和公共卫生专业人员的首要目标都是为公众服务，准确信息的传播是这项服务的关键因素。第二，媒体必须有一个可信的求证渠道来帮助确保信息的正确性；当媒体工作者面临报道时间的压力时，这一点尤其重要。第三，公共卫生专业人员需要承认新闻媒体的独立性。媒体试图为受众提供一个平衡的故事，必须小心不要只是作为特定群体信息的"载体"。对新闻界来说，合作与失去独立或合作的风险之间有着微妙的联系。此外，受众或更广泛意义上的公众并不是单一的实体；它可以被分成不同的群体，有不同的生命经历、文化传统和语言习惯。因此，有必要考虑不同的信息呈现方式，尤其是在处理风险的时候。

考虑到医学的敏感性，与健康传播相关的媒体工作者有责任准备准确、完整和可靠的新闻报道。任何不准确、不完整和不可靠的故事都可能导致公众不切实际的期望，并迫使决策者采用低效甚至威胁健康的规则和法规。然而，作为抑郁症报道的关键人物，新闻媒体工作者往往难以回避个人猜测和解释，并产生不正确和误导性的新闻报道。时间压力、相关部门不愿意配合以及接受培训的真空给卫生媒体工作者的任务造成了障碍。因此，考虑到大众媒体在传播最新健康新闻和提高公众对最新健康调查结果的认识方面的重要性，对健康媒体工作者进行可靠的需求分析,实施精心制定的培训方案,以及在所有有关各方之间建立更高程度的合作将是至关重要的。

建设性新闻技术如何得到更多理论的支持,如何适用于媒体工作者,并与其概念的使命相一致,这些都是值得继续深化和探索的。创作富有成效的新闻故事,吸引读者努力改善社会效益,准确地描绘每个个体所处的世界。通过不断推进对建设性新闻的探索,我们旨在为研究者和实践者提供一个坚实的基础来进行业务与学理上的发掘,并将建设性新闻方法应用于新闻生产。

移动互联网正在迅速、彻底地改变社会的许多方面,包括重塑信息的获取和共享方式。在健康领域,交互式的健康传播,或者说包括消费者、患者、护理人员或专业人员在内的个体与电子设备或通信技术的交互正在快速发展,人们访问或传输健康信息,抑或在健康相关问题上获得指导和支持。尤其是个体的健康寻求行为,即那些旨在增强人们健康和保健能力的一系列活动,是一个正在被交互式健康传播重塑的领域。虽然交互式健康传播的潜在好处很多,但是这些实际应用的数量和使用的增长也引起了一些关注。这其中包含信息本身的质量、可能存在的数字鸿沟,以及个人健康信息的隐私和保密性。

强调情感为核心,是因为媒体的一些变化促使个体越来越多地与周围的世界进行情感交流。无论是从专业主义还是从产业发展的角度看,无论是从应对变化还是从激发创新的角度看,媒体始终无法脱离技术的语境进行讨论。技术既是新闻的来源,也是一种作用于其上的力量,今天的技术赋予媒体工作者非凡的沟通能力与创造力,同时通过使用复杂的算法、软件将数据转化为故事来增强新闻自身的影响力。现如今的媒体主要是移动的,而且非常个性化,设备总是与个体捆绑在一起,智能手机得到了有效普及并且与日俱增,它们正在迅速成为最主要的媒体平台,而不仅仅是一种选择。新闻机构已经跳过了从印刷和广播到数字的转换,已经将"移动优先"作为自己的发展宗旨。

移动互联是抑郁症报道健康信息干预的可见性未来。嵌入万物互联思维的泛媒介整合大大增加了信息流动的规模与量级,尽管对"资讯膨胀""信息爆炸""传播裂变"的隐忧不绝于耳,但人类知识从"原子赋型"转变为"比特传播"已成为必然趋势。知识形态和传播网络化、知识呈现和表征可视化、知识习得和内卷具身化,都意味着人类认知生态正处于全方位改变,这也势必影响到健康传播的前景与可能性。尽管在媒体的数字化进程当中,驱动着搜索与分享等种种机制的算法的细节仍然不是透明的,但人们仍然有责任呼吁更科学的方式可以帮助媒体开发出可以培养人们的媒体素养,甚至保护社会大众免受情感伤害的算法和机制。我们也需要对社会大众的情感进行更多循证的、基于证据的分析，研究媒体报道所引发的关注以及媒体自身代理情感的动机是什么。它关涉媒体工作者及其背后的新闻机构，甚至包括幕后的程序员、设计师和创意人士等道德决策。媒体所需要面临的是将生产的内容转化为一种体现倾听与合作的艺术，这不仅是为了促进消费，也是为了让社会大众能够以积极的、批判的、自我反思的方式去关注抑郁症报道，并以多媒体素养作为基础。

跨越学科，社会化媒体推动了信息共享、研究的速度和健康参与。医疗保健机构和公共卫生机构等组织越来越多地使用社会化媒体来改善公众健康，鼓励信息共享，促进了个人和全社会健康的相关变化。然而，这项技术让任何能上网的人都能发布信息。虽然社会化媒体可以改善健康信息共享，但它也可以促进错误信息的传播。因此，管理错误信息已经变得和共享准确信息一样重要。人们需要更有效的搜索和过滤工具，帮助他们根据自己的需求和能力识别和排列信息，并以他们能够理解的形式呈现信息，无论其教育或文化背景如何。人们还需要一种方法来判断信息的质量、权威性和来源。因为互联网允许任何人发布信息，过滤和认证变得极其重要。帮助人们评估健康相关信息的努力侧重于根据准确性、及时性、完整性和清晰度等特征对信息进行分类的系统。例如，已经有例如"丁香医生"这样的健康传播科学小组呼吁在社会化媒体平台上发布和披露信息，使人们更容易评估信息资源的来源和权威。

毋庸置疑，今天的媒体是互动的、相互联系的、参与性的、更为开放的、更全球化的、多平台的，以及多线性的，产生着源源不断的数据与分析，人们的日常生活也相应地处在其中。媒体所面临的挑战既不是寻找可行的商业模式，也不是弄清楚在网上该做什么，它正在成为一个新兴的情感媒体生态系统中有意义、有洞察力，并值得信赖的部分。我们首先需要确认的是，情感是如何被认为是优质的抑郁症报道的一个关键组成部分来应对时代挑战的。媒体所提供的专业性抑郁症新闻报道可以扩大公民的信息接触面、选择权、提高参与性与理解能力，但也可能令人愈发感到困惑、迷失方向，甚至觉得沮丧。随着公共信任和信心的丧失，媒体与社会大众之间的脱节也正在加剧，与此同时，不断增加的临时工和相应的非典型媒体工作的迅速崛起也逐渐在削弱媒体本身的专业地位。这种个性化与网络化的媒体和新闻环境的核心问题在于：如何与关注新闻的社会大众、可靠的消息来源以及潜在的合作者之间建立和保持联系。我们在这里所看到的不仅仅是信息的工具性交流，更为强烈的是对信息与社会之间关系的维系。媒体决不能丧失其竞争、批判和独立的优势，它必须告诉人们一些他们并不总是想听的事情，但它也应该找到更好的方式来提供背景来促进人们对问题的理解，也便是人们更加关注和参与一些特定议题的讨论。

在数字化的环境下，一些新的概念正在或多或少地出现，包括但不限于建设性的、积极的和参与式的新闻。这些延伸出的新概念不仅是由学者所生造的，而且也由新闻从业者们促进。如果新闻要更多地为社会大众服务，那么人们必须找到更好的方式来创造、传递和消费新闻，使其能够更可靠、与受众关联度更大，也更容易获得更为积极的情感响应。

三、延展性结论：需留意公众主体性体验，提升信息品质

媒体在社会中的作用不可或缺：媒体不只是帮助我们打发时间，也让我们了解情况。媒体越来越多地创造共同的文化时刻，反映我们作为人的主体性身份。

几个世纪以来，使新闻有价值、使新闻机构能够经久不衰地运作下去的，或许正是新闻工作者收集和传播信息的速度，这无论是对商业媒体还是对以公共服务为导向的媒体而言都说得通。但是，速度也往往导致人们将对新奇事物的追求和轰动效应置于深度之上，并将最新的小道消息提升到更具批判性的报道之上。在重大的历史事件中尤其如此，当整个事件的前因后果和解决方案都仍处于模糊状态时，对任何一点新信息的需求都可能混淆而不是澄清事态。记者匆忙放大任何小的细节，可能会误用误导性的标题或叙述框架来夸张其重要性。例如，一些人在媒体上宣称双黄连口服液是一种奇迹般的治疗方法，但事实并非如此。新闻工作者夸大某些新信息价值的倾向使得媒体易于被操纵和利用。

询唤理论隐含着个体被建构成为主体的机制，由此观之，媒体长期以来被认为是塑造我们如何体验世界以及我们自己的强大力量，这种认识紧跟着技术变革和时代精神的脚步。然而新闻并不总是新鲜事。有时候，疲惫不堪的新闻工作者可能会忽略那些几乎难以察觉的事物。如果因为这些事物可能不包含最新的信息而未能被捕捉和传达，今天可能会产生即时的后果，而明天可能会误导历史学家的描述。

如今，纷繁复杂的媒体应该在人们的心理健康层面扮演什么样的角色？媒体仍然能够向公众传达一种团结的感觉吗？还是在大众的嘈杂声浪中，新闻传播的意义也随之消失？社会化媒体是否在为错误信息和歧视提供生存的场域和理由？我们能否利用媒体技术的灵活性和可及性来提高公众对卫生组织建议的安全措施的遵守程度，以阻止传染病的蔓延？媒体行业和大众传播渠道如何改善其适应性，以培养人们积极的健康态度和对预防性措施的坚持？我们或许还

能提出更多追问，这些问题在这样的时刻也愈发显现出某种特殊的价值。

当下的现实已经清楚地表明，心理健康与身体健康是何等的不可分割。人们所承受的各种心理障碍和累积心理压力使得各个层面的发病率上升，这将进一步给心理健康和初级保健系统带来压力，并暴露其基础设施、劳动力和可及性的局限性。

社会化媒体时代所面临的一个紧迫现实是错误信息的传播。新闻媒体需要确保其报道包含实用且可操作的信息。媒体如果希望被信赖，不能只是忽视错误信息，而应该试图反击错误信息。要做到这一点，可以考虑他们的受众可能会信任谁，请可信的专家，对受影响的人表示同情，使用适当的语言，并透彻和仔细地解释术语。除了报道新闻，记者还可以向观众提供实用的信息，例如本地医疗服务的相关电话号码等。

社会化媒体时代所面临的另一个挑战是污名化。从主体性的角度来看，污名的建立对控制疾病暴发极其不利——它会驱使个体隐藏疾病以避免歧视，阻止人们寻求医疗解决方案，进一步妨碍人们寻求帮助。

为了有效地传播，尤其是在危机时期，公共卫生传播者必须极力将自己塑造成为透明的和公众可信赖的信息来源。与此同时，公众也需要更仔细地审视和怀疑他们正在阅读和听到的东西，而不是试图跟上一切最新的消息。许多认知偏见阻碍了人们寻求真相的最优策略，所以在这个充满不确定性的时代，或许当我们面对庞杂的信息时，都应该在理智的基础上表现得更加谨慎和谦卑，这样或许才能受益更多。而公共卫生组织也应该对媒体进行积极的传播关注，以留意哪些想法和问题最令公众担忧，对各种疾病和治疗有哪些理解和误解，以及哪些小道消息正在社会上流传，及时加以干预和修正。

公共服务导向的新闻通常是指对人们共同关切的问题或共同利益有所贡献或引起争论的报道。[1] 对具有广泛重要性的问题进行"无所畏惧或无偏袒"的报道，这种形式的报道被记者视为社会现代化建设的重要支柱。[2] 为了履行这一公共服务角色，新闻工作者必须通过道德和专业的行为来建立和保持受众的信任。

公共利益并不意味着公众可能会感兴趣。广义地说，这里的区别在于与公众相关的内容，而不是仅仅娱乐、吸引或挑逗其中一些人的内容。从一开始，

---

[1] Haas T, Steiner L. Public Journalism: A Reply to Critics [J]. Journalism, 2006, 7 (2): 238-254.

[2] Haas T, Steiner L. Public Journalism as a Journalism of Publics: Implications of the Habermas-Fraser Debate for Public Journalism [J]. Journalism, 2001, 2 (2): 123-147.

公共服务导向的新闻理想就伴随着一个问题，即什么是"共同关切的问题"。基于性别、阶级、种族和其他社会差异形式的排斥现象屡见不鲜。"旨在提供共同关注的信息"这一价值倾向既不是自由浮动的，也不是永恒的。相反，它们反映和折射了特定时间点特定社会中的权力关系。

公共服务导向的新闻理想产生于一个时代，在这个时代，记者可以合理地声称自己代表"公众"说话。尽管这种说法包含了某种排他性，但这种说法之所以可能成立，部分是因为对新闻所报道的既有社会秩序有一种默认的共识。在西欧和北美，公共服务导向的报道的理想是在20世纪新闻业的专业化过程中产生的。尽管这在不同的地方呈现出不同的形式，但在所有这些地方，新闻业都成了一个有着独特惯例和规范的有偿职业。一个重要的标准是，新闻工作者应该为所谓的"公众"而不是为某个更狭窄的社会阶层做出贡献。这一规范旨在将新闻业与当时其他新兴行业区分开来。例如，公关被视为代表特定利益，而不是一般公众的利益。从历史上看，这一规范也将专业新闻业与其19世纪的前身区分开来，当时新闻工作者的存在主要是为政党利益或一般政治倾向服务。在那个时代，大众媒体的贡献者往往是律师、政治家和其他社会精英，他们不依赖新闻来谋生。

现如今，"共同关注"的概念受到质疑，而今天的新闻业又恰恰存在于这样的背景之下。在许多国家，资金充足的保守派活动人士努力为部分公众提供了替代性的新闻来源，这种来源培养了对主流媒体以及公共机构和专家的不信任。更一般地说，两极分化导致左右两派价值取向不同的群体只注意证实现存假设的报道。数字技术在传播错误信息和耸人听闻的新闻的同时，通过加强回声室而加剧了这些分歧。这种新闻违背了公共服务的规范，部分是因为数字广告模式奖励的是流量而不是质量。在这种背景下，对共同关心的问题进行报道，使其能够受到理性的批判，这样的理念似乎遇到了动摇，尤其是不同的利益攸关方都在寻求自己的专属群体。众所周知，媒体通过选择报道哪些问题以及如何报道这些问题，在构建公共卫生讨论和塑造公众观念方面发挥着关键作用。在这方面，媒体产品需要从最广泛的角度来考虑，不仅仅是新闻编辑室、演播室和其他媒体机构制造的"话语"，而是特定网络、职业实践、技术和带有嵌入意识形态假设的结构背景的结果。正如社会学家斯图亚特·霍尔所认为的那样，媒体叙事中意义或符号的产生本身就是一种特定的实践，而不仅仅是

结 论

对现实的反映。[①] 叙事话语因此成为一个领域，在这个领域中，政治和文化表达被发挥出来，试图建立某种霸权形态。换句话说，我们需要探索一种实践，在这种实践中，特定的世界观成为公认的文化规范。

我们正处于一场新闻革命之中，如果将健康传播用于公共卫生，从乐观的角度来看，新闻业将比以往任何时候都能产生更大的积极影响。在媒体专栏与许多以科技为导向的自媒体，作者中有许多来自学术界，在过去，他们在象牙塔之外从来没有发言权。随着学术研究和新闻业之间的壁垒日益被打通，过去难以发出的声音，现在也更容易被更多的人听见。基于网络的数字化媒体可以利用移动互联网提供的无限空间，以比传统媒体更细致、更具研究驱动力的方式来解释正在发生的事件。新闻报道兼具超链接的特质，以便读者可以立即验证或跟进，作为其新闻消费经验的一部分。

卡片式的新闻速览有助于回答读者最基本的问题，因此他们有更多进入关键报道的切入点。团队接力式报道不再使记者局限于其个人的能力范围；相反，随着不同的报道成员了解到更多信息，记者会扩大报道内容覆盖范围并更快捷地发布信息。记者现在正以一种迭代和情境化的方式，真实地反映当前事件和科学技术的发展。当人们这样思考移动互联网时代下的新闻生产时，对能否及时响应事实的焦虑就会消退不少。

对于试图实现其目标的公共卫生传播者来说，了解大众媒体是如何运作的至关重要。在新闻传播领域的著作当中，不乏聚焦于探讨新闻工作者在媒体组织中是如何寻找和塑造新闻的研究，也有学者提出了增加重大健康和医疗问题新闻报道的战略。但是，从悲观的角度来看，这些策略需要谨慎实施，因为目前媒体的健康类报道仍然存在着耸人听闻、漏洞百出和完全不准确的现象，而新闻制作的结构性限制使得循证式报道成为一种渺茫的希望。虽然有许多关于新闻制作过程的研究，但少有直接涉及对公共卫生的影响，也少有探讨如何通过大众媒体扩大其影响范围。大众媒体中的健康传播总是受到限制的，卫生专业人员和记者有不同的价值观和目标，更不用说有效性、客观性和重要性等不同概念了，这一事实和这些差异带来的挫折是心照不宣的。记者倾向于使用轶事或修辞，而不是统计性的证据；依赖专家的证词而不是学术出版物；强调争议而不是共识，并以极性而不是复杂性来代表问题。这一切的背后包括对记者技术培训的缺乏、新闻制作的时间限制，以及推动故事和选择标题的商业

---

① 黄典林. 重读《电视话语的编码与解码》——兼评斯图亚特·霍尔对传媒文化研究的方法论贡献 [J]. 新闻与传播研究，2016，23（05）：58—72.

规则。

更庞杂的信息常常意味着更多不尽如人意的认知与解读。大数据不能取代传统的调查性报道，当然，在这个媒体转型的时代，公共服务导向的新闻在面对公共卫生议题的时候，需要关注各种可能性。媒体需要记住的是，不管是否承认这样的现实，媒体的报道经常被读者当作"药物"。因此，媒体的健康传播需要像医生写处方一样小心谨慎地发表报道，并使用其不断掌握的新工具来确保这是一个真正有用的处方，因为数十亿人指望着从媒体这里获得信息。如果更好地理解健康类新闻是如何在媒体组织内部建构的，公共卫生可以与大众媒体进行更有成效的互动。

在过去数十年时间里，公众对心理障碍的看法已经发生了变化。越来越多的人开诚布公地谈论他们的患病经历，包括名人向社会大众披露他们的诊断结果，这不仅仅是在他们被媒体曝光的时候，而且有些是自发的，是为了提高人们对心理健康的意识。现在的许多电视节目也经常涉及患有心理障碍的人物，这些心理障碍作为某种元素，增加了其内容的故事情节，而不是简单地将他们描绘成与众不同的或暴力的。然而，心理障碍在我们的文化中仍然被视为负面的。我们感到的痛苦是人类对严重危机的正常反应。承认和接受这些感觉可以防止痛苦变成混乱。将抑郁症仅仅描述为一种脑部疾病，会增加抑郁障碍者的无助感和物质滥用，并减少求助行为的发生。相反，强调个体所处的环境背景的因果作用，符合不同的抑郁症患者个体看待他们痛苦原因的差异化方式，能够减少污名和增加寻求帮助的机遇。心理障碍是一种需要治疗的疾病，就像其他疾病一样。新闻媒体可以也应该助力推动心理健康保健的变革，而不是从一个不可避免的厄运的角度来看待心理健康的未来。

从理论上讲，新闻应该让我们了解最新情况，并为应对生活中的挑战做好更充分的准备。但这些崇高的目标很难代表许多媒体的初衷；相反，媒体的初衷似乎更倾向于分散我们的注意力，试图捕捉我们的意识，意味着做任何必要的事情来让我们为之着迷。当它涉及新闻时，这种心态助长了耸人听闻、消极情绪和散播恐惧。然后，新闻报道就成了激活我们压力反应的一种策略。我们建议新闻媒体放慢脚步，成为更高层次的信息把关人，尝试提供喘息的机会并建立信任，做新闻消费者没有时间做的更深刻、更沉着的思考。在危急时刻，新闻编辑室不应该停止制作新闻；但是他们可以放慢速度，问问自己最重要的是什么，给读者一个冷静的向导——传递信号，而不是制造噪声。

参考文献

阿尔都塞. 哲学与政治：阿尔都塞读本［M］. 陈越，译. 长春：吉林人民出版社，2004.

艾芸，孙墨笛. 关于干部"怨气"调查报告［J］. 人民论坛，2010（03）：14-19.

奥斯丁 J L. 如何以言行事［M］. 杨玉成，译. 北京：商务印书馆，2012.

巴赫金. 小说理论［M］. 白春仁，译. 石家庄：河北教育出版社，1998.

巴拉达特. 意识形态起源和影响［M］. 张慧芝，译. 北京：世界图书出版公司，2010.

波斯特. 第二媒介时代［M］. 范静哗，译. 南京：南京大学出版社，2000.

伯顿. 忧郁的解剖［M］. 冯环，译. 北京：金城出版社，2012.

陈杰，瞿薇. 阿尔都塞和他的理论创新［J］. 国外理论动态，2008（02）：76-79.

陈子晨，张慧娟，汪新建，等. 抑郁症起源的三类理论视角［J］. 心理科学进展，2018，26（06）：1041-1053.

崔柯. 文本与主体革命——克里斯特娃的文本理论［J］. 文艺理论与批评，2012（01）：37-45.

丁和根. 大众媒体文本分析的理论、对象与方法［J］. 新闻与传播研究，2004（01）：37-42.

丁和根. 梵·迪克新闻话语结构理论述评［J］. 江苏社会科学，2003（06）：199-203.

丁建新，廖益清. 批评文本分析述评［J］. 当代语言学，2001（04）：305-310.

董伟. 健康传播视角下抑郁症报道研究［J］. 新闻世界，2010（05）：91-93.

樊阔. 健康传播视阈下我国抑郁症报道的议题建构——以《人民日报》法人微博为研究对象［J］. 新闻知识，2018（10）：18-24.

梵·迪克. 作为话语的新闻［M］. 曾庆香，译. 北京：华夏出版社，2003.

冯建军. 主体道德教育与生活［J］. 教育研究，2002（05）：36-40.

甘莅豪. 媒介文本分析的认知途径：中美报道南海问题的隐喻建构［J］. 国际

新闻界，2011，33（08）：83-90.

高成新，刘洁. 医学社会学视角下抑郁症现状调查分析 [J]. 医学与哲学（A），2016，37（02）：34-36.

高永平. 现代性的另一面：从躯体化到心理化——克雷曼的医学人类学研究 [J]. 国外社会科学，2005（03）：2-8.

海德格尔. 论真理的本质 [M]. 赵卫国，译. 北京：华夏出版社，2008.

韩纲. 传播学者的缺席：中国大陆健康传播研究十二年——一种历史视角 [J]. 新闻与传播研究，2004（01）：64-70.

何春蕤. 研究社会性/别：一个脉络的反思 [J]. 社会学评论，2013，1（05）：45-53.

何伶俐，汪新建. 抑郁症在中国的传播 [J]. 医学与哲学，2012，33（02）：29-31.

何梦祎. 媒介情境论：梅罗维茨传播思想再研究 [J]. 现代传播（中国媒体大学学报），2015，37（10）：14-18.

侯惠勤. 意识形态的变革与话语权——再论马克思主义在当代的话语权 [J]. 马克思主义研究，2006（01）：45-51.

胡百精. 健康传播观念创新与范式转换——兼论新媒体时代公共传播的困境与解决方案 [J]. 国际新闻界，2012，34（06）：6-10.

胡亚云. 关于抑郁症的社会学思考 [J]. 信阳师范学院学报（哲学社会科学版），2001（04）：44-47.

胡泳. 后真相与政治的未来 [J]. 新闻与传播研究，2017，24（04）：5-13.

黄瑞祺. 当代欧洲社会理论 [M]. 杭州：浙江大学出版社，2008.

霍尔. 表征：文化表征与意指实践 [M]. 徐亮，译. 北京：商务印书馆，2013.

吉登斯. 现代性的后果 [M]. 田禾，译. 南京：译林出版社，2000.

金惠敏. 从话语的铁屋子里突围——试论戴维·莫利的积极受众论 [J]. 甘肃社会科学，2011（02）：48-54.

凯瑞. 作为文化的传播 [M]. 丁未，译. 北京：华夏出版社，2005.

拉康. 拉康选集 [M]. 褚孝泉，译. 上海：上海三联书店，2001.

乐国安. 图式理论对社会心理学研究的影响 [J]. 江西师范大学学报，2004（01）：19-25.

李洁. 弱者的武器：抑郁症作为一种空间构建策略之后的不平等 [J]. 医学与哲学（A），2017，38（05）：8-11.

李青栋，许晶. 抑郁症的概念及分类研究历史 [J]. 医学与哲学（临床决策论坛版），2009，30（11）：78−80.

李艳."拟态环境"与"刻板成见"——《公众舆论》的阅读札记［J］. 东南传播，2010（05）：86−88.

李正良. 传播学原理［M］. 北京：中国传媒大学出版社，2007.

林丹华，方晓义，李晓铭. 健康行为改变理论述评［J］. 心理发展与教育，2005（04）：122−127.

林晔. 浅析网络背景下媒体对抑郁症障碍者的形象建构——基于新浪微博文本的考察［J］. 新西部，2018（17）：88−89.

卢斯亚尼. 自我训练：改变焦虑和抑郁的习惯［M］. 曾早垒，译. 重庆：重庆大学出版社，2012.

罗钢，刘象愚. 文化研究读本［M］. 北京：中国社会科学出版社，2003.

美国精神医学学会. 心理障碍诊断与统计手册（第五版）［M］. 北京：北京大学出版社，2016.

孟红. 国人接纳神经衰弱标签而非抑郁症的文化根源［J］. 国际精神病学杂志，2009，36（04）：250−253.

苗元江，余嘉元. 积极心理学：理念与行动［J］. 南京师范大学学报（社会科学版），2003（02）：81−87.

莫利. 电视受众与文化研究［M］. 史安斌，译. 北京：新华出版社，2005.

莫利. 认同的空间［M］. 司艳，译. 南京：南京大学出版社，2001.

默顿. 社会理论和社会结构［M］. 唐少杰，译. 南京：译林出版社，2008.

宁菁菁，黄佩. 福柯权力理论下的抑郁症他者形象——以网站对抑郁症的报道为例［J］. 北京邮电大学学报（社会科学版），2013，15（02）：25−30.

宁丽丽. 新媒体时代的媒介伦理倡导与道德干预：对克利福德·G. 克里斯琴斯的访谈［J］. 国际新闻界，2017，39（10）：45−54.

庞慧敏，段羽佳. 我国医疗改革的媒介呈现——以《人民日报》2009～2014年医改报道为例［J］. 青年记者，2015（36）：58−59.

彭伟步. 重大事故报道中的媒体心理干预［J］. 中国记者，2011（09）：114−115.

皮海兵. 网络主播的受众询唤解析［J］. 媒体，2018（09）：89−91.

齐马. 社会学批评概论［M］. 吴岳添，译. 桂林：广西师范大学出版社，1993.

齐泽克，等. 图绘意识形态［M］. 方杰，译. 南京：南京大学出版社，2002.

乔同舟，汪蓓. 中国商业广告中的"自我"呈现——以"个体化"理论为视角［J］. 新闻界，2016（14）：14−20.

人民网. 中办印发《关于进一步激励广大干部新时代新担当新作为的意见》[EB/OL]. [2018-05-21]. http://dangjian.people.com.cn/n1/2018/0521/c117092-30001737.html.

任金州, 康云凯. 我国电视媒体健康传播视角下的抑郁症[J]. 今媒体, 2015, 23 (03): 4-6.

塞尔. 意向性: 论心灵哲学[M]. 刘叶涛, 译. 上海: 上海人民出版社, 2007.

桑蕴涵. "工人阶级"的主体询唤——基于建国初期《解放日报》读报组记录[J]. 新闻传播, 2018 (22): 53-54.

申丹. 对叙事视角分类的再认识[J]. 国外文学, 1994 (02): 65-74.

师曾志. 沟通与对话: 公民社会与媒体公共空间——网络群体性事件形成机制的理论基础[J]. 国际新闻界, 2009 (12): 81-86.

世界卫生组织. 抑郁症在健康不良的起源榜上名列前茅[EB/OL]. [2017-03-30]. https://www.who.int/zh/news-room/detail/30-03-2017--depression-let-s-talk-says-who-as-depression-tops-list-of-causes-of-ill-health.

陶东风. 日常生活的审美化与文化研究的兴起——兼论文艺学的学科反思[J]. 浙江社会科学, 2002 (01): 166-172.

田旭升, 程伟. 从忧郁症到抑郁症: 社会文化视角下的疾病映像[J]. 医学与哲学 (A), 2014, 35 (02): 79-81.

涂尔干. 社会分工论[M]. 渠敬东, 译. 北京: 生活·读书·新知三联书店, 2000.

涂光晋, 张媛媛. 中国健康传播运动实践研究[J]. 国际新闻界, 2012, 34 (06): 11-18.

汪雅君. 疾病书写与自我建构: 解读《说谎: 一部隐喻式回忆录》[J]. 三峡大学学报 (人文社会科学版), 2018, 40 (05): 98-101.

王翠. 国内报纸对抑郁症障碍者的形象呈现研究——以《人民日报》、《新京报》、《健康报》的报道为样本[J]. 新闻世界, 2010 (06): 88-89.

王丹芬, 雷晓明, 刘临兰, 等. 中国人的抑郁症及其社会文化思考[J]. 中国全科医学, 2004 (05): 315-317.

王迪. 健康传播研究回顾与前瞻[J]. 国外社会科学, 2006 (05): 49-52.

王尔德. 自深深处[M]. 朱纯深, 译. 南京: 译林出版社, 2008.

王晴锋. 正常的越轨者: 戈夫曼论污名[J]. 河北学刊, 2018, 38 (02): 188-194.

王庆丰. 语言与现象学的本质还原 [J]. 社会科学辑刊, 2010 (03): 12-16.

王昕. 艾滋病预防干预的"主、客位"视角及其实践操演 [J]. 云南师范大学学报 (哲学社会科学版), 2015, 47 (02): 77-82.

王学成, 刘长喜. 互联网在健康传播、病患医疗决策中的作用与影响研究——基于对上海中心城区居民的调查分析 [J]. 新闻大学, 2012 (01): 109-115.

王莹. 身份认同与身份建构研究评析 [J]. 河南师范大学学报 (哲学社会科学版), 2008 (01): 50-53.

吴学琴. 日常生活的意识形态与视觉文化 [J]. 教学与研究, 2012 (07): 28-35.

萧易忻. 从全球化视角看"抑郁症"如何产生 [J]. 文化纵横, 2016 (02): 17-23.

肖健. 从社会建构论理解疾病概念 [J]. 中国医学伦理学, 2007 (04): 30-33.

肖巍. 作为一种价值建构的疾病——关于疾病的哲学叙事 [J]. 中国人民大学学报, 2008 (04): 62-70.

谢立中. 实证、诠释与话语: 社会分析模式比较——以自杀现象为例 [J]. 江苏行政学院学报, 2007 (03): 65-73.

新华社. 国务院办公厅转发《全国精神卫生工作规划 (2015-2020 年)》[EB/OL]. [2015-06-18]. http://www.gov.cn/xinwen/2015-06/18/content_2881371.htm.

新华社. 抑郁症"肆虐"全球 [EB/OL]. [2015-04-06]. http://www.xinhuanet.com/world/2015-04/06/c_127659592.htm.

新华社. 中华人民共和国主席令 (第六十二号) [EB/OL]. [2012-10-26]. http://www.gov.cn/jrzg/2012-10/26/content_2252101.htm.

新浪微博. 媒体矩阵势力榜 [EB/OL]. [2019-05-01]. https://v6.bang.weibo.com/xmt.

徐彦伟, 王朔. 文化询唤管理中的主体和客体——以文化人为基点 [J]. 内蒙古民族大学学报 (社会科学版), 2014, 40 (02): 75-77.

徐彦伟. 结构与询唤——阿尔都塞后期意识形态思想的文本学研究 [J]. 社会科学战线, 2009 (11): 35-38.

严进, 杨珊珊. 叙事传输的说服机制 [J]. 心理科学进展, 2013, 21 (06): 1125-1132.

杨大春. 意识哲学解体的身体间性之维——梅洛-庞蒂对胡塞尔他人意识问题

的创造性读解与展开 [J]. 哲学研究, 2003 (11): 69-75.
杨晓莉, 刘力, 李琼, 等. 社会群体的实体性: 回顾与展望 [J]. 心理科学进展, 2012, 20 (08): 1314-1321.
叶凯. 欲望归置、群体想象与公共话语的空间询唤——论电视节目《非诚勿扰》的意识形态隐性表达 [J]. 东南传播, 2013 (01): 81-82.
叶芝. 苇间风 [M]. 李立玮, 译. 北京: 中国社会科学出版社, 2004.
于奇智. 从康德问题到福柯问题的变迁——以启蒙运动和人文科学考古学为视角 [J]. 中国社会科学, 2011 (05): 121-134.
禹建强, 刘先林. 危机干预与媒体失语 [J]. 媒体观察, 2003 (04): 20-22.
曾一果. 批判理论、文化工业与媒体发展——从法兰克福学派到今日批判理论 [J]. 新闻与传播研究, 2016, 23 (01): 26-40.
翟学伟. 中国人的关系原理 [M]. 北京: 北京大学出版社, 2011.
詹明信. 晚期资本主义的文化逻辑 [M]. 陈清侨, 译. 北京: 生活·读书·新知三联书店, 1997.
张德禄. 韩礼德功能文体学理论述评 [J]. 外语教学与研究, 1999 (01): 44-50.
张国启. 阿尔都塞意识形态理论中的微观权力解读 [J]. 马克思主义与现实, 2013 (02): 138-143.
张淑华, 李海莹, 刘芳. 身份认同研究综述 [J]. 心理研究, 2012, 5 (01): 21-27.
张晓虎, 夏军. 对疾病概念的建构论分析 [J]. 医学与哲学 (人文社会医学版), 2010, 31 (10): 21-23.
张一兵. 阿尔都塞: 意识形态理论与拉康 [J]. 学习与探索, 2002 (04): 1-5.
张莹瑞, 佐斌. 社会认同理论及其发展 [J]. 心理科学进展, 2006 (03): 475-480.
张援, 逯义峰. 中国大陆主要报纸抑郁症报道框架和责任归因研究 [J]. 浙江媒体学院学报, 2018, 25 (04): 56-64.
张自力. 健康传播研究什么——论健康传播研究的 9 个方向 [J]. 新闻与传播研究, 2005 (03): 42-48.
赵冬梅. 弗洛伊德和荣格对心理创伤的理解 [J]. 南京师范大学学报 (社会科学版), 2009 (06): 93-97.
赵毅衡. 广义叙述学 [M]. 成都: 四川大学出版社, 2013.
郑海侠. 论意识形态与主体的双重关系——意识形态对主体的建构及主体对意

识形态的重建 [J]. 理论界, 2009 (11): 89-90.

中华人民共和国国家互联网信息办公室. 第 44 次《中国互联网络发展状况统计报告》[EB/OL]. [2019-08-30]. http://www.cac.gov.cn/2019-08/30/c_1124938750.htm.

周葆华. 社会化媒体时代的舆论研究: 概念、议题与创新 [J]. 南京社会科学, 2014 (01): 115-122.

周庆山. 传播学概论 [M]. 北京: 北京大学出版社, 2004.

周晓亮. 自我意识、心身关系、人与机器——试论笛卡儿的心灵哲学思想 [J]. 自然辩证法通讯, 2005 (04): 46-52.

ABRAMSON L Y, SELIGMAN M E, TEASDALE J D. Learned Helplessness in Humans: Critique and Reformulation [J]. Journal of Abnormal Psychology, 1978, 87 (1): 49-53.

ABROMS L C, MAIBACH E W. The Effectiveness of Mass Communication to Change Public Behavior [J]. Annual Reviews of Public Health, 2008, 29: 219-234.

ALTHUSSER L. Ideology and Ideological State Apparatuses (Notes towards an Investigation) [M]. London: Verso, 1970.

APPEL M, RICHTER T. Persuasive Effects of Fictional Narratives Increase Over Time [J]. Media Psychology, 2007, 10 (1): 113-134.

ARON A, ARON E N, SMOLLAN D. Inclusion of Other in the Self Scale and the Structure of Interpersonal Closeness [J]. Journal of Personality and Social Psychology, 1992, 63 (4): 596-601.

BARGH J A, CHAIKEN S, RAYMOND P, et al. The Automatic Evaluation Effect: Unconditional Automatic Attitude Activation with a Pronunciation Task [J]. Journal of Experimental Social Psychology, 1996, 32 (1): 104-128.

BECK A T, BROWN G K, STEER R A, et al. Suicide Ideation at Its Worst Point: A Predictor of Eventual Suicide in Psychiatric Outpatients [J]. Suicide and Life-Threatening Behavior, 1999, 29 (1): 1-9.

BELSEY C. Reading and Critical Practice [J]. Critical Quarterly, 2003, 45 (3): 22-31.

BEZDEK M A, GERRIG R J. When Narrative Transportation Narrows Attention: Changes in Attentional Focus During Suspenseful Film Viewing

[J]. Media Psychology, 2017, 20 (1): 60-89.

CARR N. Is Google Making us Stupid? What the Internet is Doing to our Brains [J]. The Composition of Everyday Life, Concise, 2015: 355-362.

CHASE-DUNN C. Globalization: A World-Systems Perspective [J]. Journal of World-Systems Research, 1999, 5 (2): 188-198.

Collins EnglishDictionary. Conation Definition and Meaning[EB/OL]. [2012-12-01]. https://www.collinsdictionary.com/dictionary/english/conation.

CONRAD P. Medicalization and Social Control [J]. Annual Review of Sociology, 1992, 18 (1): 209-232.

CORRIGAN P W, MARKOWITZ F E, WATSON A C. Structural Levels of Mental Illness Stigma and Discrimination [J]. Schizophrenia Bulletin, 2004, 30 (3): 481-491.

DENTZER S. Communicating Medical News—Pitfalls of Health Care Journalism [J]. New England Journal of Medicine, 2009, 360 (1): 1-3.

DRUCKMAN J N. The Implications of Framing Effects for Citizen Competence [J]. Political Behavior, 2001, 23 (3): 225-256.

GAUNTLETT D. Media, Gender and Identity: An Introduction [M]. London: Routledge, 2002.

GLÜCK A. What Makes A Good Journalist? Empathy As A Central Resource in Journalistic Work Practice [J]. Journalism Studies, 2016, 17 (7): 893-903.

GOFFMAN E. Frame Analysis: An Essay on the Organization of Experience [M]. MA: Harvard University Press, 1974.

HALL S. Signification, Representation, Ideology: Althusser and the Post-structuralist Debates [J]. Critical Studies in Media Communication, 1985, 2 (2): 91-114.

HESTER E J. An Investigation of the Relationship Between Health Literacy and Social Communication Skills in Older Adults [J]. Communication Disorders Quarterly, 2009, 30 (2): 112-119.

HORVATH A O, Greenberg L S. Development and Validation of the Working Alliance Inventory [J]. Journal of Counseling Psychology, 1989, 36 (2): 223-226.

HUBER M, KNOTTNERUS J A, GREEN L, et al. How Should We Define

Health? [J]. BMJ, 2011, 343: 4163-4170.

ILLICH I. The Medicalization of Life [J]. Journal of Medical Ethics, 1975, 1 (2): 73-77.

KASHYAP R L. A Visual Query Language for Graphical Interaction with Schema-intensive Databases [J]. IEEE Transactions on Knowledge and Data Engineering, 1993, 5 (5): 843-858.

KLEINMAN A, ANDERSON J M, FINKLER K, et al. Social Origins of Distress and Disease: Depression, Neurasthenia, and Pain in Modern China [J]. Current Anthropology, 1986, 24 (5): 499-509.

LAITILA T. Journalistic Codes of Ethics in Europe [J]. European Journal of Communication, 1995, 10 (4): 527-544.

LAUTRETTE A, DARMON M, MEGARBANE B, et al. A Communication Strategy and Brochure for Relatives of Patients Dying in the ICU [J]. New England Journal of Medicine, 2007, 356 (5): 469-478.

LEE E J. Deindividuation Effects on Group Polarization in Computer-mediated Communication: The Role of Group Identification, Public-self-awareness, and Perceived Argument Quality [J]. Journal of Communication, 2007, 57 (2): 385-403.

LEVINE R M. Identity and Illness: The Effects of Identity Salience and Frame of Reference on Evaluation of Illness and Injury [J]. British Journal of Health Psychology, 1999, 4 (1): 63-80.

MCINTYRE K, GYLDENSTED C. Positive Psychology as a Theoretical Foundation for Constructive Journalism [J]. Journalism Practice, 2018, 12 (6): 662-678.

MCINTYRE K. Solutions Journalism: The Effects of Including Solution Information in News Stories About Social Problems [J]. Journalism Practice, 2019, 13 (1): 16-34.

Merriam-WebsterDictionary. Definition of Imperative[EB/OL]. [2019-04-01]. https://www.merriam-webster.com/dictionary/imperative.

MORRLEY D. Television, Audiences and Cultural Studies [M]. London: Routledge, 2003.

National CommunicationAssociation. What is Communication? [EB/OL]. [2013-05-30]. https://www.natcom.org/about-nca/what-communication?id=

236&terms=health%20communication.

Online EtymologyDictionary. Word Origin and History for Conation（n.）[EB/OL].［2019－10－10］. https：//www. etymonline. com/word/conation ♯etymonline_v_28510.

OPHIR E，NASS C，WAGNER A D. Cognitive Control in Media Multitaskers［J］. Proceedings of the National Academy of Sciences，2009，106（37）：15583－15587.

PAPACHARISSI Z. Toward New Journalism Affective News，Hybridity，and Liminal Spaces［J］. Journalism Studies，2015，16（1）：27－40.

PHILLIPS D P. The Influence of Suggestion on Suicide：Substantive and Theoretical Implications of the Werther Effect［J］. American Sociological Review，1974：340－354.

ROSAS O V，SERRANO-PUCHE J. News Media and the Emotional Public Sphere—Introduction［J］. International Journal of Communication，2018，12：9－15.

SCHUDSON M. The Objectivity Norm in American Journalism［J］. Journalism，2001，2（2）：149－170.

SÁNCHEZ LAWS A L. Can Immersive Journalism Enhance Empathy？［J］. Digital Journalism，2017：1－16.

The American Foundation for SuicidePrevention. Recommendations for Reporting on Suicide[EB/OL].［2019－01－01］. https：//afsp. org/wp-content/uploads/2016/01/recommendations. pdf.

The Chicago School of Media Theory. Interpellation[EB/OL].［2019－04－01］. https：//lucian. uchicago. edu/blogs/mediatheory/keywords/interpellation/.

The National Institute of Mental Health. Depression[EB/OL].［2016－07－31］. https：//www. nimh. nih. gov/health/topics/depression/index. shtml.

TULVING E. Episodic and Semantic Memory［J］. Organization of Memory，1972，1：381－403.

VAN DER PAS D. Making Hay While the Sun Shines：Do Parties Only Respond to Media Attention When the Framing is Right？［J］. The International Journal of Press/Politics，2014，19（1）：42－65.

VISWANATH K，BREEN N，MEISSNER H，et al. Cancer Knowledge and Disparities in the Information Age［J］. Journal of Health Communication，

2006, 11 (S1): 1-17.

WEAVER D H. Thoughts on Agenda Setting, Framing, and Priming [J]. Journal of Communication, 2007, 57 (1): 142-147.

WHITE R W, HORVITZ E. Cyberchondria: Studies of the Escalation of Medical Concerns in Web Search [J]. ACM Transactions on Information Systems (TOIS), 2009, 27 (4): 23-30.

World HealthOrganization. Constitution of the World Health Organization – Basic Documents, Forty-fifth edition, Supplement[EB/OL]. [2006-10-01]. https://www.who.int/governance/eb/who_constitution_en.pdf.

ZAHN-WAXLER C, RADKE-YARROW M. The Origins of Empathic Concern [J]. Motivation and Emotion, 1990, 14 (2): 107-130.

附 录

一、访谈对象信息表

（一）对抑郁症障碍者的访谈

代称	性别	年龄	职业	病况
K	男	38岁	个体工商户	疑似，尚未求诊
L	女	24岁	互联网公司员工	疑似，尚未求诊
M	女	27岁	博士研究生在读	确诊，治疗中
J	男	30岁	公务员	确诊，治疗中
C	男	35岁	大学讲师	临床治愈
T	女	40岁	房地产公司员工	临床治愈

（二）对媒体工作者的访谈

代称	性别	年龄	供职媒体	职务
HMT	女	27岁	《Vista看天下》	记者
LJ	女	28岁	《Vista看天下》	记者
DT	男	31岁	《成都商报》	记者
ZWL	男	27岁	《成都商报》	新媒体编辑
WYD	女	35岁	环球网	记者
ZQ	男	34岁	环球网	新媒体编辑

(三) 对医护人员的访谈

代称	性别	年龄	供职机构	职称
WJY	女	42岁	S省精神医学中心	主治医师
YJH	女	37岁	S省精神医学中心	副主任护师

二、访谈提纲

（一）对抑郁症障碍者的访谈

1. 镜像复制：抑郁症报道与疑病及自我诊断

（1）抑郁症报道激发疑病意识

问题1：你会主动搜索和抑郁症相关的报道来看吗？

问题2：你觉得目前你所看到的抑郁症报道，能够将你的困惑具体化吗？

问题3：看了那些抑郁症报道以后，你会更加坚定地认为，自己就是那个患上抑郁症的人吗？

（2）抑郁症报道提供测量指标

问题4：你会认真做抑郁症报道里涉及的心理测试吗？

问题5：如果自己本身的情况和报道中的指标对应度高，或者对应度低，你分别会产生什么样的反应呢？

问题6：看完抑郁症报道并做了文本提供的对应以后，会觉得有安全感吗？

（3）抑郁症报道诱导业余诊断

问题7：如果把抑郁症报道想象成一面镜子，你会觉得自己从这面镜子里看到了更多自己以前没有发现的东西吗？

问题8：有没有怀疑过抑郁症报道所呈现的那些描述，觉得自己并不一定是报道里所描述的那样？

问题9：你认为，通过抑郁症报道进行自我诊断，会不会削弱你去寻找专业医生求诊的意愿？

2. 主动归顺：抑郁症报道与自我归类

（1）抑郁症报道促使身份指涉

问题1：你认为自己的社会身份（包括职业和地位等）是否与自己患上抑郁症有关联？

问题 2：你是否会在阅读抑郁症报道的时候，自觉或不自觉地去寻找与自己的社会身份相关或相似的线索或细节？

问题 3：抑郁症报道中关于社会身份的突出与强调，会不会增加你对自身情况的焦虑？

（2）抑郁症报道划分群体范畴

问题 4：你所处的社会群体，在面临抑郁症的时候，有没有某种共性存在？

问题 5：抑郁症报道对你所处群体的描述是否公正？

问题 6：你认为抑郁症报道能否更好地服务于你所处的群体的总体心理状况？

（3）抑郁症报道引导个体融入群体

问题 7：你会因为抑郁症报道更重视群体的症候，而更少地关注个体自身的处境吗？

问题 8：会不会因为抑郁症报道更重视群体的症候，从而更有归属感？

问题 9：抑郁症报道会引发你对自己所处的群体以外的人的关注吗？

3. 关系再生产：抑郁症报道与健康动员

（1）抑郁症报道折射交流意向

问题 1：抑郁症报道的叙述是否让你感受到了社会关系的多样性？

问题 2：抑郁症的患病经历与抑郁症报道是否影响了你对人际互动的看法？

问题 3：抑郁症报道是否让你感受到了来自社会的互助行为？

（2）抑郁症报道构筑理解契约

问题 4：抑郁症报道对你的治疗和康复有帮助吗？

问题 5：公众人物的抑郁症报道给你带来了什么影响？

问题 6：抑郁症报道是否改变了你对自身未来前景的看法？

（3）抑郁症报道强化情感抚慰

问题 7：抑郁症报道有没有让你觉得自己的情感不被冒犯，并且受到了尊重？

问题 8：抑郁症报道是否为你提供了帮助更多的人的途径？

问题 9：抑郁症报道是否为你提供了可以行动起来的支持性资源？

（二）对媒体工作者的访谈

1. 用来评估抑郁症报道的新闻价值的标准

问题1：你认为是什么使得抑郁症报道比其他的报道更具有新闻价值？

2. 在构思和撰写报道时所需要注意的事项

问题2：除了通用于所有报道的规则，在有关抑郁症的报道当中，为没有什么特别的规则是你认为必须遵守的？编辑室里是否对此有过相关的讨论？

3. 对其报道所可能导致的负面或正面效应及影响的了解程度

问题3：你是否听说过抑郁症报道可能会引发的负面或正面效应？如果是，这对你的抑郁症报道会有什么影响？